歷史視野下的中華民族精神 上冊

——鄭師渠 史革新 主編

目錄

第四章 | 中華民族精神研究概述

總

論

― 第一章 ―
民族與民族精神

第一節 ▶ 民族、國家與民族精神

一、民族與民族認同

　　何謂「民族」[1]，如何定義，一向是個非常複雜的問題。東西方學術界曾對之做過大量研究，提出種種解釋，但眾說紛紜，迄無定論，以致一個以研究民族主義著稱的西方學者說：「我們根本無法為民族下一個『科學的』定義；然而，從以前到現在，這個現象卻一直持續存在著。」[2]

　　在中國，關於民族的定義有一通常說法，認為民族是「指歷史上形成的、處於不同社會發展階段的各種人的共同體」，「特指具有共同語言、共同地域、共同經濟生活以及表現於共同文化上的共同心理素質的人的共同體」[3]。很顯然，這是自史達林的

1　需要指出的是，英文「nation」一詞通常譯作「民族」，但「民族」一詞，在漢語中頗多歧義，往往包含種族、族群等不同層面的涵義，故而目前有學者以「國族」譯「nation」。
2　本尼迪克特・安德森：《想像的共同體：民族主義的起源與散布》，上海人民出版社 2005 年版，第 3 頁。
3　《現代漢語詞典》（第 6 版），商務印書館 2012 年版，第 904 頁。

定義演變而來。史達林說：「民族是人們在歷史上形成的一個有
共同語言、共同地域、共同經濟生活以及表現於共同文化上的共
同心理素質的穩定的共同體。」「民族不是普通的歷史範疇，而
是一定時代即資本主義上升時代的歷史範疇。封建制度消滅和資
本主義發展的過程同時就是人們形成為民族的過程。」[4] 依照這
樣的定義，民族應有六個特徵：一是歷史地形成的，為歷史的產
物，屬於社會歷史的範疇；二是有共同的語言，語言是族類共同
體最牢固、最具活力的連繫紐帶；三是有共同的地域，這是一個
民族生息繁衍的最重要的條件，它確保同一族體的各個成員、各
個組成部分之間的經濟連繫和其他連繫的發展；四是有共同的經
濟生活，即共同的經濟連繫，內部的經濟連繫是把同一族體的各
部分結合為一個整體的強大動力；五是有共同的心理素質，這種
共同的心理素質表現為共同的文化，即同一族體的成員在文化上
的一致性，是不可分割的同他們的心理特點連繫在一起的；六是
具有穩定性，任何群體都要求有一定的穩定性，但民族所要求的
穩定性非同一般，否則就不能形成共同的語言和文化[5]。這樣的
定義及所歸納出的特徵，是思想家和學者基於事實的觀察與分析
而作出的理論概括，客觀色彩濃厚，但缺乏主體意識，所以有學
者在認可客觀標準的前提下，又認為：「主觀方面，構成民族的

---

4 《史達林全集》第 2 卷，人民出版社 1953 年版，第 294、300-301 頁。
5 參見寧騷：《民族與國家──民族關係與民族政策的國際比較》，北京
　　大學出版社 1995 年版，第 16-19 頁。

要素則是民族意識（national consciousness）。」**6** 所謂民族意識，
是指一個民族共同的自我意識，是一個民族對自身的存在、地
位、利益、價值和文化傳統的自覺。它的基本內容是頌揚民族精
神、民族特性和民族自豪感，強調民族感情的神聖性和民族文化
的同質性。這樣一種民族意識顯然是主觀認同的結果，即民族意
識是通過民族認同來實現的。在這個意義上，民族和民族認同密
不可分，民族之產生離不開這種主觀認同。如中華民族的民族認
同就是在近代中國救亡圖存的大背景下出現的，在這一認同過程
中，中國人的民族意識被普遍激發出來，中華民族逐漸由「自
在」的民族發展成為「自覺」的民族，不但有共同的地域，共同
的經濟生活，更是形成了強烈的「中華民族」共同的民族意識和
民族感情。可以說，中華民族是在中國多個民族基礎上形成的統
一、堅強的民族共同體，在這一共同體的共同意志指導下，各單
一民族保持著本民族生存發展的巨大活力；各單一民族的蓬勃發
展，則使中華民族這一共同體更加興旺團結和牢固。

二、國家與民族

「國家」是與「民族」具有緊密連繫的概念。「國家」是疆
域範圍內的全部主權和政治權力系統的代表，其所指涉的對象至
少具備三要素：對內對外獨立自主的國家權力、空間上明確界定

---

6 石元康：《民族與民族自決》，《從中國文化到現代性：典範轉移？》，
生活・讀書・新知三聯書店 2000 年版，第 253 頁。

的領土、社會上其所屬成員的整體亦即國家人民 **7**。

「民族」與「國家」在許多學科和現實生活裡總是息息相關、相提並論的，甚至在有些情況下可以相互替代。那麼，民族和國家之間到底是什麼關係呢？可以說，二者構成一個共生體，民族是生命體，國家是組織者。前者具有生物特點和自發性，主要強調種族、心理和文化的特徵；後者則純粹是一個法律和政治概念，由意識形態導向並具計劃性。要使這兩者完全吻合，即在一個法律和政治實體的國家中，只能有同一種族、文化、語言乃至宗教都完全一致的國家公民，幾乎是不可能的。實際上，世界上存在著大量由多民族組成的國家，它的成員彼此可以承認是統一國家的國民，卻未必在民族認同上有一個共同的總稱。以往的羅馬帝國、奧斯曼帝國，都是幅員遼闊、民眾眾多，但曾幾何時便土崩瓦解，它的國民從來不把自己都稱為羅馬民族或奧斯曼民族。拿近現代來說，曾經號稱「日不落帝國」的大英帝國的國民，當時包括加拿大、澳大利亞、紐西蘭、印度、南非等地區的居民，但他們也從沒有把自己稱為不列顛民族；就是社會主義的蘇聯，它的國民依然把自己稱為俄羅斯人、烏克蘭人、哈薩克人、格魯吉亞人等等，沒有出現蘇維埃民族之類的總稱 **8**。

在我國，「中國」的國家概念和中華民族統一體是高度同一的，這是因為「中國」疆域的發展和其最後的奠定，是與中華民

7　參見徐迅：《民族主義》，中國社會科學出版社 2005 年版，第 54 頁。
8　參見金沖及：《中華民族是怎樣形成的》，《江海學刊》2008 年第 1 期。

族長期互相融合和高度文化認同所形成的結果相一致的，這正是
中華民族精神的牢固基礎和強大生命力的源泉，值得我們深刻認
識和百倍珍視。

「中國」一詞的內涵，經歷了長期的歷史發展過程。當《尚
書》上出現「中國」時 [9]，僅僅是西周人對自己所居之地（關
中、河洛地區）的稱呼，亦即指周天子的直接統治區；至東周
時，周的附屬地區也可以稱為「中國」了，「中國」的含義擴展
到包括各大小諸侯國在內的黃河下游地區。隨著各諸侯國疆域的
擴大，「中國」成為春秋、戰國時期列國全境的稱號。秦漢統一
以後，更從政治上加了一層有力的保證，並把不屬於黃河流域但
在中原王朝政權統轄範圍之內的地區都稱為「中國」。

十九世紀中葉以後，由於與外國交涉的頻繁和近代國家主權
意識的逐步確立，「中國」成為專指擁有本國主權和疆域、具有
近代國家概念的我們祖國的正式名稱。而中國領土版圖奠定在清
乾隆、嘉慶年間，正是中國歷史上各族人民連繫不斷加強、各族
人民的融合和民族文化認同長期自然地形成的結果，並為近代以
來民族精神的提升奠定了牢固的物質和精神基礎。

三、民族精神

民族精神屬於觀念、意識範疇，是一個民族在長期的歷史進
程中形成的心理狀態、價值觀念、思維旨趣的集中體現，是該民

9 《尚書・梓材》。

族文化的內核和靈魂。

　　「民族精神」一詞產生於十八世紀開始的德意志文化民族主義思潮中。當時，由於法蘭西文化的大舉湧入，德意志知識分子感到民族認同與民族自尊受到外來文化的強大挑戰，為了捍衛民族尊嚴，他們竭力提倡德意志文化，並且提出了「民族精神」（Volksgeist）的概念。德意志知識分子認為，Volksgeist 指一個民族的稟賦，它伴隨著民族與生俱來，每一民族自身的文化、特性、氣質即是 Volksgeist 的體現。在他們看來，每個民族都有自身的特質，這些特質由民族精神所決定，並且反映在以語言、文學、藝術、風俗等為代表的民族文化上。在此思想指導下，德意志知識分子開始致力於從德意志歷史、文學、民間藝術中探求德意志民族精神的源泉，以此展示德意志民族的獨特性與優越性。這主要是從民族文化的角度來定義民族精神。他們的努力為實現德意志國家的統一奠定了文化和精神基礎，同時也為世界上其他民族爭取民族解放、獨立和統一提供了思想資源，進而深刻影響了十九世紀和二十世紀的世界民族主義運動 [10]。

　　除此之外，黑格爾在《歷史哲學》中從理性主導世界歷史發展的意義上闡發了「民族精神」的內涵。他認為：「在國家內表現它自己，而且使自己被認識的普遍的原則——包括國家一切的

---

10 參見唐海濤：《近代中國對民族精神的探索》，鄭師渠、史革新主編的《近代中國民族精神研究讀本》，北京師範大學出版社 2006 年版，第303、304 頁。

那個形式——就是構成一國文化的那個一般原則。但是取得普遍性的形式，並且存在於那個叫做國家的具體現實裡的——那個確定的內容就是『民族精神』本身。現實的國家在它的一切特殊事務中——它的戰爭、制度等等中，都被這個『民族精神』所鼓舞。」「一個民族的精神乃是一種決定的精神……這種精神便構成了一個民族意識的其他種種形式的基礎和內容。」「民族精神便是在這種特性的限度內，具體體現出來，表示它的意識和意志的每一方面——它整個的現實。民族的宗教、民族的政體、民族的倫理、民族的立法、民族的風俗，甚至民族的科學、藝術和機械的技術，都具有民族精神的標記。」[11] 黑格爾所作的闡述是深刻的，他中肯地指出：（1）民族精神是一國文化所具有的普遍的原則，它對於國家的一切特殊事務具有鼓舞的作用。（2）民族精神對於民族的發展具有決定性的意義，因而他又譽之為一個民族的「靈魂」，一個民族的意識及其種種具體表現的特殊性，即決定於這一基礎和內容。（3）民族精神所具有的特性，必定通過民族的宗教、倫理、立法、風俗以至其科學技術等等具體事項表現出來。因此，對於民族具體方面的特質，要從其「共同的特質」即民族精神來理解和把握。黑格爾對「民族精神」內涵所做的這些闡發，至今仍有不可忽視的理論價值。

中國知識分子對民族精神的探討，是在近代中華民族一再遭

---

11 黑格爾著，王造時譯：《歷史哲學》，上海書店出版社 2006 年版，第 46、48、59 頁。

受外國列強侵略欺凌、民族生存面臨嚴重威脅之後，由於中華民族的覺醒而受到重視的。起初，知識分子以「國魂」來指代「民族精神」。在一段時期內，「國粹」「國性」「立國精神」「國族精神」等詞語也曾被用來表示「民族精神」這一概念。目前所見最早以「民族精神」為題的文章，是一九〇四年發表在留日學生創辦的《江蘇》雜誌上的《民族精神論》[12]。在二十世紀初列強瓜分中國的危難時刻和抗日戰爭民族存亡的緊急關頭，關於中華民族精神的探討先後成為輿論界的「熱點」問題，參加討論者都因受到時局的強烈刺激，而通過反思中國的歷史進行總結、剖析。這些言論的發表，既有直接闡發「民族精神」，也有就「國魂」「國民精神」「中國文化精神」或「民族性」作分析的，實際上是從不同角度進行詮釋。當年發表的言論都緊扣中華民族生存所面臨的嚴重威脅，是愛國志士們為探索救亡圖強、振興中華之路的組成部分，因而提出了諸多真知灼見，如認為民族精神是「自然發生之民族自覺精神」，強調民族精神最主要的內涵是「愛國心」「祖國主義」或「自強不息」「精進不斷」，呼籲同仇敵愾，通過清除我們民族現存的缺點而確立偉大的民族精神，等等。所有這些，對我們認識和把握「民族精神」的內涵都具有寶貴的啟發意義。

　　時至今日，對於「民族精神」的內涵，應特別注意從以下三

---

12 參見唐海濤：《近代中國對民族精神的探索》，《近代中國民族精神研究讀本》，第 304 頁。

個方面把握：第一，民族精神是一個民族之特質的集中體現，是推動民族創造和發展的力量源泉。中華民族就是在幾千年的發展中，形成了本民族區別於他民族的特質，對全民族具有高度的團結力和影響力，歷久而彌堅，其中最集中的體現就是「民族精神」，它對於民族的發展具有「靈魂」的意義。第二，民族精神是歷史的產物，它隨著民族文化傳統的形成發展而得以形成和提升。第三，民族精神應當是一個民族普遍認同並能產生廣泛影響的基本價值觀和行為準則。

還需指出的是，民族精神與民族性是不同的概念。民族性猶言民族的特質或民族的性格，指一個民族長期形成的稟性特點，既包括其優秀、高尚的方面，也包括其弱點、鄙陋的方面，類似於「國民性」。今天我們討論民族精神，則是要弘揚鼓舞民族團結奮鬥、積極向上、奮發有為、勇於創造的優良精神品格，妨礙民族發展的消極方面則不屬於「民族精神」範圍。

第二節 ▶ 民族精神的成因

民族精神作為民族優良文化傳統的結晶，其成因必然與民族的生存條件和活動環境密切相關；民族精神作為民族特質的集中體現，其成因有受環境影響而長期潛生暗長，如酵母發散蔓延的一面，更有歷代思想家、政治家以其著作或言論加以概括提煉，或是因歷史上的傑出人物的實踐楷模、垂範作用而得到擴充和提升；民族精神在幾千年歷史途程中必然是發展的，絕非從古至今

一成不變，它因民族處於興旺階段增加了新的寶貴成分，當民族處於坎坷磨難階段它又經受考驗而得到錘鍊。概括言之，民族精神的成因是一個受到民族活動各種條件影響的、起伏前進的、不斷發展提升的過程，主要可以歸納為三個方面：一是自然環境的影響；二是歷史變遷和社會發展的作用；三是傑出人物的垂範以及宗教、國家等所起的作用。

一、自然環境的影響

自然環境包括地理環境與生態環境。人類社會產生之初，各原始部族或民族常常依託一定的自然環境為生存區域，並以之與異族相隔離，形成特定的生活圈。在此後的發展歷程中，各個民族也離不開所處自然環境的制約，一定的民族文化總是與一定的自然環境相適應，民族精神亦是如此。所以，自然環境成為民族精神產生的最基本與最直接的條件，民族精神往往因自然環境的不同而迥異。

在這方面，西歐與中國可謂典型。西歐境內多山，西臨大海，沿海港灣眾多，海島星羅棋布，這樣的地理環境，使得航海貿易頗為發達；海洋性氣候變幻莫測，航海需要與狂風巨浪搏鬥，而商業、貿易需要平等往來。所有這些，導致西歐民族最基本的精神是個人主義與勇於開拓以及對平等、自由的強烈渴求。中華民族活動的範圍在亞洲的東方，我們的祖先世世代代繁衍生息在這片廣袤的土地上，獨特的地理環境和生存生產條件對於鑄就民族的特性、生成民族最早的文化基因產生重要作用。梁啟超在《中國地理大勢論》說：「美哉中國之山河！美哉中國之山

河！中國者，天然大一統之國也，人種一統、言語一統、文學一統、教義一統、風俗一統，而其根原莫不由於地勢。」他顯然是在強調，中國獨特的地理環境對於中華民族歷史與文化的發展，包括民族精神在內，產生了重要的影響。

當然，自然環境主要是為民族精神的形成提供基礎、條件和走向。在民族精神形成的過程中，其他因素特別是社會因素起到了更為關鍵的作用。

二、歷史變遷和社會發展的作用

自然環境對於民族來說有一種無可選擇的規定性，但人的主觀能動性卻可使「選擇」成為此民族不同於彼民族的另一原因。同樣一個地域，受同樣環境因素的制約，卻因人的主觀選擇不同而可以有不同的生產方式、不同的語言習慣、不同的宗教信仰和不同的禮俗文化。正如美國人類學家露絲‧本尼迪克特所言，人類的行為方式有多種多樣的可能，這種可能是無窮的。但一個民族在這樣無窮的可能性當中只能選擇其中的一些作為自己的文化模式。選擇的內容可以包括對待生、死、青春期及婚姻的方式，也可以包括涉及經濟、政治和社會交往各個領域的規矩和習俗 [13]。人們的社會習俗和文化習慣正是通過這種選擇並固化以後才成為自己的民族特徵的，民族精神也是如此。

---

13 參見露絲‧本尼迪克特著，王煒等譯：《文化模式》，生活‧讀書‧新知三聯書店 1988 年版。

在形成民族精神的這種「選擇」中，社會因素特別是歷史變遷和社會發展起到了核心作用。例如，俄羅斯原是地處伏爾加河畔的一個小國，經歷過中世紀分疆裂土和外族統治的痛苦，但從十六世紀開始，歷經三個世紀的對外征服和擴張，一躍而成為橫跨歐亞兩大洲、在世界上擁有最大領土的龐大帝國。這種歷史足以成為俄羅斯民族豪邁、自負性格的養分，並使其擁有相應的民族精神。與之相反，朝鮮民族在為了對抗相鄰的強大民族的擠壓而不斷進行鬥爭的歷史過程中，形成了強烈的內聚性和抗爭意識，使得性格頑強和崇尚整體成為其民族精神中的必有之義。

中華民族的發展走過曲折複雜的道路。古代的農耕文化使中國在政治上實行的是宗法一體化的專制主義中央集權政治，在經濟上是自給自足、老死不相往來的小農經濟，在意識形態領域主導的是儒家思想，強調三綱五常、仁義禮智信。這些都使得中國民眾對社會制度、生存環境不作苛求，對人、對事寬大為懷，形成博大寬容的民族精神，同時又產生自強不息、勇於抗爭的民族精神。中國歷史上，有過漢唐盛世，有過南北朝、五代的分裂和宋、遼、金政權的對峙但最後重歸統一，有過清代實現多民族的空前統一。晚清之時，則飽受殖民主義、帝國主義侵略、凌辱、宰割。民族危亡之際，中華民族作為民族整體的自我認同得以實現。中華民族發揚和更新了自強不息、勇於創造、不畏艱難挫折、英勇抗擊侵略的精神，使我們民族能夠戰勝劫難，衰而復振，走向新生。此後，隨著社會發展和歷史進步，中華民族精神一再得到更新和完善。

三、傑出人物的垂範和宗教、國家所起的作用 [14]

傑出人物是民族的精英，是民族優秀文化的集中體現者，也是民族精神的倡導者和培育者。傑出人物對民族精神的倡導和培育，既體現在他們的社會活動中，也體現在他們對精神文化的提升過程中。一方面，傑出人物所從事的活動，會令民族的歷史走向發生積極的變化，而他們在這些活動中表現的精神也由此為社會所認可，從而成為民族精神的內容。正因如此，談俄羅斯的民族精神不能不說到彼得大帝、普希金；談美國的民族精神不能不說到華盛頓、林肯；談法國的民族精神不能不說到貞德、盧梭；談德國的民族精神不能不說到康得、黑格爾；談中國的民族精神不能不說到孔子、孫中山，等等。這些傑出人物引領民眾創造了各自民族歷史的輝煌，也同時培育了各自的民族精神。另一方面，民族精神成為一種自覺精神並為人民大眾所接受，是需要經由思想家們提煉和傳播的，而各民族的傑出思想家通過對精神文化的提升，發揮了這一作用。古希臘民族精神中的「自由」和「美」是由蘇格拉底、柏拉圖、亞裡斯多德、希羅多德等哲人提煉出來的；孔子的主張則為中華民族精神的儒家色彩鋪就了底色。同樣，法國的伏爾泰、盧梭，英國的莎士比亞、培根，義大利的但丁、彼得拉克，德國的康得、赫爾德、黑格爾，俄國的車爾尼雪夫斯基、普希金、普列漢諾夫，美國的佛蘭克林、傑佛遜

14 本節之寫作，參考王希恩的《民族精神的形成和發展》（《世界民族》2003 年第 4 期）一文處頗多，謹此致謝。

等，都是各自民族精神的典型的詮釋者，他們通過富有特色的哲學、史學、政治學、文學理論學說闡述自己的學術見解時，也自覺地闡釋了各自的民族精神。民族精神通過他們的思想提煉得到了一種表達，又通過這種表達為全社會所認知和認同，最終成為全民族共有的精神財富。

宗教是人類創造的一種特殊文明，對人類社會生活的影響極為深刻，直到今天，信教民眾仍占世界人口的三分之二以上。宗教在人類社會生活中的這種重要地位當然會對民族精神的形成產生巨大影響。之所以如此，主要在於宗教具有民族性。任何宗教都總是先在某一民族中形成，而後在長期的歷史發展中，或是固守本土，或是向外延伸發展成世界宗教或區域性宗教。無論向外發展與否，宗教的民族屬性和民族特性都是客觀存在的，都會對民族精神的形成影響至深。另外，宗教是一種精神文化，它對社會生活的影響無所不在，當一個民族的日常生活、精神狀態乃至政治結構都受到宗教的薰染時，它的民族精神也自然會受到強烈浸染。

宗教之外，國家對民族精神的塑造也起著關鍵作用。國家是基於民族的整體社會單元，是文明社會的基本政治建構。為了維護自身的統一和穩定，國家會自覺提倡一種意識形態以凝聚社會。這種意識形態理所當然地會成為該國民族精神的培養基礎，它的一些內容便成為民族精神的有機構成。在古代中國，朝廷推崇儒學對民族精神所帶來的影響，便是這方面的典型例證。當然，多數情況下古代國家對民族精神的塑造是一種自在行為，只是到了近代以後，以國家為單位的民族競爭在世界範圍內展開，

人們對民族精神重要性的認識大大提高，國家在意識形態方面對民族精神的塑造才有了完全自覺的意義。

第三節 ▶ 民族精神的功能

民族精神對民族的生存延續、國家的興旺強盛和社會的和諧發展具有極為重要的功能，概括來說有以下三項：精神支柱的功能；凝聚力量的功能；精神激勵的功能。

一、精神支柱的功能

民族精神不是一朝一夕形成的，更不是主觀意志的產物，它是經過長久歷史積澱而滲透到民族成員心理、觀念之中的精神現象。所以，它一旦形成，就會成為一種無形的力量，被本民族大多數成員所認同、所尊奉；也會成為民族的精神支柱，對本民族的生存延續以及發展起著支撐和激勵的作用。在這方面，中華民族的發展就是例證。

中華民族歷經幾千年文明綿延不絕，中間雖遭種種劫難仍能衰而復振，根本的原因，就在於民族精神起到了重要的支柱和維繫作用，尤為關鍵的是團結統一的精神，以及自強不息、厚德載物、海納百川的精神。中國多民族不斷實現融合和國家走向統一的趨勢，早在夏、商、周三代即已形成，《詩經‧小雅‧北山》所吟誦的「溥天之下，莫非王土；率土之濱，莫非王臣」，正反映出統一局面是古代中國臣民共有的牢固信念。以後歷代國家政權都以統一作為當時政治成就的最高目標，而歷代有遠見的思想

家也都以推進統一事業、反映民眾的統一要求為己任。共同努力，以求實現國家統一和民族間的和好、融合，便成為中華民族歷經幾千年歲月，戰勝一切劫難和挫折的共同信念，是中華民族精神具有支柱功能的最好見證。

二、凝聚力量的功能

民族精神的存在有助於凝聚社會力量，實現有效的社會整合和社會團結。所謂社會整合，就是社會成員的思想規範以及行為的一體化過程。社會經濟、政治、文化在不斷發展變化，從而引起人們思想、規範、行為等方面的分化。為了維護社會的穩定以及社會的和諧發展，就需要對這些分化趨勢進行相應的整合，以實現社會團結。

社會學者認為，社會團結的核心和基礎是社會成員的共有價值觀和共同的道德規範。而民族精神恰恰就是這種共有價值觀和共同道德規範的表現。在一個國家中，不同社會力量往往是分散存在的，要把分散的社會力量，不同的思想觀點、價值取向進行有機整合，使之取得基本一致或服從於同一目標的思想融合的力量，就需要民族精神的凝聚力來完成。

民族精神的凝聚力量所導致的社會整合與社會團結，往往是在民族危機深重的情形下發揮著最為明顯的作用。在中國，一八四〇年鴉片戰爭以後，外國列強一再發動野蠻侵略，國內統治者昏庸腐敗，致使中華民族處於危機四伏之中。在民族生死存亡的關頭，正是由於發揚了中華民族團結統一、勇於抗擊侵略、自強不息、不斷探索救國道路的民族精神，使全民族的力量得以凝

聚，實現了社會整合與社會團結，才粉碎了列強要把中國變成其直接殖民地的圖謀，保住了東方大國的地位，為國家走上繁榮富強之路打下良好基礎，並給予世界上其他被壓迫民族和人民以巨大的精神鼓舞。

三、精神激勵的功能

民族精神不僅具有明確的價值導向，而且具有強烈的激勵功能。它可以激發一個民族的鬥志，成為該民族克服前進道路上各種困難的精神動力，它也可以激勵人們為著崇高的理想和目標而奮鬥、拼搏。

對於中國而言，民族精神中的愛國主義優良傳統引導著、培育著國人的愛國情懷；剛健自強精神激勵著人們奮發向上，不斷前進；人文精神激勵人們尊重人的價值和尊嚴，努力去發現、實現人的價值。同時，精神激勵功能也昭示著一種人格示範力，中國歷史上無數民族英雄，大都是英雄主義價值觀的人格典範，正是這些民族英雄及其模範行為所代表的價值觀念，激勵著一代又一代的中華兒女為完成時代任務而不畏艱難、頑強拼搏。

民族精神的這種激勵功能很大程度上要靠教化得以實現。所以，發揮民族精神的激勵功能，既要依靠民族精神偉大傳統的日常薰陶，更要有意識、有目的地進行教育和培養。

第二章
中華民族精神的形成與內涵

第一節 ▶ 中華民族精神的形成

　　中華民族作為一個自覺的民族實體，是近百年來中國反抗西方列強的產物；但作為自在的民族實體，則是在幾千年的歷史過程中形成的[1]。「中華」一詞始於魏晉，由「中國」與「華夏」兩名稱組合而成。「中華」與「中國」一樣，都是地理名稱，但是，在古代，「中華」同時又是文化與民族的稱謂。在近代，「中華」又與傳入的「民族」一片語合成了「中華民族」，用作漢族為主體的中國各民族的總稱。中華民族精神，就是多元一體的中華民族的精神特質。

　　馬克思、恩格斯指出：「思想、觀念、意識的生產最初是直接與人們的物質活動，與人們的物質交往，與現實生活的語言交織在一起的。人們的想像、思維、精神交往在這裡還是人們物質行動的直接產物。」「意識在任何時候都只能是被意識到了的存在，而人們的存在就是他們的現實生活過程。」[2] 中華民族精神

1　參見費孝通主編：《中華民族多元一體格局》（修訂本），中央民族大學出版社 2003 年版，第 3 頁。

2　《馬克思恩格斯選集》第 1 卷，人民出版社 1995 年版，第 72 頁。

作為中華文化的核心，其形成與獨具特色，與後者一樣，皆源於中華民族的「物質活動」「物質交往」，即「實際的生活過程」。就其最初緣起而言，犖犖大者有三：地理環境、民族融合與農業經濟。

一、地理環境

　　任何民族的生存繁衍都有賴於一定的生存空間，這就是地理環境。我國位於亞洲東部，西起帕米爾高原，東臨太平洋，北有廣漠，南有橫斷山脈。四周的自然屏障，使中國形成了一個巨大的地理單元。同時，我國地形，西高東低，西部有號稱世界屋脊的青藏高原，東部卻是廣大的平原和丘陵地帶。有人把這種地形比作一把巨大的「躺椅」，背對歐亞大陸腹地，面朝遼闊的太平洋。由於受到地形和季風的影響，境內東部濕潤多雨，西部乾旱，北部嚴寒，南部炎熱。這又形成了完整而複雜的內部結構。此種地理環境，對於中華文化及其民族精神的緣起，影響至深：

　　一是，在遠古條件下，它決定了中華文化及其中華民族精神起源的獨創性，決定了它們在很長的時間裡只能走獨立發展的道路。新中國的考古證明，在我國人類進化自直立人（猿人），經早期智人（古人），至晚期智人（新人）各進化階段的人體化石，可以建立較完整的進化序列。已發現的古人類遺存地點，達三百多處，遍布全國各地。早在一百七十萬年前的舊石器時代，中國的史前文化就已經形成了華北和華南兩大文化譜系，其中包括著名的元謀文化、周口店文化、藍田文化、許家窯文化、丁村文化等在內，說明在遠古時代，中華大地上就已普遍有了人類的

生存繁衍。中國史前文化譜系的分布及其趨同發展和最終導入古代文明的過程，層次分明，脈絡清晰。在這漫長的歷史演進中，中國境內各文化譜系有過相互間的連繫與影響，但因地理阻隔，與南亞、西亞、中亞和地中海這樣一些史前文化發達的區域和古代文明中心，卻難以發生連繫。中國與外來文化的交流，始於漢代，但當時的中華文化已臻昌盛，中華民族精神也已經形成了。這與羅馬文化主要吸收希臘文化成長起來，印度古文化主要仰仗外來民族的創造，是大不相同的。

　　二是，由於地形多樣，氣候不同，遼闊的中華大地，不僅在新石器時代即形成了稻作農業經濟區、旱地農業經濟區和狩獵採集經濟區三大史前文化區，並存互補，從而為多種經濟和多民族的發展，提供了雄厚的物質基礎；而且，釀就了中國史前文化多元性統一發展的態勢。在新石器晚期的三大經濟文化區下，我國史前的文化發展還形成了六個小的文化區：中原文化區、燕遼文化區、甘青文化區、山東文化區、江浙文化區、長江中游文化區。它們彼此互相影響，相互激盪。其中，中原文化區居六個文化區的核心。因地理條件的優越，它更容易吸收周圍文化區的養分，所以發展水準最高，後來成為我國第一個王朝夏的誕生地，最早跨入了文明社會。這樣我國史前文化就形成了一種分層次的向心結構，即文明首先發生在中原地區，其次是它周圍的五個文化區，最後是第三層即最外層的各文化區。考古學家把這種文化結構形象地稱作「重瓣花朵式的向心結構」。中原文化區是花蕊，其他文化區是花瓣。這種獨特的結構，對後來中華民族的發展產生了深遠影響：由於中國史前文化已經形成重瓣花朵式的向

心結構，進入文明時期以後，很自然地就發展為以華夏族為主體，同周圍眾多民族或部落保持不同程度關係的文化與政治格局。這就奠定了中華民族以漢族為主體的統一的多民族國家的基礎，並表現出了超乎尋常的凝聚力[3]。這在錢穆先生，則稱之為中國文化的「大局面」。他說：「埃及和巴比倫的地形，是單一性的一個水系與單一性的一個平原。印度地形較複雜，但其最早發展，亦只在印度北部的印度河流域與恆河流域，它的地形仍是比較單純。只有中國文化，開始便在一個複雜而廣大的地面上展開。有複雜的大水系，到處有堪作農耕憑藉的灌溉區域，諸區域相互間都可隔離獨立，使在這一個區域裡面的居民，一面密集到理想適合的濃度，再一面又得四圍的天然屏障而滿足其安全要求。如此則極適合於古代社會文化之醞釀與成長。但一到其小區域內的文化發展到相當限度，又可藉著小水系進到大水系而相互間有親密頻繁的接觸。因此中國文化開始便易走進一個大局面，與埃及巴比倫、印度，始終限制在小面積裡的情形大大不同。」[4]中華文化的此種「大局面」，同時也影響了中華民族精神中，追求「和而不同」，可大可久特質的形成，是不難想見的。

---

3 參見嚴文明：《中國史前文化的統一性與多樣性》，《北京大學學報》1984 年第 4 期。

4 錢穆：《中國文化史導論》，上海三聯書店 1988 年版，第 4-5 頁。

二、民族融合

梁啟超曾指出：中華民族的形成，是中華國民在人類進化史上的一大奇跡，因為，「須知以如此龐大之民族，散布於如此廣漠之國土，數千年繼繼繩繩，日征月邁，在我國民視之若素，然以世界史的眼光觀察之，實邈然更無匹儔」[5]。以漢族為核心的中華民族是歷史上多民族長期融合的產物，其本身即為中華國民的偉大創造和對人類的巨大貢獻。

早在新石器時期，在我國黃河中下游已形成了東西兩大氏族部落集團。傳說在距今五千年左右，黃帝部落與炎帝部落聯合，於涿鹿大敗九黎，殺其首領蚩尤。隨後，黃帝部落復與炎帝部落大戰於阪泉，黃帝獲大勝，成為了黃河中下游大部落聯盟的首領。這傳說正反映了黃河中下游東西兩大氏族部落集團長期交往、融合，並最終通過征戰結成部落聯盟的歷史過程。以黃帝部落與炎帝部落為主幹，東西兩大氏族部落與四周的一些部落，逐漸融合成了漢族的前身華夏族體。經夏、商、周的發展，西周時華夏族體粗具規模。秦統一六國，正是在這個民族共同體漸趨穩定的基礎上完成的。華夏是多源匯聚的結果。有學者指出：「華夏是蠻夷戎狄異化又同化的先進產物。」「由此，可以說，中國是蠻夷戎狄共同締造的。」[6] 秦漢時，在華夏族的基礎上，各民

5 梁啟超：《飲冰室合集‧文集》之三十六，中華書局 1989 年版，第 32 頁。

6 張正明：《先秦民族結構、民族關係和民族思想》，《民族研究》1983 年第 5 期。

族的進一步融合，形成了漢族。費孝通先生強調說：漢族在其後的歷史發展中繼續不斷地吸收其他各民族的成分的同時，也不斷給其他民族輸入新的血液。從生物基礎，或所謂「血統」上講，「可以說中華民族這個一體中經常在發生混合、交雜的作用，沒有哪一個民族在血統上可以說是『純種』」。但是，漢民族的形成卻具有十分重要的意義，因為它成為了中華民族賴以形成的一個凝聚核心：「漢族的形成是中華民族形成中的一個重要階段，在多元一體格局中產生了一個凝聚的核心。」[7]中華民族精神的形成與發展，歸根結底，是以中華民族為載體。李大釗說：「吾國歷史相沿最久，積亞洲由來之數多民族冶融而成此中華民族，畛域不分，血統全泯也久矣，此實吾民族高遠博大之精神有以鑄成之也。」[8]所以，中華民族的形成與發展，既是以華夏—漢族為主體，漸次形成了多元一體的格局；與之相應，中華民族精神的形成與發展，便也呈現出了以漢民族文化為中堅，同時融合其他民族文化的特點。

三、農業經濟

中國是世界農業起源的中心之一。早在新石器時代，便形成了南北各具特點的農業，大致以淮河秦嶺為界，北方是以粟、黍

7　費孝通主編：《中華民族多元一體格局》（修訂本），中央民族大學出版社 2003 年版，第 23、10 頁。

8　《李大釗文集》（上），人民出版社 1984 年版，第 302 頁。

為代表的旱地農業為主；南方則是以水稻為代表的水田農業為主。距今約八千年，粟在磁山、裴李崗遺址中已有遺存。距今約七千年，在河姆渡遺址中發現了稻。距今約七千至四千六百年的黃河流域的仰韶文化和大汶口文化，長江流域的馬家窯文化等，已經顯示出此期農業有了相當的發展，較大型的定居村落已四處可見。進入距今約四千六百年的黃河下游的龍山文化，出現了銅器，尤其到距今二千八百年出現了鐵製農具和戰國後鐵製農具的普遍推廣，農業也因之更加發展。黃河流域因地理氣候的優越，農業最為發達，所以這一地區成為了中華文明起源的大中心。漢族主要從事農業，它所以能在歷史上不斷吸收其他民族的新鮮血液，像雪球一樣越滾越大，一個重要原因就在於農業經濟的獨具魅力。費孝通先生說：「如果要找一個漢族凝聚力的來源，我認為漢族的農業經濟是一個主要因素。看來任何一個遊牧民族只要進入平原，落入精耕細作的農業社會裡，遲早就會服服帖帖地主動融入漢族之中。」發達的農業不僅為中華民族生存、發展提供了堅實的經濟基礎，在費孝通先生看來，它同時還為中華民族多元一體格局的形成與發展提供了網路基礎。他指出，由於漢族善於經營農業，凡適於耕作之地，無所不往，故「漢族通過屯墾和通商各非漢民族地區形成一個點線結合的網路，把東亞這一片土地上的各民族串聯在一起，形成了中華民族自在的民族實體，並取得大一統的格局」[9]。

9 費孝通主編：《中華民族多元一體格局》（修訂本），第 34、35 頁。

　　而早在西元前四五千年便已形成的南北兩大農業體系，更是對中華民族與中華文明生生不已、源遠流長產生了重要的影響。著名的考古學家嚴文明在《農業起源與中華文明》中寫道：「這兩個農業體系的形成對中國來講極為重要。為什麼？這兩個農業體系在兩個地方，但兩者又緊挨著。北方旱地農業歉收了，南方的水地農業可以作補充；南方水地農業歉收了，北方旱地農業可以作補充。而且這個農業體系涵蓋的地方非常大……比伊拉克要大好多倍，比埃及也大好多倍，比古印度那塊地方也大好多倍。這兩個大而互補的地方，會起一種什麼作用？因為大，它就有一個寬廣的基礎，而中國周圍都還是採集狩獵經濟，沒有強勢文化。即使有一個比較強勢的文化來干擾，它這個核心地區也是穩穩當當的。西方就不是這樣了，儘管有的地方發展程度很高，但它比較脆弱，有一個野蠻民族入侵，一下子就把它消滅了。所以不管是像伊拉克兩河流域的文化也好，古埃及文化、古印度文化也好，都中斷了。現在的埃及人不是古埃及人的後裔，現在的印度人也不是古印度人的後裔，兩河流域也一樣。只有中國這個地方沒有中斷過。這是中國文明的一大特點。中國文化的特色，就以這個廣大的農業為基礎，而且是兩個農業體系，就像雙子星座似的，撐在一起。」[10] 農業經濟的上述功能對中華民族精神的形成與發展，自然要產生深遠的影響，但這些影響畢竟還是間接的；其更為直接的影響，還在於「日出而作，日入而息，鑿井而

[10] 嚴文明：《農業起源與中華文明》，《光明日報》2009 年 1 月 8 日。

飲」的小農經濟自身特點，諸如農業生產對土地、水源、氣候等自然資源的依賴；適於小家庭經營與自給自足；農作物生產週期長，周而復始如此等等，潛移默化，使中華民族浸成了注重人與自然間的和諧、重實際輕玄想，以及重家族倫理、安土樂天、中庸觀念、人生經驗與祖先崇拜等等的精神特質。漢儒公孫弘說：「故陰陽和，風雨時，甘露降，五穀登，六畜蕃，嘉禾興，朱草生，山不童，澤不涸，此和之至也。」[11] 中華民族精神追求「和」，顯而易見，這裡所描繪的「和之至」，是一幅風調雨順、五穀豐登、人畜興旺的景象。

　　上述地理環境、民族融合與農業經濟構成了中華民族精神緣起的物質基礎。除此之外，社會歷史文化的發展，包括政治與宗教、文學藝術與風俗等等，也都對中華民族精神的形成與發展產生了重要影響。這裡僅以漢語言文字與歷代往聖先賢的嘉言懿行為例。章太炎說：歷史就是國粹，「這個歷史，是就廣義說的，其中可以分為三項：一是語言文字，二是典章制度，三是人物事蹟」。他講的三項中，就包含了漢語言文字與歷代往聖先賢的嘉言懿行。

　　章太炎認為，中國的語言文字與歐洲不同，歐洲的文字隨著語義的變化，詞尾發生改變，即文字本身也發生了變化；而中國的文字雖然也有轉注、假借的道理，甚至各處的方言有不同，但是，其文字本身卻是不變的。中國有文字考古的專門學問，稱

---

11 《漢書・公孫弘卜式兒寬傳》。

「小學」。他強調語言文字是一種「偉大的」「愛國保種的力量」。[12] 章太炎是在一九〇六年說這個話的,他以為漢語言文字是維護中華民族統一的重要紐帶,厥功至偉。其言之深刻,至今久成共識。但是,就其與中華民族精神的關係而言,尚有進一步深化認識的空間。《中國留美學生月刊》一九二二年二月號中有李濟的文章《中國人類學諸問題》,從人類學的角度,將章太炎的觀點進一步引向深化了。文中寫道:

　　歐洲科學家一向把語言看作是一大堆發音的集合,而非什麼比發音器官更內在更深層的東西。語言——符號對人們的思維定勢日積月累的影響還是未曾發掘的領域,若以此為標準劃分現今人類的世界文化,可以看到一類人使用字母文字而另一類人使用象形文字,兩種文字雖有著根本的不同但卻各有短長。坦率地說,使用字母文字的文化有一個嚴重的內在缺陷,那就是缺乏穩定性。大多數善感易變的民族都居住在字母文化最發達的地方。這樣的故事在西方大地上屢見不鮮。希臘人、羅馬人和阿拉伯人這些使用字母文字的人種,其文化無一不由盛極而衰。古代閃米特人和含米特人也是使用字母文字,他們的文明也同希臘和羅馬的一樣缺乏堅固持久性。造成這種現象的部分原因自然是字母語言的過分流動性,因而不能保存具體確切的思想觀點。這些人的知識內容如奔湧的瀑布而非浩瀚的海洋。其思想之豐富無他人能

---

12 參見章太炎:《東京留學生歡迎會演說辭》,湯志鈞編:《章太炎政論選集》(上冊),中華書局 1977 年版。

比，而放棄有價值的觀念速度之快也令他人望塵莫及……

　　從任何意義上講，漢語與字母文字都是對立的。它沒有字母文字的種種便利之處，但是它所體現的簡樸和終極真理卻牢不可破，不受狂風暴雨和艱難時日的侵襲，保護了中國文化達四千年之久。它堅固、方正而優美，恰如它所代表的精神。然而，是這種精神產生了這種文字，還是這種文字反過來昇華了這種精神，還尚無定論。[13]

　　作者對字母文字內在缺陷的論斷及其將希臘、羅馬和阿拉伯文明的盛極而衰，歸結為使用字母文字的緣故，是否科學，可不置論；但是，他強調漢語言文字的自身優點「保護了中華文化達四千年之久」，卻是十分正確的。不僅如此，他還進而指出，「它堅固、方正而優美，恰如它所代表的精神。然而，是這種精神產生了這種文字，還是這種文字反過來昇華了這種精神，還尚無定論」，即指出了漢語言文字與中華民族精神間的互動關係，則更是發人所未發的重要創見。我們今天仍然可以讀先秦文獻，而無大礙，漢語言文字有益於民族思想文化的傳承，不言自明；而它的造型「堅固、方正而優美」，如何既反映又陶冶了民族的審美情趣，從而昇華了中華民族的精神，正可以參閱李澤厚先生的名作《美的歷程》[14]。需要指出的是，一九二〇年至一九二一年曾

13 轉引自羅素著，秦悅譯：《中國問題》，學林出版社 1996 年版，第 26-27 頁。
14 李澤厚：《美的歷程》，廣西師範大學出版社 2000 年版。

應邀來華講學的英國著名哲學家羅素，在歸國後第二年出版的《中國問題》一書中，專門徵引了上述李濟的這篇文章。他接著評論說：「我們不必去深究這篇貫穿了中國人的愛國主義的宏論。但我們必須承認：西方人並不習慣認為自己所屬的『字母文化』僅僅是文化中的一種這樣的觀點。至於以符號構成的漢字與中國特殊的文化有什麼關係，我沒有研究，不敢臆斷。但我相信，正如李濟先生所述，有極大的關係。」[15]

歷代往聖先賢的嘉言懿行，不僅凝鍊和集中表達了不同階段上民族的智慧、情感與追求，而且，其積澱、昇華，複構成了民族優良的傳統，對中華民族精神的陶冶與發抒，同樣起到了重要的作用。只要看看老子、孔子、莊子、孟子等先秦諸子百家卓越的思想及其精闢雋永的格言警句，如何深刻地影響至今：「大禹治水」、「屈原投江」、「張騫通西域」、「蘇武牧羊」、「岳飛精忠報國」、「戚繼光抗擊倭寇」、「鄭成功收復臺灣」……古往今來，這些無數膾炙人口的「人物事蹟」，如何代代相傳，歷久彌新，至今激勵國人，便不難理解歷代往聖先賢的嘉言懿行對中華民族精神的形成與發展，起到了多麼巨大的作用。羅素在《中國問題》一書中，還提出了另一個重要見解，也有助於我們理解這一點：「儘管在物質和經濟上，中國與埃及、巴比倫的情況相似，但在精神面貌上幾乎沒有任何相同之處。老子、孔子雖然同處於西元前六世紀，但已具備了今日中國人的個性特點。把一切都歸

15 羅素：《中國問題》，第27頁。

結為經濟原因的人，就難以說明古代中國人與古代埃及人和巴比倫人的精神面貌何以不同。我也提不出可取而代之的理論。我認為，科學目前尚不能完整解釋民族性格。氣候和經濟可以說明一部分問題，但無法說明全部問題。可能文明形成時期產生的重要的個人比如摩西、穆罕默德和孔子的性格，成為形成民族性格的極大依賴。」[16] 這與我們所說，歷代往聖先賢的嘉言懿行也深刻地影響了中華民族精神的形成與發展，正若合符節。

固然，中華民族精神的形成，是一個漫長的歷史過程。其初步形成，大致是在先秦秦漢之際，春秋戰國尤其是重要的形成階段。對此，我們固然無法提出準確和量化的指標，但卻可以指出其中最重要和具有標誌性意義的歷史場景。

其一，作為中華民族精神的載體，多元一體的中華民族最初實體或稱雛形，其時已初步形成。漢族是中華民族的主體與核心，它的孕育形成，既是中華民族形成中的一個重要階段，也是中華民族最初實體或雛形形成的重要表徵。漢族作為族名固然不能早於漢代，但作為多源匯聚的民族實體，卻必然早於漢代，大約育成於春秋戰國時期[17]。不僅如此，華夏-漢族雖是多元匯聚的結果，夏、商、周三族始祖與祖先崇拜，也傳統各異，但其時卻已認同黃帝是共同的始祖，這顯然是民族認同的結果。惟其如

---

16 羅素：《中國問題》，第148頁。

17 漢族作為族名，一說始於魏晉南北朝初期。費孝通先生以為春秋戰國是漢族作為民族實體的育成期。見《中華民族多元一體格局》，第9、10頁。

此，「戰國七雄，各自統一一方，都是多民族的諸侯國。所以秦統一已具有統一的多民族國家的性質」[18]。先秦秦漢時期，中華民族的雛形既已初具規模，與之相應，中華民族精神的最初核心也告形成，是合乎邏輯的。

其二，春秋戰國、秦漢之際，正是雅斯貝斯所講的中國文明的「軸心時代」。軸心期文明的重要特點，就是思想界巨人輩出，提出了許多影響至今的理想與重要的範疇，從而構成了人類精神的覺醒。春秋戰國五百年裡，各地的人口流動，各民族的文化交流，各國的稱雄爭霸，將中華文化推向了第一次高峰，出現了空前的繁榮和突破。其時，儒家、墨家、道家、名家、法家等諸子紛起，百家爭鳴，正是中華民族人類精神覺醒具體而生動的反映。尤其孔子提出「仁」的學說，強調「仁者愛人」，更成為「人類精神覺醒的一個明顯的標誌，也就是中國古代軸心期文明正式開始的一個重要標誌」[19]。從此，天的權威動搖，而人的精神卻獲得了高揚。對於一個民族來說，所謂人類精神的覺醒，就是本民族精神的覺醒。梁啟超認為，學術是思想的根坨，「學術進步」是實現「全國民精神」「統一」的思想源泉。這裡所謂「統一」，不是指排斥異端，而是指民族精神作為一個整體，所具有的共同的心理、思想傾向。所以，「學術思想之在一國，猶人之

---

18 陰法魯、許樹安主編：《中國古代文化史》（1），北京大學出版社 1990 年版，第 28 頁。

19 劉家和：《古代中國與世界──一個古史研究者的思考》，武漢出版社 1995 年版，第 462 頁。

有精神也，而政事法律風俗及歷史上種種之現象，則其形質也」[20]。春秋戰國時期的諸子百家學說，實已提出了構成中華民族精神核心範疇的一些重要思想，諸如「和為貴」、「自強不息」、「厚德載物」、「中庸」等等，深刻影響了後人的思維方式、倫理道德、價值觀念，成為了此後數千年中華民族精神繁榮發展、生生不已的學術思想淵源和活水源頭。以孔子為代表，諸子百家學說的湧現，可視為中華民族精神形成的重要表徵[21]。所以，梁啟超說：「春秋戰國之交，是我們民族大混合、大醇化時代，是我們社會大蛻變，大革新時代」。「在這種時代之下，自然應該是民族的活精神盡情發露……」[22] 他正是將民族大融合、時代大變動、學術思想大勃興的春秋戰國，視為中華民族精神「盡情發露」的重要時期。

其三，繼春秋戰國之後，出現秦漢昌盛的時代，是歷史的必然產物。秦統一中國，建立起了中央集權的統一的多民族國家。漢承秦制，同時以董仲舒為代表，複提出了「大一統」的政治理論，確立了「獨尊儒術」的思想，使先秦以來追求「大一統」的

20　《飲冰室合集・文集》之七，中華書局 1989 年版，第 1 頁。
21　柳詒徵説：「孔子者，中國文化之中心也。無孔子則無中國文化。自孔子以前數千年之文化，賴孔子而傳，自孔子以後數千年之文化，賴孔子而開。」（《中國文化史》，上冊，中國大百科全書，1988 年，第231 頁。）此言有失絕對化，文化傳承、發展不可能僅系於一人一身；但他強調孔子在先秦中國文化形成關鍵時期起到了承前啟後的重要作用，對於我們理解中華民族精神的形成，顯然是有借鑑的意義。
22　《飲冰室合集・文集》之三十八，第 57 頁。

時代趨勢，在政治、經濟、文化相統一的基礎上，不僅變得更加自覺，而且有了體制性的依託。漢代國勢強盛，文化方向明確，因之雄視闊步，極大地激發了開放與進取的民族精神。從張騫「鑿通西域」到絲綢之路的開闢，從佛教的引入到道教的形成，中外交通與儒、釋、道的互補，為中華民族精神的滋榮發抒，開拓了新的境界。所以，梁啟超這樣寫道：「我國春秋戰國間，思想界最稱複雜，秦漢以後政治漸趨統一，而思想之統一亦隨之。其統一以孔子為中心固也；然猶不能盡歸諸孔子。實則融合前此九流百家之思想，經一度之中庸妥協，漸成為一種有體系之國民思想」，包括宇宙觀、人生觀和演為家庭本位和家國同構的社會制度，「凡此等等，不知不覺間形成全國民普遍共有之思想」。且不論其優劣，「然所以能歷數千年以形成『中華國民』者，必以此為根垓，至易明也」[23]。

要言之，民族的大融合、諸子百家學術的發凡起例和政治、經濟、思想文化大一統格局的漸次出現，使先秦秦漢之際，尤其是春秋戰國時期，成為了中華民族精神的「根垓」最終形成並繼往開來最重要的歷史時期。

第二節 ▸ 中華民族精神的基本內涵

中華民族精神博大精深，人們對它的體認，因時代的不同與

---

23 《飲冰室合集‧文集》之三十六，第32頁。

個人取角的差異，不免智者見智，仁者見仁。梁啟超是最早試圖對中華民族精神的內涵作出概括的代表性人物，他以為，其內涵主要有四：道中庸，重和諧；重統一與團結；重德；重愛國[24]。在抗日戰爭時期，王魯季概括有五：大同主義、民本主義、德治主義、和平主義、中庸主義[25]。吳坤淦則以為是：勇武、博大、勤奮、堅忍。當今學者的見解，同樣莫衷一是。例如，張岱年概括為：自強不息、厚德載物。方立天則以為是：重德、務實、自強、寬容、愛國[26]。如此等等。黨的十六大報告指出：「在五千多年的發展中，中華民族形成了以愛國主義為核心的團結統一、愛好和平、勤勞勇敢、自強不息的偉大民族精神。」這一概括，無疑是我們理解和研究中華民族精神重要的思想指導，但它並不影響人們從學術層面，對中華民族精神進一步作多角度的探討。事實上，胡錦濤在不同場合，針對不同問題，對中華民族精神的概括，其側重點都各有不同，就說明了這一點[27]。中華民族精神

---

24 參見鄭師渠：《梁啟超的中華民族精神論》，《北京師範大學學報》2007 年第 1 期。

25 參見王魯季：《論中華民族之精神》，見鄭師渠、史革新主編：《近代中華民族精神研究讀本》，北京師範大學出版社 2006 年版，第 149-154 頁。

26 參見俞祖華、趙慧峰：《中華民族精神新論》，山東大學出版社 2005 年版。

27 例如，2005 年 8 月 25 日胡錦濤在紀念抗日戰爭勝利 60 周年大會上講話，將抗戰表現出的偉大精神概括為：民族自尊意志；民族英雄氣概；民族自強意識；民族團結精神；民族創造力量；民族奉獻精神。（《胡錦濤在中國人民抗日戰爭暨世界反法西斯戰爭勝利 60 周年大會上的講話》，《人民日報》2005 年 9 月 3 日。）2006 年 4 月 21 日，在耶

源遠流長、博大精深，其核心內涵，我們以為還可以作以下概括：

一、「和」的精神

追求和諧，重視「和」或稱「和合」、「中和」的思想[28]，是中華民族精神的特質。《中庸》云：「和也者，天下之達道也」，肯定了「和」為最高準則。因之，孔子有言：「禮之用，和為貴。先王之道，斯為美，小大由之。」[29] 和即為美，它是儒家追求的最高理想。莊子也說：「與人和者，謂之人樂；與天和者，謂之天樂。」[30] 和即是樂，它同樣是道家所追求的最高理

魯大學演講，將中華文明的優秀傳統概括為：「尊重人的尊嚴和價值」；「注重自強不息，不斷革故鼎新」；「注重社會和諧，強調團結互助」；「注重親仁善鄰，講求和睦」（《胡錦濤在耶魯大學發表重要演講》，《光明日報》2006 年 4 月 23 日）。2006 年 10 月 22 日，在紀念長征勝利 70 周年大會上講話，則將「長征精神」概括為：「把全國人民和中華民族的根本利益看得高於一切，堅定革命的理想和信念，堅信正義事業必然勝利的精神」；「為了救國救民，不怕任何艱難險阻，不惜付出一切犧牲的精神」；「堅持獨立自主、實事求是，一切從實際出發的精神」；「顧全大局、嚴守紀律、緊密團結的精神」；「緊緊依靠人民群眾，同人民群眾生死相依、患難與共、艱苦奮鬥的精神」。並強調，「長征精神」是「以愛國主義為核心的民族精神的最高體現」（《在紀念紅軍長征勝利 70 周年大會上的講話》，《光明日報》2006 年 10 月 23 日）

28 張岱年先生說：「『和合』一詞起源很早。用兩個字表示，稱為『和合』；用一個字表示，則稱為『和』」。（《漫談和合》，《中華文化論壇》1997 年第 3 期。）

29 《論語・學而》。

30 《莊子・天道》。

想。「和」是中華民族精神的核心範疇和最高的準則，深刻影響了人們的宇宙觀和人生觀。

　　成書於商周之際的《周易》，被公認是中國思想的源頭。剝去其巫術的外衣，可以看出它的一個鮮明特點，就是試圖給人類社會和自然界的歷史發展作出總體性的說明，建立起宇宙的模式。《周易》用八卦即乾、坤、震、巽、坎、離、艮、兌，分別代表天、地、雷、風、水、火、山、澤，以此去包羅世界萬物。八卦的自相重疊又產生六十四卦，再以此去說明紛紜複雜的自然現象及其相互關係。而卦又是以陰爻與陽爻互相重疊而成的。這樣，《周易》就從宇宙萬物中抽象出了陰、陽兩個概念，強調陰陽的相輔相成，是萬物生成變化的前提。陰陽平衡是自然界及人類社會獲得和諧發展的根本條件；反之，陰陽失和，必然招致禍亂。《周易》說，「有天地然後有萬物，有萬物然後有男女」[31]，有男女然後有夫婦、父子、君臣，以至於構成整個的人類社會。這裡包含了「天人合一」的思想。在它看來，包括人類社會和自然界在內的整個宇宙，是一個生生不已的和諧的生命統一體；宇宙萬物內部都存在著對立的雙方，二者必須貫通、聯結、和合、平衡，萬物才能順利發展。所謂「陰陽合德」、「剛柔相濟」，都是強調對立面的統一、和諧。這種對立面的和諧又不是在靜態中實現的，而是表現為不斷的運動、變化和更新的過程。所謂「剛柔相推而生變化」、「日月相推而明生焉」，都強調了和諧就是矛

31 《周易·序卦傳》。

盾雙方互相轉換的結果。《周易》說：「乾道變化，各正性命，保合太和，乃利貞。首出庶物，萬國咸寧。」[32]「天道」的變化，有一定的規則，它通過陰陽和合，終令萬物在變化的過程中，各正其位，各得其所。宇宙也因此是一個處於不斷運動、變化著的和諧的生命統一體。「和」是宇宙的核心精神。「一陰一陽之謂道，繼之者善也，成之者性也。」《周易·繫辭上》。「和」是陰陽交感的本質，也就是宇宙間的「善」。

此種「和」的宇宙觀影響後世。《老子》第四十二章說：「道生一，一生二，二生三，三生萬物。萬物負陰而抱陽，沖氣以為和。」《中庸》也說：「中也者，天下之大本也；和也者，天下之達道也。致中和，天地位焉，萬物育焉。」與《周易》成書時間相仿的我國的醫學經典《黃帝內經》，也同樣是根據陰陽交感和合的原理建立起自己獨特的醫學理論的。《黃帝內經》說：「陰陽者，天地之道也。萬物之綱紀，變化之父母，生殺之本始，神明之府也。治病必求其本……」顯然，從宏觀到微觀，都說明古人形成了「和」的宇宙觀。

宇宙觀決定人生觀。宇宙既是一個生生不已的和諧的生命統一體，實現個人生命與宇宙生命的融合，以體驗宇宙間最高的「善」、「樂」、「美」，自然成為古人所追求的人生最高境界了。孔子的「仁」，以和為貴，實已超越了天人的界限，所以有「如天之仁」的說法。孔子晚年自信自己不僅「知天命」，而且無處

32 《周易·乾·彖》。

不「耳順」，即隨心所欲，也不會因有所出格而造成內心的遺憾。他顯然是認為自己實現了與自然界高度和諧與統一的崇高精神境界。孟子也講「萬物皆備於我」，「樂莫大焉」[33]。所謂「萬物皆備於我」，也是指個體與自然界融為一體。孟子認為他自己也達到了此種境界，體會到了其中莫大的快樂。至於莊子認為與人和得「人樂」，與天和得「天樂」，「天地與我並生，而萬物與我為一」[34]，主張清靜無為、物我兩忘，更是帶上了追求精神絕對自由的浪漫。以儒家、道家為代表，古人心目中人生的終極理想，都不在於與肉體同朽的功名利祿，而在於超越物我，在求與自然合一中實現精神的不朽。所以，人們常常用「與日月同輝」、「和天地並存」一類詞，讚美賢者的道德文章，也是強調他超越了物欲，達到了精神與宇宙自然界和諧並存的崇高境界。

當然，不僅是宇宙觀、人生觀，戲劇小說追求大團圓的結局、江南庭院營造「咫尺天涯」、中國畫強調「氣韻生動」的意境[35]所表現的審美觀，以及中國歷史上流傳至今的許多格言警句，諸如「天時不如地利，地利不如人和」、「政通人和」、「家

---

33 《孟子・盡心上》。
34 《莊子・齊物論》。
35 王國維說：中國戲劇不同於西方，追求大團圓的結局。「若《牡丹亭》之追魂，《長生殿》之重圓，其最著之一例也」。「吾國人之精神，世間的也，樂天的也，故代表其精神之戲曲、小說，無往而不著此樂天色彩：始於悲者終於歡，始於離者終於合，始於困者終於亨；非是而欲饜閱者之心，難矣。」（《〈紅樓夢〉評論》，見姚淦銘、王燕編《王國維文集》第 1 卷，中國文史出版社 1997 年版，第 10 頁。）

和萬事興」、「和氣生財」等等，也都說明了中華民族精神追求和諧的特質，滲透到了中國政治、經濟、思想文化及社會生活的各個方面。

「和」的精神培育了中華民族主張寬容的博大胸懷。孔子講「仁者愛人」，孟子進一步提出「親親、仁民、愛物」[36]，惠施則講「泛愛萬物，天地一體」[37]。從主張「愛人」，進而主張「愛物」，終至擴充到主張天地一體，「泛愛萬物」，無疑顯示了中華民族博大的胸懷。實則，《周易》有言「地勢坤，君子以厚德載物」，強調君子應具有大地般寬廣深厚的胸襟，去包容天地萬物，就已對中華民族此種包容精神作了經典的概括。中華民族的包容精神，表現在人與自然的關係上，是主張「天人之際，合而為一」[38]，「民吾同胞，物吾與也」[39]，即強調人類都是我的同胞，萬物都是我的朋友，天人一體，人類應與自然界友好和諧相處；表現在對外關係上，是主張「協和萬邦」[40]，即強調熱愛和平，反對戰爭，各國和睦相處；表現在思想文化問題上，是主張相容並包，相反相成，「有容乃大」。《周易》說：「天下同歸而殊途，一致而百慮。」[41] 孔子說：「君子和而不同，小人同而不和。」《中庸》也強調：「萬物並育而不相害，道並行而不相悖。」

---

36 《孟子・盡心上》。
37 《莊子・天下》
38 董仲舒：《春秋繁露・深察名號》。
39 張載：《正蒙・乾稱篇》。
40 《尚書・堯典》。
41 《周易・繫辭下》。

《莊子·天下》最早提出「百家」一詞，說：「譬如耳目鼻口，皆有所明，不能相通。猶百家眾技也，皆有所長，時有所用。」中國歷史上沒有出現西方那樣的教派衝突，相反，「南朝四百八十寺，多少樓臺煙雨中」，海納百川，諸家爭鳴，尤其是受印度佛教影響，融合中外文化，形成儒、釋、道互補，促進了中華文化的發展；表現在知人論世上，則是強調「君子不為已甚」「執兩用中」「過猶不及」「中立不倚」「兼聽則明，偏聽則暗」等等，以中庸思想為核心，形成了富有辯證思維的處世哲學。

二、重德

　　早在西周之初，周公總結商朝敗亡的教訓，就已提出了重德的思想：「明德慎罰」[42]。《周易》說：「君子以厚德載物。」[43]其後，孔子提出「仁」的學說，強調「仁者愛人」，進一步將道德人格的建立提升到了更加自覺的高度。他說：「志於道，據於德，依於仁，遊於藝。」[44] 在他眼裡，德之重要，僅次於道。主張無為的道家同樣重德。老子說：「道生之，德畜之，物形之，器成之。是以萬物莫不尊道而貴德。」[45] 莊子則謂：「故形非道不生，生非德不明。存形窮生，立德明道，非王德者邪！」[46] 不

---

42 《尚書·康誥》。
43 《周易·坤》。
44 《論語·述而》。
45 《老子·五十一章》。
46 《莊子·天地》。

過，儒家對於重德思想的闡發最為系統，因而影響也最為深遠。中華民族精神浸成了自己重德的特質，這包含兩個層面：

一是注重個人的品格修養。孔子講「仁」，是以具有愛人的道德意識與道德情感為前提的。「仁」以「孝悌」為核心的親親之情為出發點，借助「禮」的規範，通過推己及人，己立立人，己達達人，最終實現有層次，但無界限的人類社會普遍的愛。所以，「仁」是道德的源泉，同時又是道德追求的最高境界。但是，欲立人、達人，首先自己先必須能立，能達；故行仁，要從自己做起。「自我道德人格的建立，就是自愛：自己愛自己，自己尊重自己，自己把自己當作人。」[47] 故儒家強調「為仁由己」[48]，「修身為本」[49]。在儒家看來，人區別於動物，就在於人有善惡之心，有道德的天性；人不滿足於物質的享受，能不斷超拔自己，實現人的尊嚴。反之，沒有道德自覺、道德觀念、道德生活，人就不成其為人。孟子說：「人之所以異於禽獸者幾希，庶民去之，君子存之。」[50] 人異於禽獸，僅一念之差，這就是道德觀念。普通人不自覺，但君子是看重它的。孔子稱讚顏回身居陋巷，一簞食，一瓢飲，一般人忍受不了的清貧，但他卻能自得其樂，就是肯定顏回看輕物質享受，而追求道德修養和精神

---

47 劉家和：《論中國古代軸心時期的文明與原始傳統的關係》，《古代中國與世界》，武漢出版社 1995 年版，第 446 頁。

48 《論語‧顏淵》。

49 《禮記‧大學》。

50 《孟子‧離婁下》。

境界的提升。儒家重德還不止於此。他們強調人具有社會性，人的道德心還應當表現為在人際關係中遵守禮義，自覺保持社會的和諧、安定。而對於君子來說，應當有更遠大的抱負，把個人的品德修養看成是實現儒家理想社會的首要條件。無論是講「修身、齊家、治國、平天下」，還是講「立德、立功、立言」「三不朽」或「內聖外王」的理想，儒家都強調必須將造就人格視為最終實現個人建功立業的出發點和先決條件。這就使得儒家的修身重德，不同於謙謙君子的獨善其身，而具有了改造社會的宏大氣魄。也惟其如此，從孔子開始，先哲們無不把克己修身、完善人格提升到了崇高的地位。孔子說：「三軍可奪帥也，匹夫不可奪志也。」[51] 曾子說：「士不可以不弘毅，任重而道遠。」[52] 孟子不僅提出「養吾浩然之氣」，其說更顯精闢：「天將降大任於是人也，必先苦其心志，勞其筋骨，餓其體膚，空乏其身，行拂亂其所為，所以動心忍性，曾益其所不能。」[53] 越是志存高遠的人，越是應當加強刻苦的道德修養，要能達到這樣的境界：「富貴不能淫，貧賤不能移，威武不能屈」[54]，以「殺身成仁」「捨生取義」，去實踐道德的最高要求。

二是以道德為整個文化的基礎。在西方，政治、經濟、文學等各個領域很早就形成了各自獨立的範疇，在它們中間並不存在

---

51 《論語・子罕》。
52 《論語・泰伯》。
53 《孟子・告子下》。
54 《孟子・滕文公下》。

一種籠罩一切的道德觀念。道德判斷是被限定在人生範圍之內的。中國則不同。在近代以前，政治、經濟、文學等始終沒有形成各自獨立的領域，它們中間有一個共同的價值取向，即道德的訴求。王國維曾指出，殷周之際是中國政治文化變革的關鍵時期，周公設計的周朝政治文化制度的要義，即在於「其旨則在納上下於道德，而合天子諸侯卿大夫士庶民，以成一道德之團體」[55]。孔子「仁」的學說，進一步將周公的思想深化發展了，他說：「人而不仁，如禮何？人而不仁，如樂何？」[56]「仁」即道德，它不僅是人的本性，而且是「禮樂」即社會政教文化得以成立的基礎。道德觀念超越了人生範圍，彌漫一切，成為了中華文化的基礎。所以，中國傳統的政治稱「德政」、「仁政」，孔子說：「為政以德，譬如北辰，居其所而眾星共之。」[57]子產也說：「德，國家之基也。」[58]經濟生活有「不患寡而患不均」的原則，孔子有言：「君子謀道不謀食」，「君子憂道不憂貧」[59]。《禮記·大學》說：「德者本也，財者末也。」董仲舒更強調：「正其誼不謀其利，明其道不計其功」[60]；軍隊稱「仁義之師」，良將稱「儒將」；至於文學，則強調「文以載道」。總之，道德價值高於

---

55 王國維：《殷周制度論》，《觀堂集林》（上），中華書局 2004 年版，第454 頁。
56 《論語·八佾》。
57 《論語·為政》。
58 《左傳·襄公》。
59 《論語·衛靈公》。
60 《漢書·董仲舒傳》。

一切，規範一切。

　　上述兩個層面相輔相成，復使中華民族重德的精神深入人們的內心世界，化為民情風習。梁啟超對中華民族重德精神的解讀，獨具隻眼，耐人尋味。他認為，數千年來中國人心中有三種觀念根深蒂固，實為「中國道德之原」：一是「報恩」。「中國一切道德，無不以報恩為動機，所謂倫常，所謂名教，皆本於是」。人生在世，無論如何聰明智慧，都不可能無所待於外而能自立，故其一生直接間接受恩於人者，實無量極。中國人十分看重這一點，於父母、家庭、社會、國家多心存報恩之思。二是「明分」。這不能簡單地視為強分階級與不平等。社會有分工，個人有分任，分工協作，社會得以安定。安分心太強，固易生守舊，但「向上心」與「僥倖心」有別。中國道德中的「明分」精神，恰恰表現了理性的「向上心」，強調立足現有的地位，求漸進於理想的地位，中國社會「所以能強固緻密搏之不散者，正賴此矣」。三是「慮後」。中國人重現實，同時又最重將來。各國宗教固然未有不重將來的，但它們所講的將來，是相對於現世而言的來世，故與現社會不相屬。中國教義所謂將來，則是「社會聯鎖之將來」，即強調社會歷史文化的傳承。所以，中國人強調個人對社會與後代的責任。「二千年來，此義為全國人民心目中所具。縱一日之樂，以貽後顧之憂，稍自好者不為也。不甯惟是，天道因果之義，深入人心，謂善不善不報於其身將報於其子孫，一般人民有所勸，有所懾，乃日遷善去惡而不自知也。此亦社會所以維繫於不敝之一大原因也」。梁啟超強調說，中國人對於西方的「絕對個人主義」與「現在快樂主義」，難以理解。「報

恩」、「明分」、「慮後」三大觀念，是中國道德精神的三大要素。它將社會的過去、現在與未來有機銜接起來，將個人、家庭、社會與國家有機銜接起來，大有助於社會的穩定發展。「吾國所以能綿歷數千年使國性深入而鞏建者，皆恃此也」[61]。這也正突顯了中華民族重德的民族精神。梁啟超不愧為近代目光銳利的思想家，他上述對中華民族精神重德的解讀，超越了精英階層與文本，更注重於世道人心，即社會整體尤其是草根階層的考察，因而，也更加耐人尋味。

各國的文化都重視道德，但是沒有哪一種文化，能像中華文化這樣把道德作為自己的基礎，讓道德觀念滲透一切；也沒有哪一種文化，能像中華文化這樣系統強調個人的品格修養，不僅把實踐道德視為人性的體現，而且把它看得比生命更可貴，徑將道德價值提高到最終決定個人、民族與國家榮辱興衰的至高地位。

所以，有當代學者認為，中國人最普及的宗教，並非佛教道教，實乃道德宗教[62]。而人所共知，黑格爾更早就說過：「中國純粹建築在這一種道德的結合上，國家的特性便是客觀的『家庭孝敬』[63]。」

---

61 參見《中國道德之大原》，《飲冰室合集·文集》之二十八，第 14-20 頁。

62 參見牟鍾鑑：《儒學是什麼樣的學問》，《光明日報》2007 年 1 月 25 日。

63 黑格爾著，王時造譯：《歷史哲學》，上海書店出版社 2001 年版，第 122 頁。

三、自強不息

《周易‧乾卦‧象》最早提出「自強不息」的命題：「天行健，君子以自強不息。」「健」即剛健，其意是說，天體運行不止，人們應效法天行，積極向上，努力前行，永不止息。故《周易‧乾卦‧文言》又說：「大哉乾乎！剛健中正，純粹精也。」《周易》提出剛健自強的思想，集中概括了中華民族堅韌不拔，不屈不撓，積極進取，奮發有為的民族精神。

春秋戰國時期已形成了許多有關中華民族童年即遠古時代的傳說，諸如燧人氏鑽木取火，是火的發明者；包犧氏結繩而為網罟，開創了漁獵時代；神農斫木為耜，揉木為耒，創造了農業；黃帝垂衣裳而天下治，代表了屋宇、衣服、文字的開始。這些傳說的一個顯著特點，就是突出了人而非神創造歷史的思想。《禮記‧樂記》說：「作者之謂聖，述者之謂明。」很清楚，上述的燧人氏、包犧氏、神農氏、黃帝等，在人們的心目中，都是創造了上古文明了不起的「作者」，而非神。中國古代沒有出現過類似西方上帝創世的神話，雖不免神道設教，但無非借天道明人事，始終將理想與現實連繫在一起，即將人置於社會歷史發展的中心地位。所以，孔子「不語怪、力、亂、神」[64]，他說：「祭神如神在」[65]，「務民之義，敬鬼神而遠之，可謂知矣」[66]。「未

---

64 《論語‧述而》。
65 《論語‧八佾》。
66 《論語‧雍也》。

能事人，焉能事鬼？」「未知生，焉知死？」[67] 強調的是入世的精神與現實的責任。中華民族宗教觀念淡薄，很早便具有了人的主體性意識，以人為本而不是以神為本[68]。這是《周易》得以概括「自強不息」命題的歷史文化前提。至於盤古開天地、女媧補天、精衛填海、愚公移山等神話，所塑造的改天換地的開拓者的形象，自然更是生動地體現了中華民族剛健有為、自強不息的精神。

　　孔子重視剛健有為，進而提出了「剛」的思想，認為「剛毅木訥近仁。」[69] 梁漱溟甚至認為，剛之一義也可以統括了孔子全部哲學。剛或剛毅，是指一個人堅定剛強的意志，百折不撓的精神[70]。孔子視之為人的神聖不可侵犯的志節操守：「三軍可奪帥也，匹夫不可奪志也。」孔子說：「吾未見剛者」，「棖也欲，焉得剛？」[71] 在他看來，一個人要做到剛健有為，很不容易，這首先需要有堅定的信念與強烈的歷史使命感。他所說的「不知命，無以為君子」[72]，「朝聞道，夕死可矣」[73]，「篤信好學，守死

---

67 《論語・先進》。

68 參見張岱年：《炎黃傳說與民族精神》，見王俊義、黃愛平的《炎黃文化與民族精神》，中國人民大學出版社 1993 年版。

69 《論語・子路》。

70 梁漱溟：《梁漱溟全集》第 1 卷，山東人民出版社 2005 年版，第 537 頁。

71 《論語・公冶長》。

72 《論語・堯曰》。

73 《論語・里仁》。

善道」⁷⁴，以及其弟子曾參所說的「士不可以不弘毅，任重而道遠，仁以為己任，不亦重乎？死而後已，不亦遠乎？」都是在反覆強調這一點。一個人只有具備了堅定的信念和強烈的歷史使命感，才有可能進而做到：其一，安貧樂道，志存高遠，拒絕各種名利的誘惑。孔子說：「人不知，而不慍，不亦君子乎？」⁷⁵甘於寂寞，是一種美德。一個人有無地位並不重要，重要的是「所以立」；也無需擔心別人不了解自己，重要的是做出業績來，「求為可知」⁷⁶。富與貴是人之所欲，非取之有道，君子不為，「不義而富且貴，於我如浮雲」⁷⁷；貧與賤是人之所惡，非去之有道，君子不棄。「欲」與「剛」不兩立，無欲則剛。其二，保持樂觀的精神，百折不撓，奮鬥不止。孔子認為，作為一個君子，無論處境怎樣艱難困苦，都不能動搖自己的信念，忘卻崇高的理想，喪失氣節：「君子無終食之間違仁，造次必於是，顛沛必於是。」⁷⁸相反，要奮發有為，做到「發憤忘食，樂以忘憂，不知老之將至」⁷⁹。他所以高度讚揚顏回，就在於顏回能在別人難以忍受的艱苦條件下，依然保持樂觀的精神，孜孜追求，成為了楷模。司馬遷在《史記·太史公自序》中這樣寫道：「西伯拘而演《周易》；仲尼厄而作《春秋》；屈原放逐，乃賦《離騷》；左丘

---

74 《論語·泰伯》。
75 《論語·學而》。
76 《論語·里仁》。
77 《論語·述而》。
78 《論語·里仁》。
79 《論語·述而》。

失明，厥有《國語》；孫子臏腳，《兵法》修列；不韋遷蜀，世傳《呂覽》；韓非囚秦，《說難》《孤憤》；《詩》三百篇，大抵賢聖發憤之所為作也。」司馬遷自己也是在逆境之下，忍辱負重，寫就了光照千秋的《史記》。足見，剛健有為、發憤忘憂的精神，已浸成傳統，且載入了史冊。

自強不息精神的核心在順天應時，日新求進。《周易》有言：「生生之謂易」，「天地之大德曰生」，意謂天地最大的品德即在於陰陽相易轉相生；又說：「日新之謂盛德」。《周易‧繫辭》。天地最大的品德，同時也就在於「日新」。這與其「和」的宇宙觀是一致的：宇宙所以是和諧的生命統一體，原因就在於它是處於陰陽相輔相成、生生不已、變化運動的過程中。日新即是變，變即是和。所以，《禮記‧大學》說：「湯之《盤銘》曰：『苟日新，日日新，又日新。』」《周易‧雜卦》也說：「革，去故也；鼎，取新也。」不僅如此，《周易》還認為，湯武革命所代表的社會變革與春夏秋冬四季更替一樣，都是順時應變，合乎宇宙普遍規律的應然和正義之舉：「天地革而四時成，湯武革命，順乎天而應乎人。革之時大矣哉！」[80] 在中國歷史上，歷朝歷代多有志士仁人倡言變法革新，甚至捨生取義，不惜為此犧牲生命。「湯武革命順乎天而應乎人」的革故鼎新精神，正是他們賴以宣導社會變革的思想指導。這在近代中國社會轉折時期，表現得尤為鮮明。《變法通義》是梁啟超在戊戌變法初期發表的一

80《周易‧革‧象》。

篇名文，他在文中說：「《詩》曰：『周雖舊邦，其命維新。』言治國必用新法也。其事甚順，其義至明，有可為之機，有可取之法，有不得不行之勢，有不容少緩之故」。「《易》曰：『窮則變，變則通，通則久。』伊尹曰：『用其新，去其陳，病乃不存……』今專標斯義，大聲疾呼，上循土訓誦訓之遺，下依矇諷鼓諫之義，言之無罪，聞者足興。」[81] 康梁維新派正是借助鼓吹窮變通久、日新進取的精神，推進了戊戌變法運動；譚嗣同等六君子且為之獻出了生命。革命先行者孫中山，同樣繼承和弘揚了中華民族的這一精神，他說：「夫事有順乎天理，應乎人情，適乎世界之潮流，合乎人群之需要，而為先知先覺者所決志行之，則斷無不成者也，此古今之革命維新、興邦建國等事業是也。」[82] 孫中山領導的辛亥革命推翻了帝制，有更多志士拋頭顱，灑熱血，「風雲為之變色，草木為之含悲」。

自強不息、剛健有為體現了人的主體性，故在中華民族精神中，最終又歸結為品德修養和人格的建立，從而與重德的特質渾然一體。孔子說：「知者不惑，仁者不憂，勇者不懼。」[83] 知、仁、勇稱三達德，其中以仁為核心，知所以知仁，勇所為行仁。自強不息、剛健有為，說到底，是一種人格力量的外鑠。孔子強調好學深思、內省思齊、克己復禮、立人達人等等，目的就在於

81 《飲冰室合集・文集》之一，第 2 頁。
82 《孫中山選集》，人民出版社 1981 年版，第 191 頁。
83 《論語・子罕》。

培育知、仁、勇，即情、志、意相統一的德性。孟子所謂「養吾浩然之正氣」，為承擔天降之大任，必先苦其心志，也是在強調以建立人格為重。宋明理學強調「內聖外王」，進一步將此一理念表述得更加簡潔明瞭。所以，梁漱溟說，孔子所提倡的「陽剛乾動的態度」，「就是裡面力氣極充實的一種活動」，體現了內在的「活氣」與外在「奮往向前」的融會[84]。梁啟超也指出，儒家的人生哲學，就是「求理想與實用一致」[85]，即「內聖外王」：「人格鍛鍊到精純，便是內聖；人格擴大到普遍，便是外王。儒家千言萬語，各種法門，都不外歸結到這一點。」[86]

四、愛國精神

「愛國」二字在我國歷史文獻中很早就出現了。《戰國策・西周策》有言：「周君豈能無愛國哉。」東漢時荀悅作《漢紀》，其中也有「親民如子，愛國如家」的記載。可見，中華民族早在二千多年前的周秦之際，就已形成了愛國的觀念。不僅如此，戰國時的楚國還出現了中國歷史上第一位用生命的激情和壯麗的詩篇，盡情謳歌愛國主義的偉大詩人屈原。他的《橘頌》，滿懷激情地歌頌橘樹扎根故土，專心如一的美好品質，實際上是在以詩言志，表達自己堅定不移的愛國心。他的《國殤》，對在衛國戰

---

84 《梁漱溟全集》第 4 卷，第 671、695 頁；第 1 卷，第 537、538、539 頁。

85 《歐遊心影錄》，《飲冰室合集・專集》之二十三，第 36 頁。

86 《儒家哲學》，《飲冰室合集・專集》之一百零三，第 3 頁。

爭中英勇犧牲的楚國將士，表示崇高的敬意和悼念。屈原最後自沉汨羅，他想以死進一步喚醒國人。愛國主義是「千百年來鞏固起來的對自己的祖國的一種深厚的感情」[87]，因時代的差異，其具體內涵古今自有不同；但是，屈原作為中華民族最偉大的愛國詩人，至今深受崇敬與緬懷，這本身不僅說明了愛國的精神古今一脈相通，而且也說明了屈原所鮮明體現和熱情謳歌的愛國精神，早已越出了戰國時代楚國的範圍，而成為二千多年來中華民族所認同的民族精神。愛國精神成為了古今志士仁人，藉以激勵自己和人民奮起反抗外來侵略、強國禦侮永恆的謳歌主題。

中華民族的愛國精神有三大特色。其一，與「大一統」的思想相統一。「大一統」的思想萌芽於夏、商、周三代。西周時人們的思想就有了這樣的觀念：「溥天之下，莫非王土；率土之濱，莫非王臣。」[88] 這裡已蘊含了大一統的思想。春秋亂世，孔子主張「撥亂反正」。所謂「正」，在孔子看來，就是以周天子為核心，重新恢復天下國家的統一和安定。所以，他極力稱讚管仲輔佐齊桓公的歷史功績說：「霸諸侯，一匡天下，民到於今受其賜。微管仲，吾其被髮左衽矣。」[89] 所謂「一匡天下」，就是匡天下於一統，一統於周。孟子、荀子繼承孔子的思想，強調

---

87 中共中央編譯局列寧史達林著作編譯室：《對列寧關於「愛國主義」的一處論述的譯文的訂正》，《光明日報》1985 年 10 月 13 日。

88 《詩經·小雅·北山》。

89 《論語·憲問》。

「定於一」、「天下為一」[90]。成書於漢代的《春秋·公羊傳》，上承孟、荀，進一步發展為「大一統」思想。其中說：「何言乎王正月？大一統也。」「大」是重視、尊重的意思；「大一統」，就是明確要以統一天下為職志。經秦漢數百年的統一，大一統思想和中華民族整體的觀念，已根植於人們的思想深處，成為中國政治鮮明的價值取向、中華民族共同的心理。秦以後，歷代君主都不滿足於偏安政權，而以實現天下統一為己任。秦皇漢武、唐宗宋祖，還有一代天驕成吉思汗，所以被後人推崇，很重要一點，就在於他們都具有雄才大略，完成了統一大業，安定了天下。而中華民族的心理，也習慣於把天下統一，認作「治世」，把割據紛爭的時代，認作是「亂世」。事實上，中國的歷史也是統一的時間長，分裂的時間短。足見統一是中國歷史和人心的趨向。大一統思想的昇華成為了中華民族的愛國精神，而維護中華民族的團結與國家的統一，又成為了愛國精神的核心。在中國歷史上，王昭君出塞、文成公主與松贊干布的聯姻等，所以傳為「和親」美談；從荷蘭殖民者手中收復了臺灣的鄭成功，所以被尊為民族英雄；甲午戰爭之後，臺灣人民所以能堅持長期不屈不撓，抵抗日本侵略者，以及今天中國人民堅決反對「臺獨」，為進一步表達統一祖國的堅定決心，全國人民代表大會專門通過了《反分裂國家法》，其原因都在於此。

其二，深沉博大的憂患意識。所謂憂患意識，是一種對國家

90 《孟子·梁惠王》；《荀子·正論》。

民族命運的自覺意識，一種以天下為己任的社會責任感。孟子說：「世衰道微，邪說暴行有作，臣其君者有之，子其父者有之。孔子懼，作《春秋》。」[91] 反映了孔子著書的憂患意識。從孔子強調「君子憂道」，到明末清初著名思想家顧炎武提出「天下興亡，匹夫有責」，一脈相承，關心天下興亡、深沉博大的憂患意識，構成了中華民族愛國精神的一大特色。憂患意識的核心是以國家民族的利益為重、憂國憂民的博大情懷。屈原在自己的詩篇中說：「惟夫黨人之偷樂兮，路幽昧以險隘。豈余身之憚殃兮，恐皇輿之敗績！」「長太息以掩涕兮，哀民生之多艱！」[92] 宋范仲淹則謂：「居廟堂之高，則憂其民；處江湖之遠，則憂其君。是進亦憂，退亦憂，然則何時而樂耶？其必曰：先天下之憂而憂，後天下之樂而樂。」[93] 憂患意識所以深沉博大，就在於它包含著居安思危、變革進取的自覺。孔子面對滔滔東去的江水，說「逝者如斯夫！不舍晝夜」[94]，表達了時不我待的緊迫感。孟子總結戰國時期各國治亂興衰的歷史經驗，更提出了「生於憂患而死於安樂」[95] 的著名論斷。在他看來，只有不斷追求進取自強，國家的生命才有可能得到延續；相反，貪圖安逸，故步自封，必然自取滅亡。他將變革進取的意識引入了憂國憂民的情

91 《孟子‧滕文公下》。
92 屈原：《離騷》，見陳子展《楚辭直解》，江蘇古籍出版社 1988 年版，第 42、47 頁。
93 《岳陽樓記》，《范文正公集》卷七，上海書店 1989 年版。
94 《論語‧子罕》。
95 《孟子‧告子下》。

懷，將理性與情感結合了起來。這就是說，憂國憂民，說到底，就是要關心並推進國家社會的進步。近代中國面臨「三千年未有之變局」，民族危機日亟，志士仁人的憂患意識也愈加強烈。康有為《上清帝書》說：「竊以為今之為治，當以開創之勢治天下，不當以守成之勢治天下，當以列國並立之勢治天下，不當以一統垂裳之勢治天下……若非大變講求，是坐待自斃也。」[96] 孫中山組織興中會，其章程強調：「方今強鄰環列，虎視鷹瞵……蠶食鯨吞……實堪慮於目前。有心人不禁大聲疾呼，亟拯斯民於水火，切扶大廈之將傾。」[97] 與此相應，從洪秀全到孫中山，近代志士仁人為強國禦侮，振興中華，向西方尋求救國真理，走過了千辛萬苦的道路，並先後發動了太平天國運動、戊戌變法、辛亥革命，漸次顛覆了千年帝制，使中國社會邁向了民主共和的新時代。以毛澤東為代表的中國共產黨人，復繼起以馬克思主義唯物史觀作為重新考察國家與民族命運的思想武器，最終完成民主革命，並將中國引向今天的社會主義道路。

其三，注重民族氣節。毛澤東說：「中華民族不但以刻苦耐勞著稱於世，同時又是酷愛自由、富於革命傳統的民族。」「中華民族的各族人民都反對外來民族的壓迫……而不贊成互相壓迫。在中華民族的幾千年的歷史中，產生了很多的民族英雄和革命領袖。所以，中華民族又是一個有光榮的革命傳統和優秀的歷

---

96 湯志鈞編：《康有為政論集》（上），中華書局 1981 年版，第 140 頁。
97 《孫中山選集》，第 14 頁。

史遺產的民族。」[98] 中華民族反抗外來侵略的愛國精神，自古已然，近代則更加發揚光大。從兩次鴉片戰爭、中法戰爭到甲午中日戰爭、八國聯軍之役，再到日本全面侵華戰爭，近代中國曾一再面臨列強的野蠻入侵，尤其日本於一九三七年發動的全面侵華戰爭，一度占領了中國的半壁江山，中華民族命懸一線，危在旦夕。但是，中國人民每一次面對強敵，都前仆後繼，奮起反抗，湧現了像林則徐、關天培、馮子材、鄧世昌等一大批民族英雄。尤其是在偉大的抗日戰爭中，中國各族人民地不分南北、人不分男女老幼，形成了長達八年之久的全民抗戰，驚天地，泣鬼神，並最終打敗了日本侵略者，更使中華民族的愛國精神大放異彩，躍升到了一個新的歷史階段。梁啟超曾指出，中國人是世界上最講愛國主義的國民。他說：中國道德重報恩，故「報國之義重焉」[99]。雖國衰民窮，「然而我民之眷懷祖國，每遇國恥，義憤飆舉，猶且如是，乃至老婦幼女，販夫乞丐，一聞國難，義形於色，輸財效命，惟恐後時。以若彼之政象，猶能得若此之人心，蓋普世界之最愛國者，莫中國人若矣。嗚呼！此真國家之元氣而一線之國命所藉以援系也」[100]。梁啟超所言，完全合乎歷史實際。

中華民族在堅持反抗外來侵略與壓迫的同時，形成了注重民

98 《毛澤東選集》第 2 卷，人民出版社 1991 年版，第 623 頁。
99 《飲冰室合集・文集》之二十八，第 15 頁。
100 《飲冰室合集・文集》之三十三，第 7 頁。

族氣節的優良傳統。孔子說：「志士仁人，無求生以害仁，有殺身以成仁。」[101] 孟子表示，生存與道義皆人所欲，如果二者不可兼得，則當「捨生而取義」。[102] 他說，「大丈夫」應該具備「富貴不能淫，貧賤不能移，威武不能屈」頂天立地的英勇氣概[103]。他們都是在強調堅持高尚的人格與氣節的極端重要性。漢代蘇武奉命出使匈奴，遭拘留。他大義凜然，拒絕威迫利誘，寧死不屈，堅持在漠北冰天雪地孤身牧羊十九年後，終於返回漢朝。蘇武以他崇高的氣節以及堅韌不拔、寧折不彎的精神，聞名於世，並且一直激勵、鞭策和鼓舞著後世的愛國者。文天祥抗元被俘，在獄中寫了氣貫長虹的《正氣歌》，對蘇武崇高的氣節，深表敬仰。他自己同樣堅貞不屈，慷慨捐軀，表現了崇高的民族氣節。他的「人生自古誰無死，留取丹心照汗青」著名詩句，成為後世堅貞愛國者的自白，千古傳誦。在近代，與不屈不撓的反侵略鬥爭精神大放異彩相一致，民族氣節也備受珍重。在甲午戰爭中，運送中國官兵的「高升號」，中途不幸遭日本艦隊偷襲，中彈下沉，但船上全體官兵，寧願葬身大海，無一投降，就充分反映了中華民族的氣節。在後來的抗日戰爭中，著名的「回民支隊」司令員、共產黨員馬本齋的母親，被日本憲兵逮捕，要她勸降兒子，但這位英雄的母親卻以蘇武、岳飛為楷模，堅貞不屈，最終

---

101 《論語・衛靈公》。
102 《孟子・告子上》。
103 《孟子・滕文公下》。

絕食而死。與此同時，在河北易縣狼牙山上，五位八路軍戰士阻擊日寇，在彈盡糧絕的情況下，決不投降。他們在砸壞了槍支後，縱身跳下了懸崖，結果除兩人被半山腰的樹枝掛住倖免於難外，其他三位戰士壯烈殉國。「狼牙山五壯士」的美名從此傳開，成了當代民族氣節的新讚歌。此外，朱自清拒領美國的救濟糧，錢學森等科學家拒絕國外優厚條件，衝破種種障礙，回國參加新中國的建設，同樣表現了中華民族的高風亮節。

在上述中華民族精神的核心內涵與特質「和」、「重德」、「自強不息」、「愛國精神」中，「和」處於最高的哲學層次。有人說，談民族精神猶如剝筍，筍一層一層往裡剝，要剝到最裡層，不能再剝了，這才是真正的民族精神的核心。「和」正可以看成是中華民族精神的核心。它深刻地影響了中華民族的宇宙觀、價值觀、人生觀與思維方式，從而滲透、制約和規範一切。重德的核心是體現「和為貴」、「仁」的人生觀。自強既是遵循陰陽相反相成的「天行」，又是以和為哲學基礎的，所以它突出了變革日新，而與以鄰為壑的「強人」觀念劃開了界線。愛國精神則是中華民族精神的特質在民族、國家危難之際，最集中、最有力的迸發與昇華。要言之，中華民族精神的核心內涵與特質，充分展現了中華民族深沉的理性與崇高的德性。這就是強調在實踐道德的基礎上，堅持自強不息、和而不同，將理想與實際相結合，進而追求人與自然、個體與社會、物質與精神的和諧與統一。正是這種博大精深的中華民族精神，產生了強大的凝聚力，使中華民族生生不已，歷久彌新。它顯示了東方文明自身的價值和獨到的智慧。

第三節 ▶ 中華民族精神的階段性發展和特點

　　國學名家錢穆曾指出，治史的一個重要方法是求其同。他說：「何謂求其同？從各不同之時代狀態中，求出其各『基相』。此各基相相銜接、相連貫而成一整面，此為全史之動態。以各段之『變』，形成一全程之『動』。即以一整體之『動』，而顯出各分部之『變』。於諸異中見一同，即於一同中出諸異。全史之不斷變動，其中宛然有一進程。自其推動向前而言，是謂其民族之精神，為其民族生命之泉源。自其到達前程而言，是謂其民族之『文化』，為其民族文化發展所積累之成績。此謂求其同。」[104]在這裡，他除了強調治史當重視包括民族精神在內，歷史內在同一性的階段性發展之外，還有兩點也值得注意：其一，民族精神是推動民族歷史階段性發展重要的內驅力，「為其民族生命之泉源」；其二，民族精神的階段性發展，其外鑠的特徵即呈現為不同階段上民族的「文化」，即「為其民族文化發展所積累之成績」。這些重要的觀點，無疑有助於我們理解中華民族精神的階段性發展。

　　對中華民族精神發展史的考察，不應簡單遷就政治史的分野。具體說來，對此的理解，當把握兩個重要向度，以作綜合考察：一是作為民族精神主體的中華民族共同體的發展；二是作為民族精神外鑠的中華文化的發展。依此，在鴉片戰爭之前的中國

---

104 錢穆：《國史大綱・引論》（修訂本）上冊，商務印書館 1996 年第 3 版，第 11 頁。

古代，中華民族精神的發展與其後的歷史相較，判然有別，是顯而易見的。但是，先秦至晚清數千年間，中華民族精神的發展，其階段性特徵也不應忽視。晚清至今一百七十年的歷史，緣中華人民共和國的建立，前後有中國近現代史的判分，中華民族精神的發展確實呈現出了階段性特點；但是，與古代相較，從大視野看問題，將之視為一個統一和完整的歷史階段，也具有自己的合理性。

鴉片戰爭後不久，有識之士即指出，中國正面臨著「三千年未有之大變局」。從長時段看，鴉片戰爭至今的中國歷史，可以說，都是處於這個歷史「大變局」，即社會大轉型的過程中：從封建社會轉向現代社會，實現中華民族復興的曲折而漫長過程。十九世紀中葉揭開了它的序幕，最近三十年的巨變，則是登堂入室，正展現其核心的歷史華章，或者說中國社會歷史變革正迎來百年的高潮。故晚清至今，可以說，是中華民族浴火重生和與之相應，中華民族精神得以「重鑄」的時代，是中華民族實現偉大復興的時代。

從總體和宏觀上看，我們以為，可以將中華民族精神的發展，大致分成古今兩大時期和前後五個階段：

第一階段，先秦秦漢：中華民族精神的發軔與形成

先秦秦漢時期，是中華民族精神發軔與形成的時期。中華民族精神的因子發軔於炎黃時代，歷經兩三千年的積澱與磨練，至周孔時代基本構築完成，而至大一統的秦漢時期，華夏民族精神穩定而鞏固，對此後的歷史發展影響深遠。

華夏族濫觴於炎黃部落，二者的長期結盟與發展，不僅構成了後來華夏部的主幹，而且其聯盟表明了兩部族相互包容的可貴精神。這種精神所產生的強大凝聚力是中華民族屹立於世界民族之林的重要保證之一，炎黃文化也因之成為中國開啟文明時代的象徵，既是諸族凝聚的標誌，同時也是民族精神的源頭所在。

黃帝之後的堯、舜、禹時期，依然持以相容並包為核心的凝聚精神，使華夏族進一步發展。進入文明時代以後，歷經夏、商、西周時期的長期發展與相互交往，各個方國部落星羅棋布地居住在以黃河和長江流域為中心的地區。春秋戰國時期，華夏族與諸少數族加快了相互融合的速度，各族間頻繁往來，經濟發展上相互補充，文化上相互吸收精華，政治上許多少數族的國家併入泱泱大國的版圖，使得相互影響、相互融合有了更便利的條件。經過春秋戰國時期社會的劇烈動盪和迅速發展，諸少數族都或多或少地在社會生活的各個方面向華夏族諸國靠近，創造出輝煌燦爛的諸少數族的經濟與文化，並且對華夏族也產生著重要影響。這不僅為秦漢大帝國的出現奠定了社會成員構成方面的基礎，而且華夏民族精神也在這個過程中得以錘鍊，再經春秋戰國時期的諸子百家思想精英的總結與昇華，可以說，中華民族的民族精神在先秦時期已呈雛形。

先秦時期發軔和初步構建的中華民族精神，體現了尚「和」的取向，主要包括「天下一家」的統一精神，自強不息的開拓精神，厚德載物的相容精神。秦漢帝國是大一統國家的形成與鞏固時期，隨著大一統政治局面的不斷穩定與發展，民族精神成為維護國家統一的紐帶和促進秦漢時期疆域拓展與民族融合強大的精

神動力，與此同時，民族精神其本身也緣此得到了進一步彰顯和真正初具規模了。

第二階段，魏晉南北朝隋唐：中華民族精神的整合與發抒

魏晉南北朝隋唐時期，是中華民族精神整合與發抒的時期。東漢後期，天人感應神學體系的崩潰使得儒家傳統的道德規範、價值觀念受到質疑，從而開啟了中國歷史文化的新篇章。魏晉南北朝隋唐時期是一個缺乏權威思想的豪放時代。這為思想的自由發展提供了充分的條件，民族精神也由此趨重內涵發展。魏晉士人向內發現了人自身，向外發現了自然的美，致力於開掘自由的人性，追求適性逍遙，以審美的眼光觀照人生，形成了以儒立身、追求超越的自由精神境界的詩化人生模式，鎔鑄了中國「樂感文化」的特色。葛洪等人在肯定儒家太平社會理想和道德規範的同時，吸收道家重視個體生命、追求超越現實的生命意境的因素而改造原始道教。佛教吸納儒道家思想而中國化。禪宗肯定自力和以審美的眼光來看待宇宙的取向，與儒家、道家致力於詩意人生的精神一致。儒道佛思想日益整合，進一步發展了中國文化以人為本和實用理性的特點。魏晉玄學理性思辨的發展，促進了理性精神的崛起。以民為本的精神被廣泛認同並落實到政治實踐中。

從魏晉南北朝的政權分立到隋唐的政治大一統，隨著各民族之間的不斷交往與融合和「天下一家」格局的進一步形成，時代的民族觀念出現了較為顯著的變化。從夷夏觀念來講，魏晉南北朝的時代特點是嚴夷夏之別，這是東漢以來特別是魏晉時期民族矛盾不斷激化在民族觀念上的一種反映；隋唐夷夏觀的主流是倡

導「華夷一家」，這與魏晉南北朝四百年民族融合，隋唐大一統政治的寬闊胸襟，隋唐族源從西魏、北周一脈相承而來等因素，都有密切的關係。從正統觀念來講，魏晉南北朝分裂時期各政權為謀求自身統治的合法性，對於政治統緒爭論不休；隋唐則隨著大一統政治的建立，民族一統意識得以加強。

從魏晉南北朝四百年國家長期分裂，中經大一統隋朝的短祚，再到唐朝安史之亂後形成的藩鎮割據局面，使得從「廟堂」到「士林」，人們普遍具有一種強烈的民族憂患意識。而這種民族憂患意識，往往又與人們的重史精神結合起來。人們關注史學，是希望從歷史的總結當中汲取治國安邦的經驗教訓。於是乎，注重於經世致用，便成為這一時期歷史撰述的重要旨趣。魏晉南北朝史學有鑑於國家分裂與社會動盪，其經世致用的主要表現是或倡言風教，或致力於正一代得失；唐代史學的經世情結，初唐主要表現為「以隋為鑑」，中晚唐則主要是以資政為特色。

魏晉隋唐時期從紛亂走向統一的歷程為南北互通、中外交流提供了波瀾壯闊的背景，促進了多元文化的交融與涵化，從而孕育出恢宏的盛唐文化，在詩、文、書、畫等方面為後世確立了典範。它生動地體現了中華民族精神的整合與發抒。中華民族精神經由思想和文藝典範的流衍而深化，為宋代文化轉向世俗化和精緻內斂提供了基礎。

第三階段，宋元明清：統一的多民族國家的發展與民族精神的昇華

宋元明清時期，是中華民族精神深沉發展和進一步昇華的時期。此期，尤其經元、清兩朝，民族得以在更大規模上進一步融

合，至清代，我國統一的多民族國家得到了鞏固與發展，以漢族為主體、「多元一體」的中華民族，經數千年磨合，終抵於完成。與此相應，發端於先秦的「大一統」與「天下一家」的觀念，愈加深入人心。元朝的忽必烈在即位詔書裡說：「建元表歲，示人君萬世之傳；紀時書王，見天下一家之義。法《春秋》之正始，體大《易》之乾元。」[105] 這就是說，他強調自己既繼承了中原自漢武帝建元以來的歷史傳統，同時也繼承了中原儒家大一統的文化傳統。同樣，清朝的雍正對歷史上的夷夏概念作了新的闡釋，他說：「且自古中國一統之世，幅員不能廣遠，其中有不向化者，則斥之為夷狄。如三代以上之有苗、荊楚、玁狁，即今湖南、湖北、山西之地也，在今日而目為夷狄可乎？至於漢、唐、宋全盛之時，北狄、西戎世為邊患，從未能臣服而有其地，是以有此疆彼界之分。自我朝入主中土，君臨天下，並蒙古極邊諸部落，俱歸版圖，是中國之疆土開拓廣遠，乃中國臣民之大幸，何得尚有華夷中外之分論哉。」[106] 他強調，凡在大清帝國以內的各民族，都不應再分夷夏，而當看成都是共同的中華民族的一部分。儘管大一統與天下一家的思想發端於先秦，不過，在很長的時間裡，它還只是一種思想或理想；而緣於前者，尤其到了清中葉，則具備了得以實現的基本條件。很顯然，所有這

---

105 《元史‧本紀第四‧世祖一》。

106 參見中國社會科學院歷史研究所清史研究室編：《清史資料》第四輯，中華書局 1983 年版，第 21 頁。

些，都為中華民族精神進一步發展提供了新的歷史平臺。

宋代理學的興起，則是此期中華民族精神深沉發展和獲至進一步昇華的重要表徵。理學起於北宋，至南宋朱熹而集大成，並正式確定為官方哲學，延及元、明、清近七百年，對中國社會文化的發展影響至深。理學是儒、釋、道融合的產物，是在彼此吸收基礎上的再創造，其勃興顯示了中華文化的包容與創新的民族特色。同時，理學將自然界和人類社會完美地結合在一起，從本體論的高度論證了封建倫理綱常的合理性，不僅令傳統儒學獲得新生，形成新儒學，而且使之呈現出一種前所未有的精緻、深邃、圓融、內斂的哲理思辨風貌。這種學術既被後世奉為官方哲學並成為中國文化思潮的主流，它提出以「道」或稱「理」為指導原則，將宇宙、人生、國家、社會、入世、出世、公與私、生與死，都融為了一體，在進一步鎔鑄和提升中華民族的民族精神、道德情操等方面，自然起到了重大的作用。

同時，憂患意識和經世思想的並興與互為表裡，彰顯了此期獨特的民族氣節觀和在政治經濟思想文化各個方面革新、更化的價值取向，複令此期的中華民族精神，特色獨具和帶上時代的印記。尤其明清之交，社會經濟文化新因素的出現，加之「改朔易色」「天崩地解」的社會大變動，更激發了人們反省既往、追求新思想的批判精神。中華民族的民族精神開始萌發了某些近代的意識。這在義利、公私之辨，民本觀和實事求是的觀念等方面，表現得更加鮮明。西學與中學關係的討論，在士大夫中間，也開始成為了重要的話題。王夫之、顧炎武、黃宗羲三大思想家對封建君主專制制度的大膽抨擊和倡導「天下興亡，匹夫有責」的愛

國精神與社會責任感，預示歷史行將發生深刻的變動和中華民族精神必將迎受新時代的洗禮，從而獲至新的發展。

第四階段，晚清民國：近代中國社會的劇變與中華民族精神的「重鑄」

晚清民國是近代中國社會的劇變與中華民族精神的「重鑄」時期。一八四〇年鴉片戰爭以降，因西方資本主義侵略勢力東漸，中國淪為了半殖民地半封建社會，民族危機日亟。國人為此奮起，前仆後繼，進行了長期反帝反封建的英勇鬥爭。其間，啟蒙與救亡互為表裡，相輔相成。孫中山領導的辛亥革命終於推翻了清王朝，結束了千年帝制，將中國歷史推進到了民主共和的新時代。中華民族精神與整個中華民族一樣，歷經艱難曲折而浴火重生。與前相較，其發展更展現出了新的時代特點。

中華民族的實體雖然在歷史上早已存在，但其由「自在」到「自為」的發展，即達到自覺，卻是在近代中國人民反抗外來侵略的長期鬥爭中實現的。一九〇三年梁啟超著文大聲疾呼，中國各民族要超越「小民族主義」，組成「大民族主義」，以共同對抗外來侵略；一九一二年中華民國臨時大總統孫中山宣布，漢滿蒙回藏「五族共和」，實現「民族之統一」。不久，「中華民族」一詞繼起，複取代了「五族共和」，成為了國人普遍認同的代表中國各民族共同大家庭的集體符號；在偉大的抗日戰爭中，著名的《義勇軍進行曲》喊出了時代最強音：「中華民族到了最危險的時候，每個人被迫著發出最後的吼聲，起來！起來！起來！」這些都無不說明了這一點。「民族精神」的概念和「重鑄國魂」

的呼喚，也正是在此期出現與流行。隨著近代中華民族不斷覺醒，其培育與弘揚民族精神也日趨自覺。一九一七年，李大釗即指出：「凡籍隸於中華民國之人，皆為新中華民族矣。然則今後民國之政教典刑，當悉本此旨以建立民族之精神，統一民族之思想。此之主義，即新中華民族主義也。」[107] 強調「民族精神」就是「新中華民族主義」，說明國人對於維護多元一體的中華民族及其推進中華民族精神在新時代的發展，已是多麼自覺！

近代中國的民族危機，說到底，是文化危機。歐風美雨沛然而至，既對中國傳統文化形成了嚴重挑戰，也為後者融合中西、發展自身創造了機遇。故志士仁人在堅持反帝愛國鬥爭的同時，沒有忘記「向西方追求真理」，進行可貴的民族自省。從洋務運動、戊戌變法、辛亥革命到五四新文化運動，此種自省漸次經歷了器物層面、制度層面，而達於精神層面。尤其是五四新文化運動，它對傳統文化激烈而深刻的批判和對科學與民主的大力倡導，形成了一場偉大的思想解放運動，對於近代中華民族精神的「重鑄」與發展，厥功至偉。需要指出的是，此種「重鑄」，既包含了對西方文化的積極吸納，同時也包含了對優秀文化傳統的繼承與弘揚。在新文化運動期間，有學者即指出，中華文化本身即具有吐故納新、與時俱進的內在活力，是不應輕忽的。他說：「此淘汰作用之根本潛伏力，即余所謂吾族有此調節民族精神與

107　《新中華民族主義》，《李大釗文集》（上），第 303 頁。

時代精神之天才是也。」陳嘉異：《東方文化與吾人之大任》，[108]
其言甚是，也合乎客觀實際。「周雖舊邦，其命維新」「湯武革
命，順乎天應乎人」，這些先秦的傳統，如何成為鼓舞近代志士
仁人奮起革新與革命的精神力量，固不待言；在歷次反抗外來侵
略的鬥爭中，尤其是在波瀾壯闊的偉大抗日戰爭中，地不分南
北，人不分老幼，全民族奮起抗戰，中國人民所表現出的大無畏
的犧牲精神和崇高的愛國情操，無不閃耀著「天下興亡，匹夫有
責」的中華民族傳統美德，也同樣說明了這一點。抗日戰爭的偉
大勝利，成為了中華民族復興的起點，也成為中華民族精神吸納
新時代的精神而獲「重鑄」和大放異彩的讚歌。

第五階段，新中國：中國的崛起與中華民族精神的新發展

　　一九四九年中華人民共和國成立，中國人民最終贏得了民族
獨立。人們意氣風發，投入了建設現代化國家的偉大事業。新中
國成立六十年，尤其是改革開放以來，我國社會政治經濟軍事文
化教育事業的發展，日新月異，取得了舉世矚目的成就，國家綜
合實力進一步增強。中國作為大國正在崛起，幾代中國人渴望民
族復興的夢想，正在變為現實。隨著中外交往的擴大，中國日益
走向世界。作為中國人的自豪感與作為地球村平等一員的世界情
懷，使國人既超越了傳統「天朝大國」的虛驕，也澈底擺脫了近

---

108 參見陳崧編《五四前後東西文化問題論戰文選》，中國社會科學院出
　　版社 1985 年版，第 291 頁。

代長期受列強欺凌帶來的自卑；中華民族揚眉吐氣，堂堂正正，躋身於世界民族之林。

國家的興旺發達，為中華民族精神進一步發展提供了愈加廣闊的時代空間，其內涵也更加豐富。加強全國各族人民的大團結是國家的基本國策，加之民族自治政策的落實，中華民族大家庭的統一與和諧與日俱增。而人民民主制度的建立和日趨完善以及科學教育事業的普及和發展，使民主與科學的觀念更加深入人心。新中國是需要英雄並且是英雄人物輩出的時代，以黃繼光、時傳祥、雷鋒、焦裕祿、王進喜、鄧稼先、錢學森等人為代表，英雄模範人物燦若群星。他們的事蹟集中體現了社會主義時代精神與中華傳統美德的完美統一。因之，他們的名字既是新時代社會主義精神文明的符號，同時也是新時代中華民族精神高揚的表徵。只需看看，即便在商潮滾滾的今天，人們依然懷念雷鋒和呼喚雷鋒精神，就不難理解，新中國眾多英雄模範人物所代表的時代精神，已是如何深深融入了國人的血脈之中，化為了中華民族精神的一部分。從長征精神、抗戰精神、延安精神到雷鋒精神、大慶精神、「兩彈一星」精神、航太精神、抗震救災精神等等，中華民族精神之與時俱進，其內涵愈形豐富，是顯而易見的。

以愛國主義為核心，崇尚和平團結、勤勞勇敢和自強不息的中華民族精神，也為新中國的建設與發展，提供了不竭的精神動力。中國人民無論是在建國初期，不怕帝國主義的封鎖，艱苦奮鬥，恢復經濟，還是頂住蘇聯的壓力，靠自力更生，獨立成功研發中國的「兩彈一星」，從而打破了帝國主義的核訛詐；無論是改革開放，堅持走中國特色的社會主義道路，創造了中國經濟發

展的奇跡，還是抗震救災，同胞情深；也無論是創造「一國兩制」的理論，使香港、澳門順利回歸，還是堅決反對分裂主義，積極加強海峽兩岸的交流，努力促進祖國的統一……其間，一以貫之的精神動力，無疑都源自於中華民族精神的支撐。

也惟其如此，黨的十六大強調指出，民族精神是一個民族發展的精神支柱，並明確提出了要進一步培育與弘揚中華民族精神的時代課題。毫無疑義，隨著我國社會主義現代化建設事業的不斷發展和中華民族的日益復興，中華民族精神也必然隨之不斷發展到新的階段，愈益煥發出新的生命活力。

第三章
弘揚與培育中華民族精神

第一節 ▶ 民族精神與時代精神

　　如前所述，民族精神屬於觀念、意識範疇，是一個民族在長期的歷史進程中形成的心理狀態、價值觀念、思維旨趣的集中體現，是該民族文化的內核和靈魂；而時代精神，則是指在特定的歷史階段上，體現社會歷史發展的客觀本質及其必然趨向，或者說是指集中體現於社會意識形態中的那些代表時代發展的潮流。民族精神與時代精神作為崇高精神的兩個方面，相互連繫，密不可分，因為任何民族精神都存在於特定時間、空間條件下，難以脫離時代精神。民族精神是一定社會的時代精神的基礎，時代精神是民族精神在各個歷史時期的體現和延續。

　　民族精神之所以成為時代精神的基礎，既是因為時代精神的主體承擔者總是一定的民族、國家，任何一種時代精神本質上都是一種民族精神或國家精神；也是因為內化於民族心理意識之中、深藏於民族文化和民族生活之內的民族精神，具有深遠、偉大的力量，時代精神若脫離它，就難以得到民族成員的接受和認同，成為無本之木，無源之水，不僅失去生命力，而且事實上也無從談起。因此，要弘揚時代精神，必須找準它與民族精神的契合點，才能發揮應有的效能。

時代精神之所以是民族精神在各個歷史時期的體現和延續，是由於民族精神貫穿在民族發展的整個歷史長河中，它總是要體現新的歷史條件和時代的特點，否則就有被淘汰的危險。也就是說，民族精神必須不斷地進行自身的揚棄、更新和轉化，以適應時代發展的需求。從這個意義上說，民族精神是借助每一歷史階段的時代精神，不斷彰顯自身不竭的生命活力和與時俱進的時代品格。

由上可知，民族精神與時代精神在一定歷史的結合點上是有機統一、互動共生的，民族精神的存在和發展依賴於時代精神的持續融進和充實完善，時代精神則表現了一個民族對社會發展的適應，對時代趨勢的順應。民族精神與時代精神的這種共生關係，既是邏輯上的必然，也為歷史實踐所證明。中華民族精神的演進歷程，就充分說明了民族精神與時代精神的這種關係。在中國古代自然經濟、宗法制度下所形成的中華民族精神，追求道德至上、貴和求穩，具有守成性，體現出鮮明的古典特色；在中國近現代民族危機、內憂外患的條件下，民族精神突出的是救亡圖存、爭取民族獨立的狂飆突進的革命精神，具有現代特色。當然，除了具體的時代性外，民族精神也有超越時代的恆久的東西，如自強不息、厚德載物、和而不同、相容天下等價值取向，是貫穿中國古代和近現代民族精神的基本精神。所以，看待民族精神和時代精神的關係，還需要具有辯證眼光與宏大視野。

時至今日，民族精神與時代精神都有了新的內涵。即以時代精神而論，它根植於當今波瀾壯闊的偉大的社會實踐之中，同時又成為整個民族的新的社會實踐和發展進步的強大精神動力。它

的主要內容和基本要求體現在四個方面：一是改革與創新精神。堅持改革精神，推進物質文明、政治文明、精神文明、和諧社會四位一體的建設，這是社會進步的客觀要求，是時代發展的迫切需要，而創新則是一個民族進步的靈魂，是一個國家興旺發達的不竭動力。只有不斷開拓創新，不斷實現思想觀念、科技攻關、文化創作和各項改革上的新突破，才能不斷開創改革開放和社會主義現代化建設的新局面，從而在激烈的國際競爭中立於不敗之地。二是人本精神。就是堅持以人為本，凸顯人的社會主體地位，堅持協調發展，不斷推進人的政治、經濟、文化利益的實現，大力促進人的各方面潛能的充分發揮，推進人的全面發展。三是科學精神。科學精神是人們在長期的科學實踐活動中形成的共同信念、價值標準和行為規範，崇尚科學精神，就會促進物質文明和精神文明的極大發展，促進人的素質的全面提高。四是求實精神。就是要尊重客觀規律，順應時代發展潮流，著眼於中國改革開放和現代化建設的實際，不斷研究新情況，探索新思路，解決新問題，拿出新舉措，用發展的眼光解決現存的以及發展過程中出現的各種矛盾和問題，做到求真務實，真抓實幹。這四種具有鮮明特色的時代精神，是在當今世界經濟全球化、中國改革開放大背景下形成的，它體現出中華民族自強不息、與時俱進、相容天下的精神特質，實際上同時也是當代中國的民族精神。

　　大力弘揚民族精神和時代精神，是不斷增強中華民族的凝聚力和創造力，全面建設小康社會，實現中華民族偉大復興的要求，歷史意義和現實意義都頗為重大、深遠。

　　弘揚民族精神和時代精神，是構建社會主義和諧社會的思想

基礎、精神支柱和精神動力。我們構建的社會主義和諧社會，是民主法治、公平正義、誠信友愛、充滿活力、安定有序、人與自然和諧相處的社會。這樣的社會，既包括社會關係的和諧，也包括人與自然關係的和諧，物質、精神兩個層面缺一不可。要建設這樣的社會，既需有以經濟發展為基礎的物質建設，又需有包括民族精神和時代精神在內的精神力量來支撐。之所以如此，是由於民族精神和時代精神具有強大的社會凝聚力和社會整合功能，它是國家穩定、社會和諧的基礎，能夠有助於人民增強自信、自立、自強意識，而且在一定條件下可以轉化成強大的物質力量；也是由於民族精神和時代精神可以激發民族自豪感，提高民族自信心，增強民族凝聚力和創造力，從而既能使全民族保持高昂的鬥志和旺盛的精神，努力實現既定的發展目標，又能使全國各族人民不分地域、不分民族、不分職業、不分年齡地維繫和團結在一起，推動社會和諧和全面發展進步。對於我們這樣一個有五十六個民族、十三億人口的發展中大國而言，民族團結、凝聚、和諧，靠的是民族精神和時代精神的感召和凝聚作用，否則就很難維持長期的統一和穩定，也就難以不斷發展壯大，並在激烈的國際競爭中永遠立於不敗之地。近現代中國歷史的發展證明，中華民族能夠在非常艱難困苦的條件下走出危難，巍然屹立於世界民族之林，靠的就是民族精神和時代精神，靠的就是各族人民的團結奮鬥。正是依靠在愛國主義旗幟下鎔鑄而成的凝聚力和向心力，依靠以改革創新為核心的時代精神，中華民族才得以一直保持堅強的團結、旺盛的生機和強勁的創造力，才得到今日的輝煌。因此，必須弘揚民族精神和時代精神，使其成為構建社會主

義和諧社會的思想基礎、精神支柱和精神動力。

　　弘揚民族精神和時代精神，有助於社會主義核心價值體系的完善。建設社會主義核心價值體系，形成全民族奮發向上的精神力量和團結和睦的精神紐帶，這是我們當前努力實現的目標之一。在全面建設小康社會、加快推進社會主義現代化的進程中，民族精神和時代精神對中華民族的凝聚、激勵作用越來越突出，成為社會主義核心價值體系中不可或缺的一部分。民族精神和時代精神不是一朝一夕形成的，更不是主觀意志的產物，所以它一旦形成，就會被本民族大多數成員所認同、所尊奉，就像一種無形的力量滲透到民族成員的心理、觀念之中，成為行動的指南。它很重要的一個功能，就是實現社會的有機整合，把分散的社會力量、不同的思想觀點、價值觀念進行有機整合，使之取得基本一致或服從於同一目標的思想融合的力量，使民族成員具有強烈的民族意識和群體意識，把民族和國家的共同價值目標轉化為個人自覺的行動，最終實現個體目標與整體目標的契合。在這個意義上，弘揚民族精神和時代精神，當然非常有助於社會主義核心價值體系的完善。

　　弘揚民族精神和時代精神，有利於綜合國力和國際競爭力的增強。綜合國力和國際競爭力，主要是指經濟實力、科技實力、軍事實力、文化實力等。一個國家真正強大的標誌，不僅在於有強大的物質力量，還在於有強大的精神力量，強大的精神力量既可以促進物質技術力量的發展，又可以使物質技術力量發揮更大更好的作用。在精神力量中，民族精神和時代精神是其核心。不僅如此，民族精神和時代精神作為民族文化的精華，本身就在文

化實力的構成中發揮著關鍵作用。所以，應對激烈的國際競爭的挑戰，必須高度重視民族精神和時代精神的作用，必須大力弘揚民族精神和時代精神。

總之，民族精神與時代精神作為崇高精神的兩個方面，相互連繫，密不可分。今天的時代精神，同時也是當代中國的民族精神。要構建社會主義和諧社會，必須大力弘揚這種民族精神和時代精神，從而不斷增強中華民族的凝聚力和創造力，實現中華民族的偉大復興。

第二節 ▶ 民族精神與民族主義

民族主義是一個內涵和外延都相當複雜的概念，對於它，不同領域的學者有不同的界定。有學者認為，寬泛地講，民族主義是一種將「民族（民族國家）」作為忠誠的一個「焦點」，並賦予民族成員共同的「認同」與「尊嚴」的集體感情；也有學者著眼於政治角度，認為民族主義是以民族權益和民族感情為核心內容的一種政治觀念、政治目標和政治追求等等。不過儘管眾說紛紜，大家都認可民族主義與「民族共同體」和「現代國家制度」密不可分，即「民族主義建立了民族共同體」，「民族主義建立了現代國家制度」[1]。具體到中國，這樣的民族主義應該落實到

1　徐迅：《民族主義》（修訂版），中國社會科學出版社 2005 年版，第 69 頁。

以中華民族認同為核心，以建立現代民族國家為目的，它對中華民族精神起著正面的推進作用。

一般而言，在民族精神塑造的歷程中，民族認同是其前提，只有形成較為穩定的民族認同，才能出現相對同一的民族精神。民族認同的進程又往往伴隨著民族主義的發展，這似乎是一個通例。在中國，民族主義的勃興也同樣伴隨著中華民族認同的行程，同時促使中華民族精神不斷更新與完善。

眾所周知，民族是歷史的產物，民族主義也如此。就中國而言，上古諸部落在不同環境下發展，逐漸形成了許多族群，其中華夏族處在中原優越的地理位置上，擁有農耕經濟下先進的農業文明，從而具有在各族群中的領導地位，形成了華夏文化中心觀念。戰國時期，華夏族已成為穩定的民族共同體，但還不是統一的民族，經過秦漢四個多世紀大一統的陶鑄，才發展為統一的民族，並且成為統一多民族中國的主體民族，在中華民族形成與發展的過程中，起著凝聚核心的作用。西漢時，仍按先秦傳統自稱為華夏或中國，而邊疆其他民族則稱中原華夏人為「秦人」和「漢人」。兩晉之際，「五胡」逐鹿中原，明確地與漢人共用「中國」的稱謂，漢人則比較穩定地成了族稱。到南北朝時期，漢人已由他稱成為南北漢人的自稱。由於「中國」成為各民族共有的稱謂，「漢人」成為漢民族專有的族稱，中國各民族的總體稱謂也由「華夷」對舉演化為「蕃漢」對舉[2]。在華夏族形成、發展

2　參見陳連開：《中華民族解》，《中華民族研究初探》，知識出版社 1994

的這一過程中，自我認同至關重要。由於華夏文化中心觀念出現甚早，所以自我認同主要是文化認同，這是華夏族不同於他族的關鍵所在，「華夷之辨」便由此而來。也就是說，所謂「華夷之辨」，更多的是一個文化觀念，而非純粹種族上的界定。因為華夏族自認文化高於四夷，故而長期有著只可「以夏變夷」、不可「以夷變夏」的觀念。若套用現代概念，這樣的民族認同，頗具文化民族主義意味，此可謂近代之前華夏民族的民族主義思想。

到了近代，中國遭遇到的「夷」已全然不同於古代的周邊族群，這些東來的「西夷」步步進逼，已嚴重威脅到中國國家的生存。正是在這種嚴峻的挑戰之下，為了自救，中國人的民族意識被激發出來，中華民族的民族認同得以實現。作為一個整體，中華民族的民族意識已擺脫古代的華夷觀念，朝著建立獨立的現代民族國家的方向努力，所以這是一種近代意義上的民族主義。

這種以中華民族認同為核心，建立現代民族國家為目的的民族主義，其形成頗為曲折。鴉片戰爭之後的中國，經歷的是數千年未有之大變局。西方殖民勢力的東來，使得原有的中華秩序漸被破壞，中日甲午戰爭的慘敗，更令中國人民生活在亡國滅種的危機之中。在這種情形下，有識之士認為中國人只有摒棄傳統的「華夷之辨」觀念，「以強敵為師資」，才能保國、保種、保教，挽救民族危亡。在甲午戰爭後的維新變法思潮中，「華夷之辨」開始被打破，傳統民族觀念被動搖，代之而起的是來自西方的民

年版，第 17-18 頁。

族觀念和民族主義思潮。在西方，民族觀念的盛行和民族主義的興起也基本是近代的事情，它往往是一個國家或民族抵禦外敵、壯大自身力量的重要思想武器，對民族國家的形成貢獻頗大。對於危機中的中國而言，引入這樣的思想武器不啻為振興民族、挽救國家的利器。所以，晚清思想家不遺餘力地介紹西方的民族觀念和民族主義思想。梁啟超是清末最有號召力的思想家之一，他深受西方政治學家伯倫知理學說的影響，強調國家理性至上，認為：當時形勢下，中國需要統一有力的秩序方能生存，中國境內各民族必須統合起來，「合漢、合滿、合蒙、合回、合苗、合藏，組成一大民族，提全球三分有一人類，以高掌遠蹠於五大陸之上」[3]。由此，他提出「大民族主義」主張，認為：「吾中國言民族者，當於小民族主義之外，更提倡大民族主義者。小民族主義者何？漢族對於國內他族是也。大民族主義者何？合國內本部屬部之諸族以對於國外諸族是也。」[4] 這一主張，是梁啟超把西方的民族國家理論與中國的歷史實際結合起來的產物，實際上是對民族主義這一建國原則根據中國實際所作的變通。「大民族主義」所認同的是「中華民族」概念，這一認同既有現代意味，又有古老文化底蘊，易為中國知識分子接受，所以在當時產生了較大影響。不過，對於「大民族主義」以及相應的「中華民族」概

3　梁啟超：《政治學大家伯倫知理之學說》，《飲冰室合集》第 2 冊，中華書局 1936 年版，1989 年影印，《飲冰室文集》之十三，第 76 頁。
4　梁啟超：《政治學大家伯倫知理之學説》，《飲冰室合集》第 2 冊，《飲冰室文集》之十三，第 75-76 頁。

念，各種政治力量形成認同共識，基本是在辛亥革命後中華民國的建立與發展時期，這其中革命領袖孫中山的中華民族觀發揮著至關重要的作用，而中華民國這一現代民族國家的建立，則在體制上確保了中華民族認同的實現。民國初期，孫中山接受「五族共和」思想作為處理國內民族關係的準則。所謂「五族共和」就是「合全國人民，無分漢、滿、蒙、回、藏，相與共用人類之幸福」，民族統一、民族平等是它的基本原則。「五族共和」從理論上打破了民族關係中漢族唯我獨尊的觀念，少數民族第一次被置於平等地位，從而令統一多民族共和思想開始深入人心。不僅如此，「五族共和」思想也十分有助於「中華民族」觀念的流行與推廣。孫中山就反對泛泛而談所謂「五族共和」，他要求以漢族為主體，積極團結國內各民族，組成一個大中華民族。與孫中山中華民族觀的演進同步，當時中華民族一體化觀念在社會各界也處於廣泛傳播階段。各種政治、社會力量，各行各業的人，乃至少數民族中的中堅力量，都將「中華民族」概念貫穿於言論和行動中，表明大家一致認同「中華民族」是生活在中國領土上所有民族的統一族稱。整個民國年間，中華民族認同從未動搖過，尤其是抗日戰爭時期，嚴峻的局勢不僅未動搖這種認同，反而促使其更為鞏固。「中華民族」成為興論界使用最為頻繁、最能激發各族人民的抗戰鬥志，最易被國內各政治勢力共同接受的時代話語。如一九三八年七月發表的《康藏民眾代表慰問前線將士書》中就說：「中國是包括固有之二十八省、蒙古、西藏而成之整個國土，中華民族是由我漢、滿、蒙、回、藏及其他各民族而成的整個大國族。日本帝國主義肆意武力侵略，其目的實欲亡我

整個國家，奴我整個民族，凡我任何一部分土地，任何一部分人民，均無苟全倖存之理。」[5] 這樣的言論，代表了全國各族人民的共同心聲。一九三九年，一些學者更對「中華民族」問題展開討論，顧頡剛專門發表《中華民族是一個》等文章，指出：「凡是中國人都是中華民族」，「『中華民族是一個』，這是信念，也是事實」[6]。以此激勵抗戰特殊情勢下的民眾，堅守國家、民族信念，堅守中華民族是一整體、不可分裂的信條。所有這些都表明，中華民族認同在歷史關鍵時刻是凝聚全民族力量的核心價值所在。

民族認同是民族精神塑造的前提，只有形成較為穩定的民族認同，才能出現相對統一的民族精神。世界各國各民族，凡是民族認同較為穩定、民族矛盾糾葛較為稀少者，民族精神就相對完善，所發揮的作用也就相對更大。在這方面，近代中華民族的民族認同是個鮮明例證。也就是說，中華民族認同對於豐富和弘揚民族精神所起到的作用，是極為明顯的：

第一，中華民族認同的形成使得中華民族精神獲得昇華，其內涵也更為豐富了。

從歷史考察，中華民族精神的一些基本元素很早就存在了。作為中華民族主體的華夏族和後來的漢族，在思想和觀念層面上早已為這種精神鋪設了基石，如古代先哲的名言「天行健，君子以

5　《康藏民眾代表慰問前線將士書》，《新華日報》1938 年 7 月 12 日。
6　顧頡剛：《中華民族是一個》，《西北通訊》創刊號，1947 年。

自強不息」,「地勢坤,君子以厚德載物」,「自強不息」表現了一種拼搏精神,一種不向惡劣環境屈服的頑強生命力;「厚德載物」就是要有淳厚的德性,能夠包容萬物,表現了一種相容並包精神。這樣的精神都是中華民族的基本精神,體現出中華民族的核心價值。除此之外,作為中華民族組成部分的各少數民族也有自身非常值得崇尚的精神,這種精神也是激勵各民族不斷發展完善的動力之一。近代中華民族的民族認同,使得中國境內各民族的民族精神得以匯聚,以漢民族的固有民族精神為主體而凝鍊起來,並獲得一種昇華,其內涵也更為豐富多樣,有了更大的發展空間。

第二,中華民族認同的形成使得中華民族精神與時俱進,具有近代色彩,更有助於其功能的發揮。

如前所述,作為一個整體,中華民族的民族意識已擺脫古代的華夷觀念,朝著建立獨立的現代民族國家的方向而努力,所以這是一種近代意義上的民族意識。中華民族精神也是如此。因為民族精神是歷史的產物,它依託於不同時代的特定民族和特定民族的思想精粹而存在,所以它雖然具有恆久性,但同時又有時代性。近代中華民族的民族認同,便使中華民族精神在凝聚恆久性力量的同時,得以與時俱進,具有近代色彩。這種時代特質對其功能的發揮更為有利。具體而言,正是在中國遭受帝國主義列強欺凌的嚴峻局勢下,為了救亡圖存,中國人的民族意識被強烈地激發出來,近代中華民族的民族認同才最終得以實現。與此相同步,中華民族精神也是在這一背景下不斷被激發、完善,成為各族人民抵禦外侮、建設國家的精神力量。而且史實表明,民族認同的深化與民族精神的積累是成正比的,在近代中國,民族危機

的一次次爆發，往往令民族認同一步步深入，同時導致民族精神的一浪浪高揚，最終化解危機，使民族走向新生。可以說，以中華民族認同為前提的具有近代色彩的中華民族精神，在近代中國發揮了巨大作用。

第三，中華民族認同的形成使得中華民族精神在世界範圍內有了更為深遠的影響。

作為人類精神的一種，民族精神不僅具有民族性，而且具有超越色彩，即民族精神中的某些成分是全人類所共同認可並尊奉的價值。中國境內各民族雖然很早就有自身民族精神的體現，而且對周邊民族乃至較為遙遠地帶的民族產生一定影響，尤其是漢民族的民族精神。但在近代以前，它的國際影響還是有限的。隨著中華民族認同的形成，中華民族精神在世界範圍內的影響也越來越大，越來越深遠，這固然是由於近代世界各民族之間較之以往有了更為便捷的交往和連繫，但同時中華民族以整體面貌出現而成就的精神，其內涵自然更豐厚更深邃，更有普遍價值，必然更能得到世界不同民族的認可與傳播。

由上可見，中華民族認同不僅是中華民族精神塑造的前提，而且它還對中華民族精神的豐富、弘揚與傳播，對中華民族精神各項功能的更好發揮，都起了巨大作用。

第三節 ▶ 弘揚與培育中華民族精神

弘揚與培育中華民族精神，包括弘揚和培育兩個方面，前者主要指繼承與發揚中華民族優秀精神財富，後者主要指通過文化

創新、通過民族精神與時代精神的結合，實現中華民族精神的與時俱進。

為什麼說弘揚中華民族精神是繼承與發揚中華民族優秀精神財富呢？這主要是由於民族精神有廣義、狹義之分，廣義上的民族精神是個中性概念，既包括積極、進步、精粹的一面，又包括消極、落後、粗俗的一面；狹義上的民族精神則指一個民族精神文化中的精華、精粹。而「弘揚民族精神」的提法是從後者的角度說的，即認為民族精神是指導一個民族延續發展、不斷前進的精粹思想，應該繼承和發揚。正是在這個意義上，我們說中華民族精神淵源於中華民族五千年文明史中的優秀文化傳統，是中華文明的精華與精粹，必須繼承與發揚。

要使民族精神成為一個民族不斷進步的精神支柱，僅靠對它的弘揚是遠遠不夠的，還需加以精心的培育。這是因為任何民族都處在發展進程中，民族精神也在不斷發展著，民族精神既是歷史的又是時代的，是一個開放的體系，具有與時俱進的品格和鮮明的時代特徵。所以，時代的發展要求我們將中華民族精神與時代主題結合起來，在推進社會主義現代化建設的新的歷史實踐中，在推進理論創新與文化創新中，培育反映時代要求、富有時代氣息的民族精神。

目前，我國已進入全面建設小康社會、加快推進社會主義現代化、實現中華民族偉大復興的重要戰略機遇期。面對國際國內形勢正在發生的深刻變化，大力弘揚和培育中華民族精神，具有十分重大的現實意義和深遠的歷史意義。

具體而言，弘揚與培育中華民族精神，是提升民族素質的需

要，是增強民族凝聚力的需要，是全面建設小康社會的需要，也是提高國際競爭力的需要。

民族素質是一個民族改造自然、改造社會能動力量的綜合反映，表現在精神道德、科學文化等諸多方面。民族精神作為民族素質的有機組成部分，對民族素質的整體提升有著直接的影響。在中華民族的發展歷程中，每一次重大的對外文化交流都是發展民族文化、提升民族素質的契機。歷史也證明，抓住機遇，民族文化與民族素質就能獲得重大發展、提升；錯失機遇，民族文化與民族精神就會陷入封閉、僵化。所以，弘揚與培育中華民族精神，正是自覺地把握文化交融的歷史機遇、提升民族素質的需要。具體而言，弘揚與培育中華民族精神，就是要基於對全球文化交融所帶來的歷史機遇的清醒認識，充分利用文化交流的廣闊平臺，一方面吸取、借鑑其他民族精神中適合本民族生存與發展的優秀成分，克服本民族文化的糟粕成分，提高本民族的精神道德素質；另一方面吸收和借鑑其他民族、國家先進的社會治理和經濟管理經驗、積極的文化思想與社會理念、進步的科學精神與科學觀念，以提高全民族的科學文化素質。

民族精神作為民族文化的核心理念和靈魂支撐，是增強民族凝聚力的精神紐帶。中華民族精神對於塑造中華民族的品格和風貌，對於增強民族認同感、向心力和凝聚力有著不可替代的作用。沒有民族精神的存在，就無法強化民族認同感和民族自信心，也就沒有真正的中華民族凝聚力。這是因為民族精神是形成民族凝聚力的重要源泉。中華民族精神具有強大的凝聚力和整合功能，其為中華民族所共有的價值取向，能將各族人民的智慧和

力量緊緊凝聚、整合在一起，成為一個勇於創新、堅強有力的統一整體，支撐著中華民族的生存與發展，維繫著多民族國家的團結和統一。正是中華民族精神的不斷發揚光大，並以超越時空的力量把中國境內各民族不分地域、不分職業、不分年齡維繫凝聚在一起，才使得中國全民族牢固樹立了中華民族多元一體的思想觀念。中華民族雖然歷經無數磨難，甚至有過較長時期的內部分裂，但民族凝聚力始終存在，就是得益於這個偉大的民族精神。與此同時，民族精神的強弱或振奮與否，決定著民族凝聚力的大小。任何一個民族，在其漫長的發展歷程中，總是進步與挫折交替出現，出現這種情況的一個極為重要的原因，就是民族精神時強時弱，從而導致民族凝聚力時大時小，影響到整個民族的興衰成敗。中華民族數千年的演進史就證明了這一點。所以，要實現中華民族的偉大復興，就必須大力弘揚和培育民族精神，用民族精神來激發全民族的自尊心、自信心和自豪感，增強全民族的親和力、凝聚力和創造力，從而為中華民族的長遠發展注入不竭的精神動力。

弘揚與培育民族精神，也是促進人的全面發展的內在要求。促進人的全面發展，既是全面建設小康社會的目的，也是社會主義現代化建設的基本內容。人民群眾作為社會主義現代化建設的主體，他們所具有的精神氣質、精神風貌和精神境界，既是衡量社會發展水準的重要尺規，又是全面建設小康社會的重要內容，對社會主義現代化建設的成敗產生著重要影響。所以，通過弘揚與培育中華民族精神來激勵人、引導人、塑造人，不斷提高人民群眾的精神道德素質、科學文化素質和健康素質，促進人的全面

發展，使人們始終保持昂揚向上、奮發有為的精神狀態，正是全面建設小康社會的應有之義。進而言之，全面建設小康社會，需要強大的精神動力。對於一個民族來講，精神動力就是該民族在生存與發展過程中克服困難與危機的精神支撐力量，就是引導該民族追求理想目標的精神激勵力量，就是團結全體民族成員、統一民族意志的精神凝聚力量。而所有這些，都需要靠弘揚與培育民族精神來提供。在這個意義上，中華民族精神的弘揚與培育，必然會為全面建設小康社會，提供強大的精神動力。

從目前的國際格局來看，我們所面臨的國際競爭，不僅是經濟、科技、軍事等物質力量的競爭，更是隱藏於背後的思想、文化等精神力量的競爭，尤其是民族精神和民族凝聚力的競爭。民族精神本身既是一個國家綜合國力的重要組成部分，而且又可以起到促進綜合國力中的硬實力即物質力量形成和發展的作用。所以，需要把弘揚與培育中華民族精神作為增強綜合國力的根本舉措之一，充分發揮每一個民族成員的主觀能動性和創造精神，最大限度地動員和凝聚全民族的智慧和力量，有效應對各種各樣的挑戰，從而不斷提高國家的經濟實力、科技實力和國防實力，不斷增強綜合國力和國際競爭力。

弘揚與培育中華民族精神既然有如此重要的意義和作用，那麼通過一定的途徑來實現它，便是題中必有之義。在這方面，以下幾點恐怕至關重要：

首先，站在時代高度，將弘揚與培育中華民族精神作為國家戰略來實施。

既然弘揚與培育民族精神，有助於民族素質的整體提升，有

利於強化民族凝聚力，也有益於促進人的全面發展，增強綜合國力，那麼，將弘揚與培育中華民族精神提升為國家戰略，就至為必要。從國家整體文化戰略出發，建立長效機制，在政治、經濟、社會、文化各領域以及各項事業中，把弘揚與培育中華民族精神作為一項重要任務，突顯民族精神對中國社會整體發展的促進作用，是中國發展之所需，也是社會進步之所需。在這方面，要站在時代高度，處理好民族精神的繼承與創新關係，使民族精神與時代精神合為一體，共同起到引導中華民族偉大復興的作用。

其次，創造良好環境，為弘揚與培育中華民族精神打下堅實基礎。

作為一種精神現象，民族精神既存在於一個民族的文化典籍等宏文高冊中，也體現在百姓日常生活中，中華民族精神也不例外。所以，弘揚與培育中華民族精神，是一項極其宏大的工程，不可能僅靠政府行為來實現，也不可能在短時間內一蹴而就。要想實現弘揚與培育中華民族精神的根本目標，首先就要在全社會創造有助於弘揚與培育民族精神的良好環境和氛圍，無論是政府還是民間，都應努力在這方面有所建樹。就政府而言，應大力推動物質文明、制度文明與精神文明的協調互動，建構和諧社會的文明生態系統，尤其是要推動國民教育，發揮教育在建構和諧生活中的啟蒙作用，以教育塑造人的靈魂；就民間百姓而言，應盡力通過各種途徑提高各方面素質，特別是通過精神文明建設等移風易俗的途徑，改變自身與時代發展不相符合的陋習，淨化靈魂。只有這樣做，才能使弘揚與培育中華民族精神成為全社會的共同事業，從而為其根本目標的實現打下一個堅實基礎。

再次，加強制度建設，為弘揚與培育中華民族精神提供強大制度保障。

　　民族精神是一種抽象的觀念、情感、心理與思維，所以對民族精神的弘揚與培育易流於口頭的宣揚、文字的論證，而在制度的體現和保障層面卻不易落實。這種局限性使得弘揚與培育中華民族精神這一極為重要的任務不時成為「軟任務」，並未得到真正的落實。因此，建構弘揚與培育中華民族精神的具體制度與有效機制，是使其能夠持續、有效開展的制度保障。具體而言，要制定加強弘揚與培育中華民族精神的相關政策，為建構弘揚與培育中華民族精神的制度與機制提供政策支持；要對落實弘揚與培育中華民族精神的組織機構做出制度規定；要對弘揚與培育中華民族精神的主要載體做出制度規定；要建立弘揚與培育中華民族精神的過程機制等等。最關鍵的是要有一種制度建設與保障的意識，為弘揚與培育中華民族精神提供有力的制度支撐。

　　最後，加強文化建設，為弘揚與培育中華民族精神提供豐富養料。

　　文化是民族精神的母體，文化建設的成果不僅能豐富民族精神的內容，而且能使民族精神不停留在表層，一步步走向深化。所以，中華民族精神的弘揚與培育，需要中華文化的大繁榮、大發展以支撐。在以全球化為標誌的當今時代，弘揚與培育獨具特色的中華民族精神，這一點尤為重要。一方面，要批判繼承中國傳統文化，立足當代現實，啟動古代中華民族精神的積極要素；另一方面，要有胸懷全球、放眼世界的文化胸懷和文化視野，對世界文化全面開放，打破精神文化的自主性、保守性和狹小氣

度，使中華民族精神海納百川。最終是要建設好有中國特色的社會主義先進文化，以其成果充實、完善當代中華民族精神，使弘揚與培育中華民族精神的各項舉措真正落到實處。

總之，弘揚與培育中華民族精神，包括弘揚和培育兩個方面，即既要繼承與發揚中華民族優秀精神財富，又要通過文化創新、通過民族精神與時代精神的結合，實現中華民族精神的與時俱進。在我國已進入全面建設小康社會、加快推進社會主義現代化、實現中華民族偉大復興重要戰略機遇期的今天，大力弘揚和培育中華民族精神，具有十分重大的現實意義和深遠的歷史意義。我們應採取切實措施，通過各種有效途徑來實現弘揚與培育中華民族精神的根本目標。

第四章
中華民族精神研究概述

　　作為一個具有很強現實意義的抽象概念，「民族精神」在古代中外歷史上就不斷地被歸納、總結與闡揚，在近現代中外歷史上則因其語境的變化而逐漸明晰並得以確認。從學術史的角度而言，今人所謂民族精神在古代更多地表現為自然性地、歷史性地積累和運用，是個體對於整體的價值觀念的恪守與提升，也是大眾接受的具有道德意義和社會意義的行為規範。到了近代，隨著世界格局的演變以及近代意義的民族與國家等概念的形成，以凝聚民族情感、捍衛國家主權為目的的民族意識、民族認同等觀念凸顯其重要作用，「民族精神」不僅成為爭取民族解放、獨立和統一的思想資源而被反覆提及，而且也是學者、思想家和政治家不斷探討與闡發的文化學術概念。

　　中華民族精神在中國古代歷史時期奠基、形成、發展和積澱。中華民族精神在不斷豐富的同時，一次又一次在不同的歷史發展階段彰顯其巨大的精神力量和廣泛的社會影響。儒學典籍、經傳注疏、歷代史書、諸子文集、蒙學讀物等各種形式和體裁的著述，都成為匯聚、記載、保存、流傳民族精神認知理念的有效載體。來源於歷史經驗的感悟與認識，結合於文本形式的探究與傳播，再經過社會實踐的運用與充實，古代中華民族精神經過長

時期的、不間斷的、反覆的積澱與總結，逐漸得以明晰、得到發揚，並漸次定格於中華民族的深層意識之中。一般說來，古代中華民族精神的基本形態和主要內容涵蓋了從天人關係、民族社稷到處世做人、自身修養等極為廣闊的範圍。愛國報國、憂民濟世、兼愛天下、厚德載物、自強不息、捨生取義、行己有恥、修身為本、勤勞節儉、克己奉公、和諧相處等等觀念、信念及其內涵與外延成為了古代中國人的精神追求和人文理念，它們互相關聯、互為交融、你中有我、我中有你、彼此連繫、相互促進。古代智者涉及民族精神的思想言論在經過歷史的積澱後被廣泛認同，民族精神在時代和社會的交互作用下又不斷得以發展和昇華。雖然民族精神在中國古代尚不具備近代意義的、具有學術屬性和科學精神的總結、研究與提煉，但是古代中華民族精神的學術積累過程，為近代以來對民族精神的理性探索提供了寶貴而豐富的內容，是近代以來弘揚和培育中華民族精神的思想寶庫。

　　在中國近現代從救亡圖強到民族復興的歷史進程中，民族精神因其時代意義而成為現實與歷史、學術與政治等多重因素互為交織的重要命題。近代意義的「民族精神」、「中華民族精神」等概念不僅在現實中被反覆重申，而且也成為具有學術意義的研究物件。在一個半世紀的近現代中國歷史上，中國學人面對救亡圖強與民族復興的時代主題，對民族精神的思考經歷了由感性到理性的發展過程，中華民族精神在此過程中不僅逐漸具備了其近代意義的特質而獲得了概念上的確定，而且在研究和運用中不斷得到更新與充實。對此，從學術史的角度回顧和考察近代以來對中華民族精神的研究論證過程，不僅可以更清楚地認識到近代以

來對中華民族精神的研究走向，深化研究民族精神所具有的重要意義，而且也是做好「弘揚與培育中華民族精神」這一項具有時代意義的重大課題的前提條件。

一、近代以來對民族精神問題的重視與研究

一八四〇年鴉片戰爭後，西方列強以其船堅炮利強行打開了中國的大門，中國的主權和領土完整遭到破壞，中華民族陷入了空前的民族危機之中。面對嚴峻的民族危機，中華民族開始覺醒，民族問題引起國人的關注，民族精神問題也開始引起國人的重視。

一般認為，「民族精神」的概念，產生於十八世紀德意志文化民族主義思潮中。由於法蘭西文化的大規模湧入，德意志知識分子感到民族認同與民族自尊受到外來文化的強力挑戰，為了捍衛本民族固有文化，他們提出了「民族精神」的概念，希望從德意志歷史、文學、民間藝術中探求德意志民族精神的源泉，論證其民族的優越性。中日甲午戰爭後，國人開始進一步深刻反思自己的民族出路。源於德意志的關於「民族精神」的概念與思辨，經由日本的介紹，開始為中國的志士仁人所關注。一九〇四年留日學生刊物《江蘇》發表佚名的文章《民族精神論》，是國人第一次使用「民族精神」一詞，文章說：「民族之倏而盛倏而衰，回環反覆興廢靡常者，皆其精神之強弱為之也。」[1] 但在實際

1　佚名：《民族精神論》，《江蘇》第 7、8 期，1904 年 10 月、11 月。

上，國人最早開始自覺討論民族精神的問題，卻可以追溯到一八九九年梁啟超發表的《中國魂安在乎》一文。是文寫道：「日本人之恆言，有所謂日本魂者，有所謂武士道者，又曰日本魂者何，武士道是也。日本之所以能立國維新，果以是也。吾因之以求我所謂中國魂者，皇皇然大索之於四百餘州，而杳不可得。吁嗟乎傷哉！天下豈有無魂之國哉！吾為此懼。……今日所最要者，則製造中國魂是也。中國魂者何？兵魂是也。有有魂之兵，斯為有魂之國。夫所謂愛國心與自愛心者，則兵之魂也。而將欲製造之，則不可無其藥料與其機器。人民以國家為己之國家，則製造國魂之藥料也，使國家成為人民之國家，則製造國魂之機器也。」[2] 很顯然，梁啟超所謂的「中國魂」「國魂」，就是指中國的民族精神；所謂「製造國魂」，就是強調弘揚與培育民族精神。其後，上述《民族精神論》的作者這樣寫道：「日人知有大和魂焉……彼其泣於斯、歌於斯、舞踏於斯、崇拜馨香於斯者，其心目中恍若有神使鬼差、顛倒於其間者，故能遊心大宇，發為猛勇踔厲，發揮剛毅之氣。嗚呼，此何物耶？其即吾所謂精神云云者耶！」不難看出，梁啟超所強調的日人的所謂「大和魂」，就是作者所指的日本民族的民族精神。梁啟超說「中國魂者何？兵魂是也」，有失於狹；但他強調「中國魂」的核心是「愛國心與自愛心」，卻是十分深刻的。

---

2 梁啟超：《飲冰室合集・專集》之二，中華書局 1989 年據 1936 年版影印，第 38、39 頁。

進入二十世紀後，「國魂」、「國粹」、「國性」、「立國精神」、「民族精神」等，用以指稱中國民族精神的許多詞彙，已廣泛流傳，浸成常識。「重鑄國魂」即弘揚民族精神，成為了時代的最強音。在新文化運動中，李大釗對國人新獲得的對於「中華民族」的認同，抱有厚望，並進而大聲疾呼，新青年當以自覺弘揚中華民族精神為己任。他說：「凡籍隸於中華民國之人，皆為新中華民族矣。然則今後民國之政教典刑，當悉本此旨以建立民族之精神，統一民族之思想。此之主義，即新中華民族主義也。必新中華民族主義確能發揚於東亞，而後大亞細亞主義始能光耀於世界。否則，幻想而已矣，夢囈而已矣。嗟呼！民族興亡，匹夫有責。歐風美雨，咄咄逼人，新中華民族之少年，蓋雄飛躍進，以肩茲大任也。」[3] 其時雖有關於中西文化問題的激烈爭論，人們見智見仁；但究其實際，強調弘揚中華民族精神，卻是共同的。例如，被目為所謂文化保守主義者的陳嘉異，在他的長文《東方文化與吾人之大任》中，也這樣寫道：「所謂東方文化者，無異指吾民族精神所表現之結晶」。「東方文化（此亦單就中國而言）在有調節民族精神與時代精神之優越性，而尤以民族精神為其根柢，最能運用發展者也。夫一民族之成立，所恃者非僅血統、語言、地理、宗教等關係使然；為其樞紐者端在此形成渾然

3 《新中華民族主義》，《李大釗文集》（上），人民出版社 1984 年版，第 303 頁。

一體之民族精神。……是則民族精神之重要，亦可概見。」[4] 尤其在抗日戰爭期間，中華民族到了「最危險的時刻」，為了實現全民族的抗戰和中華民族的復興，國人對於振興民族精神的呼喚與探索，更是達到了高潮。其時，在各種刊物上探討民族精神的文章隨時可見。《東方雜誌》等刊物還為此出版了專號。重慶的《民意週刊》甚至舉辦了「民族道德與民族精神」徵文比賽，面向社會大眾徵文，獲獎文章最終由獨立出版社結集出版。一位獲獎者在文中寫道：「菲希特當拿破崙的軍隊蹂躪全歐洲的時候，曾沉痛地向國人演說：『德意志人民，在武力抗戰，雖已失敗，在品性戰爭，應再接再厲。』菲氏所提倡的『品性戰爭』，就是我們現在所提倡的民族道德，用以發揚我們的民族精神而達到抗戰建國的目的。我們深深地相信：一個志節高尚精神鞏固的民族，一時雖遭失敗，未有不終歸於強盛的。」[5] 抗日戰爭時期，也是國人的民族精神空前高漲的時期，其最終取得偉大的勝利，固然是多方面的因素決定的，但是，時人對於民族精神的呼喚、探索與闡揚，顯然功不可沒。

　　新中國成立後，中國人民在中國共產黨的領導下開始了社會主義建設的新歷程。在新的歷史形勢下，弘揚和培育民族精神的主題由救亡圖強轉變為建設和發展。中國共產黨號召全黨和全國

4　見陳崧編：《五四前後東西文化問題論戰文選》，中國社會科學出版社1985 年版，第 281、291 頁。

5　吳錫澤：《民族道德與民族精神》，見鄭師渠、史革新編的《中華民族精神研究讀本》，北京師範大學出版社 2006 年版，第 221 頁。

人民自力更生、艱苦創業，發揚革命戰爭時期的優良傳統，建設一個國富民安的新中國，在不長的時期裡，湧現了雷鋒精神、焦裕祿精神、鐵人精神等具有時代特色的精神典範。忠於人民、捨己為公、大公無私、埋頭苦幹、樂於助人的奉獻精神，為國分憂、為民族爭光的愛國主義精神都成為弘揚和培育民族精神的重要內容。然而，由於受極左思潮的影響，政治運動不斷，弘揚與培育民族精神的研究，不免顯得沉寂。

　　一九七八年改革開放以來，隨著我國社會主義現代化建設事業的不斷推進，人們越來越認識到，現代化不是單一的目標，歸根結柢，是要實現人的現代化；因之，必須強調社會主義物質文明與社會主義精神文明並舉。也惟其如此，繼承優秀的中國傳統文化，培育與弘揚中華民族的民族精神，以為國家與民族的發展提供不竭的精神動力，這一重大的時代課題，便提到了全黨與全國人民的面前。二〇〇二年十一月，十六大報告強調指出：「民族精神是一個民族賴以生存和發展的精神支撐。一個民族，沒有振奮的精神和高尚的品格，不可能自立於世界民族之林。在五千多年的發展中，中華民族形成了以愛國主義為核心的團結統一、愛好和平、勤勞勇敢、自強不息的偉大民族精神。」[6] 這是第一次在黨的代表大會上正式提出民族精神的問題，因而重新喚起了全社會對弘揚和培育民族精神的高度關注，從而很快形成了新的

6　「十六大報告輔導讀本」編寫組：《十六大報告輔導讀本》，人民出版社 2002 年版。

民族精神研究的熱潮。

二、探討中華民族精神所涉及的主要問題

　　緣於時代的條件，改革開放前對於中華民族精神的研究，從總體上看，尚未能真正提到學理的層面作從容的學術研究。新時期以來，尤其是十六大以來，中華民族精神的研究進入了全新的階段，成果迭出，不乏精品。概括起來看，已有的研究所探討的主要是以下的一些問題。

　　關於民族精神與中華民族精神的界定。多數學者認為，民族精神應從「精神」一詞的狹義層面理解，即區別於與物質相對的一切非物質現象的廣義的精神內容，而應該限制在文化意識現象中作為內核的、出於深層而又相對穩定的內容。「民族精神」的界定，應該指那些積極的、進步的、優秀的文化和觀念，而不應包括那些消極的、落後的、愚昧的因素。方立天認為：「如果從振奮、弘揚和提升民族精神的視角出發，那麼，從狹義立論民族精神，可能比較有助於自覺地引導民族成員的生活實踐，振奮民族精神，提高民族的精神素質。」[7] 不同的意見則認為，民族精神是一個中性的概念，應該反映一個民族的整體精神面貌，而不應取其一端，況且，民族精神中的所謂精華與糟粕也並非涇渭分明，都應該作為民族精神的研究物件，弘揚與宣傳的部分，則應

7　方立天：《民族精神的界定與中華民族精神的內涵》，《哲學研究》1991 年第 5 期。

該是正面和積極的內容。中華民族精神的界定，應該是那些指導中華民族延續發展、不斷前進的精粹思想，它為本民族絕大多數成員所認同，是共同遵循與具備的普遍性的精神和思想，具有維繫民族生存、繁榮與民族之間和睦團結的功能。民族精神在發展中不斷豐富、逐漸成熟，既有傳統性又具時代性，民族精神與時代精神、民族精神與人類普遍精神是一種辯證統一的關係。

關於中華民族精神的內涵。張岱年認為中華民族精神的內涵集中體現在《周易》中的兩個重要命題上，即「天行健，君子以自強不息」、「地勢坤，君子以厚德載物」。一個是「自強不息」，一個是「厚德載物」，體現了中華民族的精神和氣質，正因如此，中華民族的科學和文化才能在世界歷史上一度處於領先地位[8]。張豈之則將之歸納為「人文」精神、「自然」精神、「奇偶」精神、「會通」精神等[9]。另有學者概括為重德精神、務實精神、自強精神、寬容精神、愛國精神[10]。此外，大一統思想、理性精神、自由精神、應變精神、求真精神、求善精神、求美精神、人本主義精神、勤勞勇敢精神、民貴君輕精神、以人為本精神、崇德尚義精神等，都被許多學者認為是中華民族精神的內涵[11]。

8　參見張岱年等：《中國文化傳統簡論》，浙江人民出版社 1989 年版，第 54-55 頁。

9　參見張豈之：《中國傳統文化》，高等教育出版社 1994 年版，第 2-6 頁。

10　參見方立天：《民族精神的界定與中華民族精神的內涵》，《哲學研究》1991 年第 5 期。

11　參見俞祖華、趙慧峰：《中華民族精神問題研究述評》，《史學月刊》

關於中華民族精神的核心。有學者認為自強精神是中華民族精神的核心；另有學者認為理性精神是最重要的中華民族精神；還有人認為，對社會理想和人格理想的追求乃是中華文化中最基本的內容；人文精神也被認為是中華文化的基本精神；「自強不息」、「厚德載物」也被許多人所強調。其中，愛國主義作為中華民族精神的核心內容之一，一直被研究者所重視。學者們指出，愛國主義是團結統一、愛好和平、勤勞勇敢、自強不息等中華民族精神的靈魂，它滲透於中華民族精神的所有領域，體現在中華民族精神的各個方面。有學者主張，在構建當代中華民族精神的時候，應將愛國主義看作是中華民族精神的核心，在反思傳統民族精神的時候，可以把「自強不息」「厚德載物」看成是中華民族精神的代表。也有學者強調，自強精神和寬厚精神最能代表中華民族的性格。自強精神涉及人和自身、民族自身的關係，是個性活力、民族生命力的內在動力；寬厚精神涉及人和自然、人和社會的關係，涉及本民族與不同國家、不同民族的關係，涉及一個人、一個民族的外在關係。自強精神是以宇宙的時間為座標，要求人們永不停止、永不歇息、積極向上、不斷進取；寬厚精神是以宇宙的空間為座標，要求人們以寬厚的胸襟對待他人、其他民族和萬事萬物 [12]。

2003 年第 12 期。

12 參見俞祖華、趙慧峰：《中華民族精神新論》，泰山出版社 2005 年版，第 40-43 頁。

關於中華民族精神的特點。多數人認為中華民族精神的特點是歷史傳統悠久、內容博大豐富、涉及範圍廣泛、具有理性意識。學者把中華民族精神的特徵概括為尚同求和的價值取向、人倫政治本位的文化傳統、生生不息的變易觀念、直觀實驗的經驗式思維、積極向上的入世態度[13]。一般來說，探討中華民族精神的特點，在與外來文化的比較研究中會有更明顯的收穫。通過比較，人們認識到，中國傳統民族精神具有「內向性」特徵，而西方民族或具有「外向性」特徵。不同的特點也導致了不同的處事原則與不同的執政方略[14]。

關於中華民族精神的作用和功能。張岱年和方克立指出，中華民族精神的作用與功能主要體現在民族凝聚功能、精神激勵功能、價值整合功能和社會穩定功能。其中，增強民族凝聚力與向心力功能被認為是弘揚民族精神的最重要目的[15]。還有學者在論述中進一步豐富了中華民族精神的作用和功能，指出中華民族精神是民族自信心與民族自豪感的精神支柱，是中華民族凝聚力與愛國主義思想的基礎，是維護民族獨立的精神武器，是煥發民族創造力的精神動力，是民族生存、民族理想的精神支柱與核心理念。中華文明能夠在世界幾大文明中成為唯一不間斷的連續性文

13 參見于成河：《弘揚中華文化，振興民族精神》，《山東社會科學》1990 年第 1 期。

14 參見石元強：《試論中華民族精神的形成演變與未來趨向》，《山東社會科學》1990 年第 5 期。

15 參見張岱年、方克立：《中國文化概論》，北京師範大學出版社 1994 年版。

明模式，中華民族精神的強大功能起到了重要作用。

關於弘揚中華民族精神的途徑。如何在新的歷史條件下實現弘揚中華民族精神，是研究和培育中華民族精神的重要問題。研究者認為，應該繼承和發揚中華民族的文化傳統，特別是要繼承和發揚近代以來中國人民不屈不撓尋求救亡圖強之路的奮鬥精神，通過吸取外國先進文化並結合時代精神來豐富、發展和提升我們的民族精神。要將傳統文化中的深刻哲理與民族精神在歷史發展中的具體表現結合起來，用發展的眼光研究中華民族精神在新的歷史時期的重要作用，從更高的層面探討具有人類普遍價值和真善美意義的民族精神形式，真正體現出中華民族精神之文化傳統和精神特質為人類文明所做出的貢獻，為中華民族統一多民族國家貢獻其精神財富。

三、對中華民族精神研究的展望

弘揚和培育中華民族精神是新的歷史時期的思想主題之一。歷史與現實、理論與實踐、民族與世界等複雜關係都是研究中華民族精神的必備因素。對中華民族精神研究的簡要梳理，不僅是進一步全面深入地研究中華民族精神的前提，而且也有助於明確今後研究的重點和努力的方向。

首先，需要從理論上對中華民族精神做出進一步科學的概括，更加全面、深刻地總結出中華民族的民族精神內容，這既是弘揚與培育中華民族精神的基本前提，也是開展弘揚與培育民族精神研究的必要條件。相當長的時期以來，我們對民族精神這一範疇本身的論證尚顯薄弱，對中華民族精神的理論概括亦不系統

全面，因此，加強對民族精神的科學定義及其相關理論問題的討論，加強對中華民族精神理論內涵的分析和綜合是亟待解決的重要問題。

其次，進一步研究中華民族精神形成和發展的歷史，包括對中華民族精神發展史的階段劃分及其不同時代的特點、中華民族精神與民族歷史文化的關係、外來文化衝擊下中華民族精神的更新發展、中國共產黨人弘揚與培育民族精神的理論和實踐等問題的探討。

再次，中華民族精神的研究與當代弘揚和培育中華民族精神之間的關係，以及溝通二者的途徑。弘揚與培育民族精神不僅是一個理論問題、歷史問題、學術問題，更是一個現實問題。中華民族精神與當前我國的大眾道德觀與價值觀問題、青少年德育教育問題、統一多民族國家的民族關係、民族團結問題、全球化趨勢中保持與發揚本民族文化特色與文化建設問題等，都有密切連繫。如何利用科學的研究和有效的方法，了解當代中國社會不同層面對民族精神的認識態度和認同程度的真實情況，探索出一條弘揚和培育民族精神的有效途徑並制定出切實可行的對策，還有大量的工作需要我們去完成。

最後，加強中華民族精神與世界主要國家民族精神間的比較研究。事物總是相比較而存在的，沒有比較，就中華民族精神談民族精神，不易說清楚。此種研究的意義是顯而易見的，但是，限於語言及各方面的條件，難度甚大。只能說，一時雖不能至，但心嚮往之。

總之，深入揭示中華民族精神的內涵，考察其起源、形成和

發展過程，探討其發展的內在規律，立足於現實，研究繼承文化傳統和弘揚民族精神方面存在的問題，深化民族精神與民族意識、國家精神、時代精神、革命精神、普世精神之間關係問題的研究，深化經典作家視野中的民族精神問題的研究，都是在今後的研究中所亟待加強的。以學術研究為基礎，以現實需要為目標，是弘揚與培育中華民族精神研究的主要目的。

第一編——

先秦秦漢：中華民族精神的奠基

第一章
華夏族的形成

　　中華民族精神是中華文明的核心和菁華。研究華夏族的形成對於說明中華民族精神的形成是一個重要前提。中華民族精神歷經夏、商、周三代積澱，終於成就了中華文明的一座豐碑。中華民族精神的深厚凝聚力與宏大氣魄，是中華民族自立於世界民族之林的寶貴財富。

　　探討中華民族精神的淵源要從炎黃時代開始，中華民族精神的因子和萌芽即發軔於此，歷經兩三千年的積澱與磨練，中華民族精神至周孔時代方構築完成。這一漫長世代的歷史值得我們探討和深思。

第一節 ▶ 三代社會的歷史進程與華夏諸族的融會

　　從很早的古代開始，我國廣袤的大地上就聚居著許多方國部落。在野蠻時代與文明時代之際，黃帝部落和炎帝部落占據著諸方國部落的主導地位。後來的華夏族即濫觴於炎黃部落。

　　各部落間雖然不乏碰撞、衝突乃至戰爭，但是相互包容與融會則是其關係的主流。相傳黃帝部落就曾經與炎帝部落打過仗，

第一編・先秦秦漢：中華民族精神的奠基

111

「戰於阪泉之野，三戰，然後得其志」[1]，但是此後黃帝部落卻長期與炎帝部落結為聯盟。這兩個部落的發展，成為後來華夏部落的主幹。

炎黃兩大部族的聯盟，表明了兩部族相互包容的可貴精神。遠古時代的各族，在撞擊、衝突及戰爭之後，很少有趕盡殺絕、斷其子孫、不留子遺而將對方完全徹底剿滅的情況出現，而常常是只要鬥爭的一方表示服從，即可化干戈為玉帛，雙方握手言歡。炎黃兩部族三戰於阪泉之野卻結為聯盟，就是一個典型的例證。《史記・五帝本紀》說：「天下有不順者，黃帝從而征之，平者去之，披山通道，未嘗寧居。東至於海，登丸山，及岱宗；西至於空桐，登雞頭；南至於江，登熊、湘；北逐葷粥，合符釜山，而邑於涿鹿之阿。」黃帝族的影響巨大，在廣泛的區域裡建立了自己的權威，這主要不是靠武力征討，而是靠其包容精神。例如，據范文瀾先生《中國通史》第一冊說，以蚩尤為首領的九黎族戰敗之後，「一部分被炎黃族俘獲，到西周時還留有『黎民』的名稱」。「黎民」成為社會庶民的名稱，表明他們已經融入炎黃之族。華夏族以包容百川的寬博胸襟，歷經長期發展，成為漢族的前身，呂思勉先生談及民族關係問題時說：

一國之民族，不宜過雜，亦不宜過純。過雜則統理為難，過純則改進不易。惟我中華，合極錯雜之族以成國。而其中之漢族，人口最多，開明最早，文化最高，自然為立國之主體，而為

1　《史記・五帝本紀》。

他族所仰望。他族雖或憑恃武力，陵轢漢族，究不能不屈於其文化之高，舍其故俗而從之。而漢族以文化根柢之深，不必藉武力以自衛，而其民族性自不虞漸滅，用克兼容並包，同仁一視；所吸合之民族愈眾，斯國家之疆域愈恢；載祀數千，巍然以大國立於東亞。斯固並世之所無，抑亦往史之所獨也。[2]

這裡所說的「兼容並包，同仁一視」的博大胸懷，確實為華夏族（乃至漢族）發展壯大、蔚為大觀的基本原因之所在。炎黃文化的核心是華夏諸族同根共祖的觀念，是兼容並包共同開創未來的觀念。這種觀念所產生的強大凝聚力是中華民族屹立於世界民族之林的重要保證之一，是激勵我們永遠前進的精神動力。炎黃文化成為中國開啟文明時代的象徵，是諸族凝聚的標誌，是我們偉大民族精神的源頭所在。

黃帝之後的堯、舜、禹時期，依然持以兼容並包為核心的凝聚精神，使華夏族進一步發展。《尚書・堯典》說：

曰若稽古，帝堯曰放勳，欽明文思安安，允恭克讓，光被四表，格於上下。克明俊德，以親九族。九族既睦，平章百姓。百姓昭明，協和萬邦。黎民於變時雍。

這裡的意思是，說到考察古代，首先要講的就是帝堯，他名叫「放勳」。他辦事嚴謹明達文雅謀慮溫和，他誠信恭敬謙讓。他的光輝普照四方，至於天地。他能夠顯示自己的美德，從而使九族親善。在九族和睦的基礎上，考察臣下百僚，使百僚明達，

2 呂思勉：《中國民族史》，東方出版社 1996 年版，第 8 頁。

以此去協調萬國的關係。他這樣做，就使黎民大眾繁茂，相互親和。堯的包容精神的特點在於先安固自己的氏族，再去聯合其他諸族，然後影響到天下，目標在於使天下「萬邦」間都有良好的關係，天下萬民都能夠和睦相處。

進入文明時代以後，歷經夏、商、西周時期的長期發展與相互交往，各個方國部落星羅棋布地居住在以黃河和長江流域為中心的地區，進一步凝聚、發展。

夏朝時期有許多的方國部落，《呂氏春秋‧用民》說：「當禹之時，天下萬國，至於湯而三千餘國。」夏時，與東夷族始終來往密切，據說夏朝中期，夏王曾經「東狩於海，獲大魚」[3]，那時的東夷主要是居住於淮河流域和泗水流域的於夷、黃夷、風夷、白夷、赤夷等。此後，夏與西方的畎夷也密切了關係，畎夷首領「始加爵命，由是服從」[4]，接受夏的封號，表示順服。夏朝得以鞏固的一個重要原因是以夏為核心的方國部落聯盟得到加強，諸多方國如大彭、豕韋、顧、昆吾等，與夏一直有著密切的關係。就夏族本身的發展而言，其自身也在不斷繁衍，不斷分出支系，去建立新的方國。據《史記‧越世家》說，越的先祖就是源自夏而被封於會稽者。相傳大禹死後葬於會稽，可見從很早的時候開始夏就與東南一帶有了連繫。《史記‧匈奴列傳》說匈奴的先祖是夏後氏的苗裔，若確實，則夏部落的支系也發展到了北

3　古本《竹書紀年》。
4　《後漢書‧西羌傳》。

方。

殷商時期，華夏族的力量進一步發展。商湯建立商王朝時，其主要根據地為今河南鄭州一帶。後來，他又在伊洛地區建造城邑，擴大商人勢力。《詩經・殷武》說，「昔有成湯，自彼氐羌，莫敢不來享，莫敢不來王，曰商是常」，在當時仍然方國林立的情況下，商是諸方國部落連繫的中心和樞紐。

盤庚遷都後，今河南安陽一帶成為殷人的中心區域，盤庚遷殷對於商朝的鞏固和發展起到了重要作用。武丁時期，《詩經・殷武》說，「撻彼殷武，奮伐荊楚」，商人的勢力已經到達南方的荊楚之地。

商人採取外服與內服的政治制度治理國家。內服是商王直接統治的王畿地區，外服是由邦伯管轄的區域。當商王力量強大時，其對外服的控制相對穩固。商紂時期，周人的力量發展起來，《史記・殷本紀》說，「諸侯叛殷會周者八百」，許多方國部落都投靠了周。紂不思悔改，繼續與諸方國部落為敵，並向東討伐東夷，消耗了國力，使商走向覆滅，《左傳》說，「紂克東夷而隕其身」。

為周朝建立奠定了堅實基礎的是周文王。文王成為周族首領時，周的範圍並不大，《孟子・公孫丑上》謂「文王以百里」。文王採取有力的措施使周的勢力發展起來，他注重農業生產，增強經濟實力。他還注重加強與其他方國部落的關係，任用那些賢能的方國部落首領。文王以照顧鰥寡孤獨的措施團結族眾和其他方國部落聯盟，《尚書・無逸》記載，文王「徽柔懿恭，懷保小民，惠鮮鰥寡，自朝至於日中昃，不遑暇食，用咸和萬民」。通

過這些措施，文王使周在遠近方國部落中擁有了很高威望。周人重視德，德在華夏民族精神中占有特別重要的地位，這與周文王的治國策略是分不開的。

武王繼位後，黽勉從事滅商的事業。據史籍記載，武王伐商時，除周族軍隊外，還有庸、蜀、羌、髳、微、盧、彭、濮等方國和部族人員隨征。

周人克商並在隨後的幾年中，剪除商人的勢力。東征結束後，周公開始營建東都，其目的在於從「天下之中」的地方來加強周朝對於東方地區的控制。周公還調集大批殷遺民前來修城，這些措施對於穩定中原地區的形勢起到了積極作用。此外，周公制禮作樂，從此有了典章制度。周公制禮作樂對於華夏文明的進步起到了十分重要的作用。周公還施行了分封制，將周族分散出去，建立諸侯國。分封制一方面起到了「以藩屏周」的作用，另一方面，也將周族的文化傳播到各地，加速了各地的文化交流和融合。

周公之後，成王、康王勤於政事，注重總結歷史經驗，周王朝穩步發展。這一時期，周朝所開拓經營的重點是東方，其次是東南地區。到昭王時期，周人開始向南發展。《牆盤》追溯說，「弘魯昭王，廣能楚荊，惟狩南行」。穆王時期，曾經西遊。古本《竹書紀年》說，「穆王東征天下二億二千五百里，西征億有九萬裡，南征億有七百三裡，北征二億七裡」。古本《竹書紀年》記載穆王西遊的情況說，「西征，至昆侖丘，見西王母」。穆王還派人征伐淮夷和徐戎。

西周後期，王權逐漸衰落。但宣王時期還有與玁狁的戰爭，

宣王還曾經討伐蠻荊、徐方。

　　春秋戰國時期是華夏族形成的重要時期。西周末年，周王朝的史伯曾謂「王室將卑，戎狄必昌，不可逼也」[5]，認為周王室的衰落與諸少數族的興起是並行不悖而且其間有所關聯的兩個事情。春秋戰國時期，華夏族與諸少數族加快了相互融合的速度，各族間頻繁往來，經濟發展上相互補充，文化上相互吸收精華，在政治上許多少數族的國家併入泱泱大國的版圖，使得相互影響、相互融合有了更便利的條件。經過春秋戰國時期社會的劇烈動盪和迅速發展，諸少數族都或多或少的在社會生活的各個方面，向華夏族諸國靠近，創造出輝煌燦爛的諸少數族的經濟與文化，並且對於華夏族也產生著重要影響。

　　特別值得注意的是，在西周春秋時期諸少數族與華夏族的互動影響。而從這個影響中，我們可以清楚地看到中華民族那種博大胸懷和兼容精神。總之，歷經夏商周三代的發展，以華夏族為主體的諸族逐漸融會，相互交流，使得華夏族不斷發展壯大。這不僅為秦漢大帝國的出現奠定了社會成員構成方面的基礎，而且華夏民族精神也在這個過程中得以錘鍊，再經春秋戰國時期的諸子百家思想精英的總結與昇華，可以說中華民族的偉大民族精神在先秦時期已經基本形成。

　　夏商周時期為早期國家文明時期，這一時期的歷史發展特點，決定了華夏族的博大胸懷和相容精神。說起早期國家，依照

5　《國語・鄭語》。

以往的理解，這是一條在社會階級矛盾激化、階級鬥爭尖銳的情況下，而必須由國家機器實行專制與鎮壓的道路。簡言之，這是一條構建壓迫之路，國家就是為這個目的而被創造出來的工具。這個認識不能說是不對的。國家的確是階級壓迫的工具，它從一開始就具有鎮壓敵對階級的功能。應當說這個認識是符合馬克思主義理論的正確認識，但若僅僅注意到這一點，可能不夠全面，即並沒有全面領會馬克思主義階級與國家的理論，也不完全符合古代中國國家產生的歷史實際。

馬克思主義的國家學說不僅指出了國家是階級壓迫的工具這個方面，而且也明確指出了另一個方面，即國家是階級鬥爭的「緩衝器」，是構建社會和諧的工具。在《家庭、私有制和國家的起源》這部著作中，恩格斯在指出國家是階級矛盾產物的同時，還指出：

國家是表示：這個社會陷入了不可解決的自我矛盾，分裂為不可調和的對立面而又無力擺脫這些對立面。而為了使這些對立面，這些經濟利益互相衝突的階級，不致在無謂的鬥爭中把自己和社會消滅，就需要有一種表面上駕於社會之上的力量，這種力量應當緩和衝突，把衝突保持在「秩序」的範圍以內；這種從社會中產生但又自居於社會之上並且日益同社會脫離的力量，就是國家。[6]

恩格斯在這裡所強調的是國家這種力量的出現，其目的是為

6　《馬克思恩格斯選集》第 4 卷，人民出版社 1972 年版，第 166 頁。

了「緩和衝突，把衝突保持在『秩序』的範圍以內」。國家的這種緩和衝突的功能主要不是靠鎮壓的手段，而是靠國家的管理功能來實現的。國家管理功能所達到的目標，應當是社會的和諧。摩爾根在《古代社會》一書中說：「社會的利益絕對地高於個人的利益，必須使這兩者處於一種公正而和諧的關係之中。……管理上的民主，社會中的博愛，權利的平等，普及的教育，將揭開社會的下一步更高的階段，經驗、理智和科學正在不斷向這個階段努力。這將是古代氏族的自由、平等和博愛的復活，但卻是在更高形式上的復活。」早期國家功能所要達到的終極目標即在乎此。恩格斯把摩爾根的這個論斷放在他的《家庭、私有制和國家的起源》一書的結尾，並且完全贊同這個說法。其實，氏族制之下的氏族、胞族及部落、部落聯盟的權力體系中已經蘊含著的通過管理功能所達到的目標，在早期國家那裡是得以傳承並且發展的，這可以說是舊傳統在新形勢下的「復活」。國家當然是超出於氏族之上的力量，然而在它開始出現不久的時候，它與氏族、部落、部落聯盟「脫離」的距離還不是很大，這個距離依照恩格斯的說法是在「日益」增大的，而不是一蹴而就所形成的高懸於社會之上的鎮壓之劍。按照古代中國的情況，最初的國家與氏族部落之間並沒有一條截然的界限，不寧唯是，而且由氏族部落到國家的發展，還是一條長期漸進的漫長的道路。氏族那種維持公正與和諧的傳統在早期國家中的長期保存，也就不是不可理解的事情了。

就古代中國早期國家起源與形成的歷史來看，國家的「緩和衝突」的功能表現得還是比較明顯的。五帝時代是大家公認的古

代中國早期國家起源的關鍵時期。夏商周三代可以說是古代中國早期國家形成與初步發展的時期。從相關歷史記載和考古資料中，我們可以比較清楚地看到當時如何通過和諧建構的道路來使早期國家得以形成與發展的，其中有以下幾個關鍵之處。

首先，依靠固有的血緣親情，加強氏族、部落間的親密聯合。戰國時期成書的《尚書・堯典》曾經這樣追憶堯做部落聯盟首領時的情況：

允恭克讓，光被四表。格於上下，克明俊德，以親九族。九族既睦，平章百姓。百姓昭明，協和萬邦。

這裡是說堯能夠恭謹謙讓地厚待族人，所以其光輝能夠普照四方。堯還能夠感召天地神靈，發揚其美好德操，以此使自己的九族都能夠親和融洽，並且在九族親和融洽的基礎上來辨明百姓的職守，進而協調了萬邦的關係。這裡排列了九族-百姓-萬邦三個層次的社會組織。九、百、萬，皆言其眾多，非必為實指。「九族」當指堯為首的核心氏族部落，在早期國家構建的時候，它起到很重要的作用，舜和大禹的時期依然強調要「惇敘九族，庶明勵翼」[7]，所謂「百姓」，當指加入部落聯盟並擔負一定職務的眾多族長。《詩經・天保》中有：「群黎百姓，遍為爾德。」毛傳謂：「百姓，百官族姓也。」這解釋是很對的。後世常以世庶民眾來理解百姓之意，但在講述上古史事時也會露出其本來的

7　《尚書・皋陶謨》，（清）孫星衍：《尚書今古文注疏》，中華書局 2004年版，第 77 頁。

意義。如《禮記・緇衣》載孔子語「禹立三年，百姓以仁遂焉」；偽古文《尚書・湯誥》述夏末事謂「夏王滅德作威，以敷虐於爾萬方百姓。爾萬方百姓，罹其凶害，弗忍荼毒」，就是例證。要之，如果我們把《尚書・堯典》所寫堯通過自己的卓越德操（而非暴力鎮壓）來影響和固結九族、百姓及萬邦，理解為氏族、部落和部落聯盟，可能是接近歷史實際的。

古代中國早期國家的起源和形成的階段，「禮」之作用尤巨。那個時期，禮的本質在於它是氏族、部落內部和相互間的關係準則。相傳魯哀公曾經向孔子請古代「大禮」的問題，孔子回答說：

丘聞之也，民之所由生，禮為大。非禮無以節事天地之神明也，非禮無以辨君臣上下長幼之位也，非禮無以別男女父子兄弟之親、昏姻疏數之交也，君子以此之為尊敬然。然後以其所能教百姓，不廢其會節。有成事，然後治其雕鏤文章黼黻以嗣。其順之，然後言其喪算，備其鼎俎，設其豕臘，脩其宗廟，歲時以敬祭祀，以序宗族，則安其居處，醜其衣服，卑其宮室，車不雕几，器不刻鏤，食不貳味，以與民同利。昔之君子之行禮者如此。[8]

按照孔子這裡所說，自生民以來，禮就是非常重要的事情，

8 《大戴禮記・哀公問於孔子》，（清）王聘珍：《大戴禮記解詁》，中華書局 1983 年版，第 12 頁，此段記載亦見於《禮記・哀公問》《孔子家語・問禮》。

除了飲食、祭祀、婚姻諸事以外，禮還可以「序宗族」，是宗族間的黏合劑與關係準則。古代中國多言禮而少言法，在許多情況下以禮代法，或者是禮法連稱並舉，這是古代中國社會的顯著特點。之所以如此，是因為對於氏族、部落而言，「禮」（而不是法）為它所生，為它所需。早期的禮貫穿了氏族、部落血緣關係的親情。或謂這只不過是一層溫情脈脈的面紗而已，其實，何止是一層面紗，禮在實際上卻是支撐古代中國社會的精神支柱之一，是人們思想的一個靈魂，禮在解決社會矛盾方面雖然沒有採用暴力鎮壓的手段，但它「經國家，定社稷，序民人，利後嗣」[9]的作用卻是暴力鎮壓的手段所達不到的。在古代中國早期國家的起源和形成的歷史上，禮是構建社會穩定的極為重要的工具。

其次，在處理氏族、部落及部落聯盟的外部關係時，雖然也有戰爭與殺戮，但那並不是主要的手段，主要的手段是聯盟與聯合。黃帝時期曾經有炎黃部落與蚩尤部落的戰爭，結果「執蚩尤，殺之於中冀」[10]。不過像這樣靠殺戮解決問題的事情並不多見，常見的情況則是通過戰爭，雙方諒解，再結聯盟[11]。炎帝部落與黃帝部落間的情況就是一個典型。黃帝部落與炎帝部落雖然

9　《左傳·隱公十一年》，楊伯峻：《春秋左傳注》（修訂本），中華書局1990年第2版，第76頁。

10　《逸周書·嘗麥》，黃懷信、張懋鎔、田旭東：《逸周書匯校集注》（修訂本），上海古籍出版社2007年版，第733頁。

11　徐旭生先生早曾指出主要的部落集團之間「和平相處為常態，戰爭狀態卻是暫時的」。（《中國古史的傳說時代》，廣西師範大學出版社2003年版，第107頁。）

曾三戰於阪泉之野，但交戰之後雙方即相互交融，後世還多通婚姻。「巡守」是古代中國早期國家加強各族連繫的主要手段。相傳黃帝曾經「東至於海，登丸山，及岱宗；西至於空桐，登雞頭；南至於江，登熊、湘；北逐葷粥，合符釜山而邑於涿鹿之阿」，在這樣廣大的範圍裡面依靠聯合，而不是征伐，使得「萬國和」[12]。舜的時候將巡狩制度化，據《尚書・堯典》所說是「五載一巡守，群後四朝」，舜五年巡守一次，各部落酋長首領在兩次巡守期間要朝見舜。相傳，先商時期「成湯東巡，有莘爰極」[13]，利用巡守，與有莘氏結為婚姻，促成了商族與有莘氏兩大勢力的聯合。這都反映了各族連繫通過這種和諧的方式而得以加強的事實。

再次，國家的功能無外乎鎮壓與管理兩項。但並非國家一開始出現，這兩項功能就平分秋色，不分主次。就古代中國早期國家的情況而言，其管理功能是遠遠大於鎮壓功能的。古代中國，從階級萌芽到階級形成再到早期國家出現，這是一個非常漫長的歷史時段。古代中國的早期國家形成並非是階級矛盾不可調和的產物[14]，而首先是由社會管理的需要而促成的。大禹治水可以說

---

12 《史記・五帝本紀》。

13 屈原：《天問》，（宋）洪興祖：《楚辭補注》，中華書局 1983 年版，第108頁。

14 以往的研究中被指的古代社會上階級矛盾不可調和的例證，有許多是靠不住的。例如，新石器時代晚期遺址所發現的以人頭奠基，應當是氏族部落間獵頭習俗的反映。再如殷墟所發現的人殉人祭，被殺者應當是戰俘，而不是奴隸。古代中國早期國家形成和成熟階段的夏商周

是古代中國早期國家管理功能的典型體現。大禹治水，在治理水患的時候，充分聯合各部落的力量「以開九州，通九道，陂九澤，度九山。令益予眾庶稻，可種卑濕。命后稷予眾庶難得之食。食少，調有餘相給，以均諸侯，禹乃行相地宜所有以貢，及山川之便利」[15]。大禹治水充分利用了早期國家的管理功能，並且隨著治水的極大成功，又促進了早期國家的發展，形成了「九州攸同」「四海會同」[16] 的局面。這裡所說的「諸侯」「國」應當就是部落或部落聯盟。

最後，部落聯盟領導權的禪讓制是古代中國早期國家和諧構建的重要標識。關於堯、舜、禹之間領導權的傳遞，《尚書》所載言之鑿鑿，無隙置疑[17]。其所說堯傳位於舜的情況，最為典

時期，從未出現過大規模的被壓迫階級的起義與戰爭，這個事實表明當時社會的階級鬥爭並未尖銳化。大規模的農民起義和農民戰爭是秦以後的事情。這從一個側面反映了古代中國早期的發展是沿著和諧構建的道路前進的。

15 《史記・夏本紀》。

16 《尚書・禹貢》。

17 五帝時代「禪讓」的史載還見於儒墨兩家的著作，這雖然是儒、墨兩家為闡明自己的學說而附帶言之，但其可信度還是比較高的。《莊子》《呂氏春秋》等書亦載有相關傳聞。近年出土的戰國竹簡文字，也有相關材料。如郭店楚簡《唐虞之道》篇載：「湯（唐）吳（虞）之道，禪而不傳。堯舜之王利天下而弗利也，禪而不傳，聖之盛也。」（荊門市博物館《郭店楚墓竹簡》，文物出版社 1998 年版，第 157 頁）再如上博簡《容成氏》篇認為禪讓是古代普遍現象，並不止於五帝時代，「盧氏、赫疋（胥）氏、喬結氏、倉頡氏、軒轅氏、神戎（農）氏……之又（有）天下也，皆不受（授）亓（其）子而受（授）賢」（《上海博物館藏戰國楚竹書》第二冊，上海古籍出版社 2002 年版，第 250

型：

帝曰：「咨！四岳。朕在位七十載，汝能庸命，巽朕位？」岳曰：「否德忝帝位。」曰：「明明揚側陋。」師錫帝曰：「有鰥在下，曰虞舜。」帝曰：「俞，予聞，如何？」岳曰：「瞽子。父頑，母嚚，象傲。克諧以孝烝烝，乂不格姦。」帝曰：「我其試哉。」女於時，觀厥刑於二女。釐降二女於媯汭，嬪於虞。帝曰：「欽哉！」……

慎徽五典，五典克從；納於百揆，百揆時敘；賓於四門，四門穆穆；納於大麓，烈風雷雨弗迷。帝曰：「格汝舜！詢事考言，乃言厎可績，三載；汝陟帝位。」**18**

這裡講了堯年老的時候召集「四岳」（即四方部落之長）商議選接班人的問題。堯本來要傳位「四岳」中人，但被推辭，大家一致推薦舜，詳細介紹了舜的情況。他父親目盲而糊塗，母親則談吐荒謬，他弟弟名象者則傲慢無禮，就是這樣的家庭舜卻能

頁）這些都可以作為《尚書・堯典》篇所載禪讓史事的旁證。戰國時人也有反對此說者，謂並無禪讓之事，有的只是「舜偪堯、禹偪舜」（《韓非子・說疑》）、「舜囚堯」（古本《竹書紀年》）。這種說法只是以春秋戰國時習見的篡權奪位之事來猜想遠古之事。兩說相較，遠不如儒、墨兩家之說能夠取信。范文瀾先生說：「《堯典》等篇，大概是周朝史官掇拾舊聞，組成有系統的記錄，雖然不一定有意捏造，誇大虛飾，卻所難免。其中『禪讓』帝位的故事，在傳子制實行已久的周朝史官，不容有人無端發出奇想，其為遠古遺留下來的史實，大致可信。」〔《中國通史簡編》（上冊），河北教育出版社 2000 年版，第 15 頁〕此說甚精到。

18 《尚書・堯典》，（清）孫星衍：《尚書今古文注疏》，中華書局 1986 年版，第 28-34 頁。

夠和諧相處，還恪盡孝道，感化邪惡之人。堯又親自用各種方式檢查舜的品行和能力，經過三年之久的考驗，才決定由舜來繼承「帝位」。這種禪讓的方式，完全通過民主協商來完成，最高領導人的個人意志並不起決定作用。要在這種方式裡面找尋「專制」的萌芽，恐怕只能是南轅北轍了。

　　總之，古代中國的早期國家的起源、形成和初步發展的階段[19]，走的是一條「和」的道路。氏族制度的長期存在和發展，這一古代中國獨具特色的社會結構是「和」的深厚社會基礎。孔子曾經將古代理想的社會描繪成「天下為一家」「中國為一人」，意即天下就像一個大家庭，整個中國團結得像一個人。他認為「聖人耐（能）以天下為一家，以中國為一人者，非意之也，必知其情，辟於其義，明於其利，達於其患，然後能為之」[20]。古代中國早期國家構建過程中，無論是制度的創立，抑或是方式的選擇，無不關注各個氏族、部落的情、義、利、患等問題。這種關注與社會實踐，成為構建和諧的基石，也是那個時代領導者們（亦即孔子心目的「聖人」）成功的標誌。構建「和」的理念直到古代中國早期國家成熟的時候，還能夠看到它深遠影響的痕跡。古代中國早期國家的形成過程中，構建「和」為其主導特

---

19 古代中國的早期國家從萌芽、起源到完全成熟是一個很長的歷史過程。大體說來可以分為這樣幾個階段：五帝時期是其起源階段，夏商時期是其發展階段，西周春秋時期是其成熟階段。

20 《禮記·禮運》，（清）孫希旦：《禮記集解》，中華書局 1989 年版，第 606 頁。

色，它對於民族精神中包容精神的影響可以說是至關重要的。

第二節 ▶ 華夏與諸少數族

　　兼容並包的民族精神在春秋戰國時期的華夏族各國的理念中有很好的體現。春秋時期有遠見卓識的人物往往採取「和戎」的政策對待諸少數族。史載春秋初年，魯隱公曾經「會戎於潛，修惠公之好也」[21]，儘管魯隱公這次拒絕了戎人與魯盟誓的請求，但是魯惠公、魯隱公相繼跟戎保持友好，則還是可取的做法。魯隱公二年（前 721 年）秋天，魯還是答應了戎的請求而與之盟誓於唐（今山西曹縣東南），並且於魯桓公二年（前 710 年），「及戎盟於唐，修舊好」[22]，與戎的關係更進了一步。晉悼公曾經主張出兵攻伐戎族，謂「戎、狄無親而好得，不若伐之」[23]，大臣魏絳卻提出晉應當採取「和戎」的政策，他說：

　　和戎有五利焉：戎、狄薦居，貴貨易土，土可賈焉，一也。邊鄙不聳，民狎其野，穡人成功，二也。戎、狄事晉，四鄰振動，諸侯威懷，三也。以德綏戎，師徒不勤，甲兵不頓，四也。鑑於後羿，而用德度，遠至邇安，五也[24]。

　　魏絳所有這些說法的出發點，顯然是晉國的利益，但是在客

---

21 《左傳‧隱公二年》。
22 《左傳‧桓公二年》。
23 《國語‧晉語七》。
24 《左傳‧襄公四年》。

觀上對於晉境諸少數族的發展也是有利的。魏絳曾受命招撫晉境諸少數族，使晉國有了比較安定的後方，這對於晉國霸業的繼續發展有著積極的意義，正如魏絳所謂「夫和戎、狄，國之福也」[25]。晉卿欒武子採取「和戎」的政策，使得「戎、狄懷之」[26]，就被晉臣傳為美談，晉悼公自己也曾對魏絳說「子教寡人和諸戎狄，以正諸華。八年之中，九合諸侯」[27]，肯定了「和戎」政策的卓著成果。從晉國歷史發展來看，諸戎族確曾做出了很大貢獻。戎族君長戎子駒支曾謂戎族曾經全力在晉境開發土地，並且以此為根據批駁晉卿的無理指責。他謂「南鄙之田，狐狸所居，豺狼所嗥。我諸戎除翦其荊棘，驅其狐狸豺狼，以為先君不侵不叛之臣」[28]。居住於晉境的戎族受華夏文化薰陶，已經有了相當水準的發展，史載戎子駒支朝晉的時候，在據理力爭以後，「賦《青蠅》以退」[29]。《青蠅》是《詩經‧小雅》中的詩篇，其中有句謂「豈（愷）弟（悌）君子，無信讒言」「讒人罔極，構我二人」之句，戎子駒支賦此詩，十分恰當地指出晉卿信讒而毀棄與戎交好政策的錯誤，實際上批評了晉卿，但又給晉卿留些面子，只言其為讒言所致。戎子駒支對於詩句意蘊的掌握相當深刻，其文化素養不在一般華夏族國家貴族之下。戎族對於周

25　《左傳‧襄公十一年》。
26　《國語‧晉語八》。
27　《左傳‧襄公十一年》。
28　《左傳‧襄公十四年》。
29　《左傳‧襄公十四年》。

的各種禮儀並不陌生。例如，史載魯隱公七年（前 716 年）「戎朝於周，發幣於公卿，凡伯弗賓。冬，王使凡伯來聘。還，戎伐之於楚丘以歸」[30]。依照當時的朝聘禮，朝聘者要向公卿致幣，即饋贈財物，公卿受幣以後應當設宴招待，並且回贈財幣。周的凡伯在接受戎的聘問者的財禮以後竟然置若罔聞，所以在凡伯聘魯歸返路上被戎劫持。此事表明，戎朝周的時候實行了應當完成的禮儀，而凡伯則失禮。

華夏族的各諸侯國對於諸少數族除了採取和戎的政策以外，有時候也用欺詐的手段以求一逞，並且往往將少數族作為當權者實施內政、外交政策的籌碼。例如，春秋後期晉、楚爭霸的時候，楚國以咄咄逼人的氣勢北上，擊潰稱為「蠻氏」的戎族，蠻氏的首領逃奔到晉國的陰地（今河南盧氏縣東北）。晉國執政之卿趙孟不敢與楚抗衡，謂：「晉國未寧，安能惡於楚？必速與之！」命令採取欺詐的手段俘獲逃奔晉地的蠻氏首領及其族眾，以交付楚國，以表示晉對於楚國的「友好」。史載：晉臣士蔑聽從趙孟命令以後，「乃致九州之戎，將裂田以與蠻子而城之，且將為之卜。蠻子聽卜，遂執之，與其五大夫，以畀楚師於三戶。司馬致邑立宗焉，以誘其遺民，而盡俘以歸」[31]。就這樣，蠻氏的戎族成為晉、楚政治交易的犧牲品，使得楚國完全俘獲了蠻氏之民。值得注意的是參與對蠻氏欺詐的，除了晉臣以外，還有

---

30 《左傳・隱公七年》。
31 《左傳・哀公四年》。

「九州之戎」，即陸渾戎。陸渾戎於魯昭公十七年（前 525 年）為晉收編為九州，稱為九州之戎。此時其首領參與欺詐蠻氏，無異於為虎作倀。

　　華夏族諸國對於諸少數族有一定的敵愾意識，鄙視諸少數族成為華夏諸國貴族，甚至是一般民眾的比較普遍的觀念。當時在許多人的觀念裡面，華夏與戎諸少數族之間有一條似乎是不可逾越的界限。管仲對齊桓公所說「戎狄豺狼，不可厭也。諸夏親昵，不可棄也」[32]，周大夫富辰謂「狄，豺狼之德也」，「狄，封豕豺狼也，不可厭也」[33]，可謂是代表性質的言論。春秋中期，周定王曾經談及周王朝對於戎狄的看法和禮節，謂「夫戎、狄，冒沒輕儳，貪而不讓，其血氣不治，若禽獸焉。其適來班貢，不俟馨香嘉味，故坐諸門外，而使舌人體委與之」[34]。這是一派相當典型的對於戎狄表現輕蔑的言辭，周王朝接待戎狄使臣是最差的禮節，甚至讓其使臣坐到門外。春秋前期周襄王聯絡狄人伐鄭的時候，周大夫富辰力諫，認為鄭為姬姓諸侯國，而狄則與周關係疏遠，所以「棄親即狄，不祥」[35]。他說：「耳不聽五聲之和為聾，目不別五色之章為昧，心不則德義之經為頑，口不道忠信之言為嚚。狄皆則之，四奸具矣。」[36] 其將狄人視為愚昧落後的

---

32 《左傳・閔公元年》。
33 《國語・周語中》。
34 《國語・周語中》。
35 《國語・周語中》。
36 《左傳・僖公二十四年》。

典型顯然是錯誤的。春秋前期，周將陽樊之邑賜晉，邑人不服，晉即派兵圍攻陽樊，邑中的倉葛就曾經說：「夫三軍之所尋，將蠻、夷、戎、狄之驕逸不虔，於是乎致武。」[37] 認為蠻、夷、戎、狄諸族若不聽令，才可以動武使其順服，認為晉軍圍攻陽樊是錯誤的做法。周卿單襄公也曾謂「蠻夷戎狄，不式王命，淫湎毀常，王命伐之，則有獻捷，王親受而勞之，所以懲不敬、勸有功也」[38]，也認為只有蠻夷戎狄才是華夏諸國的討伐物件。

華夏諸國的這種敵愾意思，實際上是周代實施分封制的必然結果。按照周代分封制的原則，姬姓諸侯國實為以周王朝為核心的諸侯國的中堅力量，再擴大一些便是夏、商後裔。春秋時期諸侯爭霸的時候，華夷之辨的主要目的在於加強姬姓諸侯國之間的連繫。春秋後期，由於邾、莒等東夷小國的控告，所以晉將赴晉的魯國大臣季孫意如關押起來，魯臣子服惠伯就向晉國正卿中行穆子講了一番道理，謂：「魯事晉，何以不如夷之小國？魯，兄弟也，土地猶大，所命能具。若為夷棄之，使事齊、楚，其何瘳於晉？親親、與大，賞共、罰否，所以為盟主也。」[39] 其主旨是在講，按照分封制的原則，魯與晉為兄弟之國，晉國理應予以照顧，因為晉與魯的關係要比與邾、莒等夷族國家的關係要近得多。所謂「親親」，意即親近所當親的兄弟之國，夷族小國當然

37 《國語·周語中》。
38 《左傳·成公二年》。
39 《左傳·昭公十三年》。

要排除在「親親」範圍之外。魯昭公二十三年（前519年）邾與魯爭訟於晉，晉要讓魯國使臣叔孫婼與邾國君主對簿公堂，叔孫婼即謂「列國之卿，當小國之君，固周制也。邾又夷也。寡君之命介子服回在，請使當之，不敢廢周制故也」[40]。他所舉出的關鍵理由在於華夏諸侯國的使臣要比夷狄小國的君主高貴得多，所以只能讓魯國使臣的介副與邾君對質訴訟。叔孫婼稱其為「周制」，可見在當時的制度和觀念裡面，華夏與夷狄的地位是不可相提並論的。魯定公十年（前500年）齊魯兩國君主夾谷之會的時候，齊景公唆使萊人欲劫持魯定公，孔子指揮魯國軍隊自衛，並且說：「兩君合好，而裔夷之俘以兵亂之，非齊君所以命諸侯也。裔不謀夏，夷不亂華，俘不干盟，兵不偪好。」[41] 所謂的「裔」，指華夏諸侯國以外的區域。「裔不謀夏，夷不亂華」，確是春秋戰國時期華夏諸侯國共同的觀念。

就社會經濟文化發展水準而言，華夏諸國一般說來要比諸少數族的國家和地區先進，但也並非絕對如此，諸少數族的經濟與文化對於華夏諸國也有相當的影響。戰國時期趙武靈王的胡服騎射就是一個例證。趙武靈王的叔父公子成對於諸少數族採取鄙視的態度，謂「中國者，聰明睿知（智）之所居也，萬物財用之所聚也，賢聖之所教也，仁義之所施也，詩書禮樂之所用也，異敏

---

[40] 《左傳·昭公二十三年》。
[41] 《左傳·定公十年》。

技藝之所試也，遠方之所觀赴也，蠻夷之所義行也」[42]。在他看來，蠻夷只有學習華夏諸國的份兒，而華夏諸國怎麼可以學習少數族的習俗呢？趙武靈王與公子成的認識不同，他說：「被髮文身，錯臂左衽，甌越之民也。黑齒雕題，鯷冠秫縫，大吳之國也。禮服不同，其便一也。是以鄉異而用變，事異而禮易……中國同俗而教離，又況山谷之便乎？」[43]。對於服飾習俗的區別，趙武靈採取了客觀的態度，認為少數族的習俗也有可取之處，因為「禮服不同，其便一也」。從總的情況看，諸少數族在春秋戰國時期吸收了先進的華夏文化，並且逐漸融合進了華夏族，可是諸少數族也各自有自己經濟與文化發展的特點，華夏族與諸少數族的融合實際上是一個相互學習和促進的過程。

第三節 ▶ 華夏族的形成

華夏族的形成，一方面是華夏族內部的融合，另一方面則是華夏族與各少數族的融合。

西周時期，以夏、商、周為主要族源的華夏族已經開始融合，至春秋戰國時，穩定的華夏民族共同體已然形成，秦的統一，正是建立在華夏民族共同體形成基礎之上。

夏、商、周三族生活中心區域大體相同，文化前後相繼，經

42 《戰國策・趙策二》。
43 《戰國策・趙策二》

過周代禮樂文明的浸潤，華夏族融合的趨勢進一步增強。夏人生活的中心區域是今晉南、豫西、豫中一帶；商人的影響則擴展至長江中游、下游地區；周人的影響範圍則更加擴大，北至燕山地區，南至江漢地區，東至濱海。周人曾經說「我自夏以后稷，魏、駘、芮、岐、畢，吾西土也。及武王克商，蒲姑、商奄，吾東土也；巴、濮、楚、鄧，吾南土也；肅慎、燕、亳，吾北土也」。在西周時期，周人居於西土，殷人居於東土，各少數族居於南北，其居住格局基本形成，周人影響較夏、商時期進一步擴大。但就中心區域而言，三族活動不外晉、豫、陝地區，這就為族群的融合、文化的傳承提供了有利條件。

在周初的分封中，除了分封姬姓周族，還分封有異姓氏族，若干夏人的後裔、商遺民也得到封土，這些便構成了西周的諸夏。甚至在姬姓諸侯國中，也生活有其他族姓的人們。如周公之子伯禽分封於魯，同時到魯的還有「殷民六族，條氏、徐氏、蕭氏、索氏、長勺氏、尾勺氏」。在魯的都城還有殷人的「亳社」。不同的族群通過分封，生活在共同的地域組織中，加快了族群的融合。夏、商、周三族在文化方面雖有差異，但也有繼承，孔子說「殷因於夏禮，所損益可知也；周因於殷禮，所損益可知也」[44]，共同的文化底蘊為族群的融合奠定了基礎。建立在分封制與宗法制基礎上的西周是一個多族群的國家，在各族的相互交流、相互滲透、相互吸收過程中，民族融合的趨勢日益增強。

---

44 《論語・為政》。

春秋時期，夏、商、周三族進一步融合。同時，諸夏與諸少數族之間的融合也加快了步伐。春秋時期由民族大遷徙，各諸侯國爭霸引起的各族雜居混處。西周時期比較固定的民族分布格局、族群關係被打破。一方面是諸夏與少數族的爭鬥，史載「南夷與北狄交，中國不絕若線」[45]；一方面則是交流與融合，諸夏與少數族通婚的例子屢見不鮮。《國語·周語中》記載：「王（周襄王）德狄人，將以其女為后，富辰諫曰：『不可。夫婚姻，禍福之階也。由之利內則福，利外則取禍。今王外利矣，其無乃階禍乎？昔摯、疇之國也由大任，杞、繒由大姒，齊、許、申、呂由大姜，陳由大姬，是皆能內利親親者也。昔鄅之亡也由仲任，密須由伯姞，鄶由叔妘，聃由鄭姬，息由陳媯，鄧由楚曼，羅由季姬，盧由荊媯，是皆外利離親者也。』王曰：『利何如而內，何如而外？』對曰：『尊貴、明賢、庸勛、長老、愛親、禮新、親舊。然則民莫不審固其心力以役上令，官不易方，而財不匱竭，求無不至，動無不濟。百姓兆民，夫人奉利而歸諸上，是利之內也。若七德離判，民乃攜貳，各以利退，上求不暨，是其外利也。夫狄無列於王室，鄭伯南也，王而卑之，是不尊貴也。狄，豺狼之德也，鄭未失周典，王而蔑之，是不明賢也。平、桓、莊、惠皆受鄭勞，王而棄之，是不庸勛也。鄭伯捷之齒長矣，王而弱之，是不長老也。狄，隗姓也，鄭出自宣王，王而虐之，是不愛親也。夫禮，新不間舊，王以狄女間姜、任，非禮且

45 《公羊傳·僖公四年》。

棄舊也。王一舉而棄七德，臣故曰利外矣。』《書》有之曰：『必
有忍也，若能有濟也。』王不忍小忿而棄鄭，又登叔隗以階狄。
狄，封豕豺狼也，不可厭也。』王不聽」。在這裡，富辰所代表
的言論固然可視為春秋時期一般華夏族對戎狄所採取的態度，但
周襄王以狄女為后的做法，無疑說明諸夏與諸少數族的融合、交
匯。又如晉文公在繼位之前，逃亡至狄時，「狄人伐廧咎如，獲
其二女：叔隗、季隗，納諸公子。公子取季隗，生伯鯈、叔劉，
以叔隗妻趙衰，生盾。將適齊，謂季隗曰：『待我二十五年，不
來而後嫁。』對曰：『我二十五年矣，又如是而嫁，則就木焉。
請待子。』處狄十二年而行。」[46] 廧咎如是狄之一支，重耳（即
以後的晉文公）娶狄女，其隨從之士，著名的趙衰亦娶狄女。晉
由於地理原因之故，與狄接觸甚多，在頻繁的接觸、交往中，在
晉人的觀念中，已沒有富辰那樣嚴格的「內外」觀念。而重耳所
娶的季隗，從其言辭中，可見受華夏文化影響甚深，表明華夏族
與少數族融合達到了一定程度。

　　在與諸少數族的鬥爭中，以夏、商、周三族為主體的華夏文
化逐漸形成。春秋時期，五霸中的齊、晉與北方的戎狄進行鬥
爭，又成功地牽制了南方楚國的力量，客觀上有利於三代文化的
積澱與蓄積，為華夏文化主幹的進一步鞏固創造了條件。

　　春秋時期，齊國的齊桓公採納臣下管仲的建議「尊王攘
夷」。當時，戎狄勢力很盛，對華夏族威脅很大。西元前六六一

46 《左傳・僖公二十三年》。

年，狄伐邢（邢臺）。邢國為周公之胤，雖為小國，然為周文化的正統。西元前六六〇年，狄又破衛，衛人棄城而逃。衛國也是周初分封的重要國家之一，是周文王兒子的封國。關於狄人攻打衛國的情況，《左傳》閔公二年記載：「冬十二月，狄人伐衛，衛懿公好鶴，鶴有乘軒者。將戰，國人受甲者皆曰：『使鶴！鶴實有祿位，余焉能戰！』……及狄人戰於熒澤，衛師敗績，遂滅衛。……及敗，宋桓公逆諸河，宵濟，衛之遺民男女七百有三十人，益之以共、滕之民為五千人。立戴公以廬於曹」。衛懿公由於昏庸無能，根本無力抵擋狄人的進攻，被狄人打得落花流水。逃往的衛人渡過黃河後，得到宋桓公的幫助，總共只剩下男女老少七百多人。邢與衛幾到亡國滅祀的邊緣。這時，「（齊桓公）使公子無虧帥車三百乘，甲士三千人以戍曹……僖之元年，齊桓公遷邢於夷儀。二年，封衛於楚丘」。齊桓公幫助兩個周室正統小國復國，避免了絕姓滅祀的後果。史書記載，齊桓公救助的作用好極了，使得「邢遷如歸，衛國忘亡」。當邢衛遭夷狄進攻之時，管仲力勸桓公救邢存衛，結果，齊國的拯救一方面使得周之邦國免於戎狄的蹂躪，另一方面也提高了齊國在中原諸國中的威信。

齊國一方面抗擊北方的戎狄，一方面抵擋南方楚國對中原的進攻。楚在春秋已是文化發展水準很高的民族，應屬華夏族之一部。但楚地處南方，受群蠻、百濮包圍，衣服語言具有南方民族特色，不同於中原，所以自稱「我，蠻夷也」。春秋時期，楚國在南方休養生息，逐漸強大之後，意欲北進，成為齊國的對手。齊國與楚國的爭鬥不可避免。《左傳》僖公四年記載：「四年春，

齊侯以諸侯之師侵蔡，蔡潰，遂伐楚。」楚子使與師言曰：「君處北海，寡人處南海，唯是風馬牛不相及也，不虞君之涉吾地也，何故？」楚人又說：「君若以德綏諸侯，誰敢不服？君若以力，楚國方城以為城，漢水以為池，雖眾，無所用之。」齊楚兩國勢均力敵，大的戰爭會導致兩敗俱傷。後來，兩國舉行了召陵之盟。這次盟會，齊國雖未能完全壓服楚國，但在事實上遏制了楚國北進的勢頭。關於齊桓公之於華夏文化的貢獻，顧頡剛先生曾指出：「為了周平王的微弱，鄭莊公的強暴，使得中原諸國化作一盤散沙，而楚人的勢力這般強盛，戎狄的馳騁又這等自由，夏、商、周以來積累了千餘年的文化真動搖了。齊桓公處於如此艱危的時局，靠著自己的國力和一班好輔佐，創造出『霸』的新政治來，維持諸夏的組織和文化，使得各國人民在這均勢小康的機構之下慢慢作內部的發育，擴充智慧，融合情感，整齊國紀，畫一民志，所以霸政行了百餘年，文化的進步真是快極了，戰國時代燦爛的建設便是孕育在那時的。這真是中國歷史上一個該注意的人物！……可憐桓公一死，中原諸國依然是一盤散沙……齊桓公的霸業已全部倒壞了。在這間不容髮的時候，黃河上游的唯一姬姓大國而且有大才幹的君主晉文公就接從齊桓公而起，擔負了第二度尊王攘夷的責任。」

晉文公稱霸之前，楚國勢力北上，狄人南下，這種形式較齊桓公稱霸時，更加險惡。晉文公執掌國政後，史書記載他「救乏振滯，匡困資無，輕關易道，通商寬農，懋穡勸分，省用足財」，這樣的政策有利於生產的發展，使「政平民阜，財用不

匱」⁴⁷，為霸業打下了基礎。

晉文公之時，狄人的勢力很強。晉大夫士蒍曾說「秦、狄、齊、楚皆強」，將狄與春秋時期的霸主並列，可見其國力之強。晉國鄰近戎狄，所以長期以來與戎狄的鬥爭不間斷。西元前六四四年，「狄侵晉，取狐、廚、受鐸，涉汾，及昆都」。在與狄人的箕之役中，晉的中軍帥先軫壯烈犧牲。晉文公之時，國力強盛，打退了狄族，對於狄人的南下起到了抵擋作用。

晉文公稱霸中原時，楚國的國力也很強盛。楚國北上，勢必與晉為敵。西元前六三二年，晉人聯合秦、齊、宋，出兵車七百乘，與楚國在城濮展開了決戰，楚師敗績。城濮之戰是春秋前期最大的一次戰爭，楚國在擴張中遭到嚴重打擊。關於晉文公在保護華夏文化中的作用，顧頡剛先生說：「晉文公的主要功績是城濮之役遏住了楚國，使他們不得向北發展。晉襄公的主要功績是殽之役遏住了秦國，使他們不得向東發展。有了他們父子，春秋時的中原諸國才獲得休養生息的機會，才漸漸孕育了後來諸子百家的燦爛文化。而且秦晉兩國又有同樣的成就，秦的成就是融化了西戎，晉的成就是融化了狄人……秦晉兩國都費了長期的心思和勞力去經略他們，名義上是把這些部落一個個的剪滅，而實際上卻是把全部戎狄民眾的文化提高了，好使他們和中原民眾站在平等的地位。到戰國時就再沒有所謂『華夏』和『戎狄』的區別了。」

諸夏內部文化的交流、匯合，加之諸夏與其他少數族文化的融合，使得一個並非單純的夏、商、周，也非單純的蠻夷戎狄，而是融合了所有諸族的華夏族逐漸形成。

戰國時期的民族融合，其程度更深，範圍更廣。春秋時期的五霸至戰國時期演變為齊、魯、燕、韓、趙、魏、秦七個大國。不斷的爭霸戰爭，在客觀上造成了民族大遷徙、大交流，華夏族與其他少數民族接觸頻繁，從而密切了華夏族與其他各族的連繫。例如，戰國時期趙國與周邊少數族的關係既有爭鬥又有融合。趙國被中山、燕、林胡、樓煩、東胡等少數族國家包圍。特別是中山國，本為白狄之一支，戰國時期力量強大，為趙的心腹之患。趙武靈王即位（西元前 325 年）後，他的目標是「兼戎取代，以攘諸胡」，但情況沒有得到根本改變。在繼位十八年後，他放棄了中原傳統的衣冠制度和作戰形式，開始學習北方遊牧族軍事上的優點，推行「胡服騎射」，改中原地區的寬袖長袍為短衣緊袖、皮帶束身、腳穿皮靴的胡服，適應了騎戰的需要。《史記·趙世家》記載：

十九年春正月……（趙武靈王）召肥義與議天下，五日而畢。王北略中山之地，至於房子，遂之代，北至無窮，西至河，登黃華之上。召樓緩謀曰：「我先王因世之變，以長南藩之地，屬阻漳、滏之險，立長城，又取藺、郭狼，敗林人於荏，而功未遂。今中山在我腹心，北有燕，東有胡，西有林胡、樓煩、秦、韓之邊，而無疆兵之救，是亡社稷，奈何？夫有高世之名，必有遺俗之累。吾欲胡服。」樓緩曰：「善。」群臣皆不欲。於是肥義侍，王曰：「簡、襄主之烈，計胡、翟之利。為人臣者，寵有

孝弟長幼順明之節，通有補民益主之業，此兩者臣之分也。今吾欲繼襄主之跡，開於胡、翟之鄉，而卒世不見也。為敵弱，用力少而功多，可以毋盡百姓之勞，而序往古之勳。夫有高世之功者，負遺俗之累；有獨智之慮者，任騖民之怨。今吾將胡服騎射以教百姓，而世必議寡人，奈何？」肥義曰：「臣聞疑事無功，疑行無名。王既定負遺俗之慮，殆無顧天下之議矣。夫論至德者不和於俗，成大功者不謀於眾。昔者舜舞有苗，禹袒裸國，非以養欲而樂志也，務以論德而約功也。愚者闇成事，智者睹未形，則王何疑焉。」王曰：「吾不疑胡服也，吾恐天下笑我也。狂夫之樂，智者哀焉；愚者所笑，賢者察焉。世有順我者，胡服之功未可知也。雖驅世以笑我，胡地中山吾必有之。」於是遂胡服矣。

　　趙武靈王決心施行胡服騎射之時，曾諮詢臣下的意見，肥義即以「昔者舜舞有苗，禹袒裸國」，古代的聖賢舜禹亦不以正宗自矜而吸收少數族文化，採納少數族禮俗來鼓勵靈王推行改革。趙武靈王及其臣下在眾人反對的情況下，能夠對中原正統文化進行改革，吸收少數族文化因素，實是戰國時期民族文化融合的典範。

　　隨著各民族交往連繫的頻繁，相互學習，相互促進，使整個社會經濟獲得了發展，各族融合，形成了以秦、楚、晉、燕、齊等為中心的融合區域。當時東夷族多融於齊與魯，東北諸族則融合於燕，而中原的韓、趙、魏則吸收了居住於黃河流域乃至北方的少數族。南方的楚國與西部的秦國，在諸侯角逐中發展壯大，楚先後打敗、征服長江流域的諸蠻、群濮以及淮河流域的夷人，

將其融入自己的族群系統中。雄踞西方的秦國，本為文化落後而為中原各國所鄙視，在經過一系列的變革後，蛻變成最強大的國家。在與西方諸戎的爭鬥中，不斷吸收戎族的力量而壯大自我，成為西戎融合的中心，為後代統一中國奠定了基礎。

從春秋初的上百個邦國，到戰國時期而為十幾個大國，表明地區性的統一已經完成。這種區域性的融合，為華夏族的整體融合，提供了可能。在爭鬥與融合中，一個新的民族華夏民族形成了。

第二章
中華民族精神的奠基

第一節 ▶ 百家爭鳴與華夏精神

春秋戰國時期的百家爭鳴對於華夏民族精神的形成，有著深遠的影響。

儒家的代表人物孔子，他的思想是華夏民族精神中的重要組成部分。孔子的思想由周公之道而來。周公不僅協助周文王、周武王開創周王朝數百年的基業，而且創制建章、廣發誥命、闡明思想。孔子在繼承周公理論的基礎上，開創具有極大影響的儒家學派，提出仁學、禮學理論，構築起中華民族精神的核心。自漢魏時代開始，人們常將「周孔」連稱，用以表示傳統的精神文化。如《抱樸子・明本》篇謂：

儒者，周孔也，其籍則六經也，蓋治世存正之所由也，立身舉動之準繩也，其用遠而業貴，其事大而辭美，有國有家不易之制也。

此書作者是以此論為辯論的靶子來講此問題的，但也在客觀上反映了「周孔」的影響之大，說明當時社會上是以「周孔」的理論為「治世存正之所由」（治理天下國家的必由之路）以及「立身舉動之準繩」（個人立身的行為準則）。到了宋元時期，人們

以「周孔之道」[1] 相稱。

　　關於周公，史載東征之後，周公開始制禮作樂。制禮作樂，開創了有周一代的制度與文化精神。分封制是周王朝的立國之本，相傳周武王除了封「三監」之外，還曾經「褒封」古代聖賢之後以及「實封」功臣謀士 [2]，而周公東征平叛之後所進行的分封，則與武王時期的分封很不同，他非常強調宗法血緣關係，對於功臣及有影響的其他方國部落首領只是兼顧而已。《左傳》僖公二十四年載，春秋時人追述周初實行分封制的情況時謂：「周公吊二叔之不咸，故封建親戚以蕃屏周。管、蔡、郕、霍、魯、衛、毛、聃、郜、雍、曹、滕、畢、原、酆、郇，文之昭也。邢、晉、應、韓，武之穆也。凡、蔣、邢、茅、胙、祭，周公之胤也。」這個記載明確指出，行「封建」者是「周公」。記載還表明周初所分封的主要諸侯是與周王室血緣關係很近的貴族，這就保證了分封制度的實施完全貫穿著宗法精神，使得分封與宗法構成了周王朝的兩大支柱，猶如車之兩輪、鳥之兩翼。考之殷代，並無特別的制度建立，周公卻開創性地確立了分封制與宗法制，從此便具有了明確的典章文物。王國維在《殷周制度論》一文中曾經指出，周代一統天下之策，實存在於各項建制之中。周

1　關於周孔之道，《宋大詔令集》卷第二百二十四載「堯舜周孔之道」，又稱「堯舜周孔之教」。理學家張載講「周孔之道」的思想意義謂：「釋氏之學，言以心役物，使物不役心；周孔之道，豈是物能役心？」（《張載集・經學理窟・義理》）是皆為證。

2　《史記・周本紀》。

王朝國祚綿延久遠，確立八百年基業，與制度的創建密不可分，周公可謂具有首屈一指的功勞。

周公制禮作樂，是對於古代禮制傳統的承繼。《孟子·離婁下》說：「周公思兼三王，以施四事，其有不合者，仰而思之，夜以繼日；幸而得之，坐以待旦。」所謂「三王」、「四事」，即禹湯文武三代聖王的事蹟。夏商以至西周，文化已積累了近千年，周公制禮作樂，可說是對夏商以來文化傳統的繼承。另一方面，制禮作樂又是對傳統的推陳出新。史載，周公此舉的目的在於以禮樂規範人心，其中已含有濃厚的聲教風紀之意蘊。並且，《中庸》篇載孔子語謂「周公成文武之德，追王大王、王季，上祀先公以天子之禮。斯禮也，達乎諸侯大夫，及士庶人」，可見周公所制禮樂並不局限於貴族階層，而是全社會共同的行為準則。在周王朝確立之初，周公就以禮樂來引導教育民眾，這是周公對傳統的發展。周公制禮作樂，促進了周人的文化進步，也從根本方面推動了華夏文明的進程。

周公是偉大的思想家。周公的治國措施和為政思想十分豐富，著名的周初八誥，多為周公言論，其中包含了大量治國平天下的內容，在很大程度上開啟了儒家學派的思想。周公特別強調了文王之「德」的重要性，他在分封康叔時說：「惟乃丕顯考文王，克明德慎罰，不敢侮鰥寡，庸庸，祗祗，威威，顯民。」殷人沉迷於天命，周公卻提出「明德慎罰」，開啟了中國古代政治中重視「德」的傳統。周公非常重視民眾的意向，他說：「敬哉！天畏棐忱，民情大可見，小人難保，往盡乃心，無康好逸豫，乃其乂民……若保赤子，惟民其康乂。」他主張對待民眾要

像對待自己幼小的兒子那樣關愛保護，民眾才會安康。他還提出
應當效法周先王太王、王季、文王，像他們那樣「克自抑畏……
即康功田功，徽柔懿恭，懷保小民，惠鮮鰥寡……不敢盤於游
田，以庶邦惟正之供」[3]。「明德慎罰」、「懷保小民」是周公治
國的根本原則，儒家孔子的「德政」思想、孟子的「仁政」思想
實際上導源於此。周公的思想對儒家有深刻的影響，難怪以復興
周公之道為己任但又四處碰壁的孔子感慨地說：

　　甚矣吾衰也，久矣吾不復夢見周公！[4]

　　孟子曾盛讚禹、周公、孔子為「三聖」[5]，周公、孔子實在
是中國上古時代兩位最重要的思想家！後人講中華傳統文化，以
「周孔之道」相稱許，是有深刻原因的。

　　孔子所開創的儒家學派以宣導「仁學」為中心。孔子從多個
角度深入闡明「仁」的內涵及原則[6]。如謂：

　　人而不仁，如禮何？人而不仁，如樂何？[7]

　　這是講「仁」跟禮、樂的關係，實際上是強調仁為禮樂之
本。周代為宗法禮樂的時代，禮樂浸透著宗法精神。在春秋時期
的社會變革中，孔子敏銳地覺察到傳統禮樂的不足。但他不是否

3　《尚書‧無逸》。
4　《論語‧述而》。朱熹《論語集注》卷四引程子說謂：「孔子盛時，寤
　　寐常存行周公之道；及其老也，則志慮衰而不可以有為矣。蓋存道者
　　心，無老少之異；而行道者身，老則衰也。」
5　《孟子‧滕文公下》。
6　據統計，《論語》一書中講「仁」者有一百餘處之多。
7　《論語‧八佾》。

定禮樂，而是給傳統的禮樂注入新的精神——那就是「仁」，或有論者強調孔子思想的中心是其「禮」學，這種說法雖然不為誤，但卻不夠準確。孔子雖然非常強調「禮」，但那多表示他對於傳統的固守，其目的是在以傳統為武器而糾時弊。孔子所提出的新理念、新思想是其「仁」學。這是孔子思想及理論對於傳統的發展，而非守望。孔子還強調指出：

> 富與貴是人之所欲也，不以其道得之，不處也；貧與賤是人之所惡也，不以其道得之，不去也。君子去仁，惡乎成名？君子無終食之間違仁，造次必於是，顛沛必於是[8]。

這裡是強調「仁」對於個人修養的重要意義，他認為無論在何種處境下，人都應當堅持「仁」的原則。後來曾子發展了孔子的這個學說，謂：「士不可以不弘毅，任重而道遠。仁以為己任，不亦重乎？死而後已，不亦遠乎？」[9] 儒家學派把貫徹「仁」的原則作為終生任務而堅守，可見它對於個人修養的重要性。那麼，什麼是「仁」呢？孔子在和弟子顏淵的討論中有所闡述：

> 顏淵問仁。子曰：「克己復禮為仁。一日克己復禮，天下歸仁焉。為仁由己，而由人乎哉？」顏淵曰：「請問其目。」子曰：「非禮勿視，非禮勿聽，非禮勿言，非禮勿動。」顏淵曰：「回雖不敏，請事斯語矣。」[10]

---

8 《論語・里仁》。
9 《論語・泰伯》。
10 《論語・顏淵》。

　　「克己復禮」是一個古老的命題，孔子曾說：「古也有志，克己復禮，仁也，信善哉！」[11] 關於「克己」的意思，前人多從壓抑私欲的角度進行理解。漢儒馬融說「克己」意為「約身」。朱熹作了進一步的推衍，謂「克，勝也。己，謂身之私欲也……為人者必有以勝私欲而複於禮」[12]。學者多批評朱熹此說「先有成見」，孔子之說「止言克己，並未言私欲」[13]。明清之際大儒王船山曾經從佛學與儒學對比的角度探究此中的道理。他指出：

　　過欲有兩層，都未到存理分上：其一，事境當前，卻立著個取捨之分，一力壓住，則雖有欲富貴、惡貧賤之心，也按捺不發。其於取捨之分，也是大綱曉得，硬地執認，此釋氏所謂「折服現行煩惱」也。其一，則一向欲惡上情染得輕，又向那高明透脫上走，使此心得以恆虛，而於富貴之樂、貧賤之苦未交心目之時，空空洞洞著，則雖富貴有可得之機，貧賤有可去之勢，他也總不起念。繇他打點得者心體清閒，故能爾爾，則釋氏所謂「自性煩惱永斷無餘」也。釋氏棋力、酒量，只到此處，便為絕頂。繇此無所損害於物，而其所謂「七菩提」、「八聖道」等，亦只在者上面做些水墨工夫。聖學則不然。雖以奉當然之理壓住欲惡、按捺不發者為未至，卻不恃欲惡之情輕，走那高明透脫一路。到底只奉此當然理以為依，而但繇淺向深，繇偏向全，繇

11　《左傳・昭公十二年》。
12　朱熹：《論語集注》卷六。
13　程樹德：《論語集釋》卷二十四（上）。

生向熟，繇有事之擇執向無事之精一上做去；則心純乎理，而擇夫富貴貧賤者，精義入神，應乎富貴貧賤者，敦仁守土。繇此大用以顯，便是天秩天敘。所以說「一日克己復禮，天下歸仁」，非但無損於物而以虛願往來也[14]。

王船山用理學的觀念指出，「克己」就是將心思用於「天理」（「心純乎理」），達到「精一」「入神」的地步，完全自動地、自由地進行自己合理的行動與思考。王船山所說的「理」就是孔子所說的「為仁由己」的「仁」。就人的外在行為看是一切依禮而行，可是人的內心世界卻是實踐貫徹「仁」的原則。後世學者多認同先儒所釋「克己」乃「卑身自下」的說法。其實，此說並不能否定朱熹之說，朱熹說的缺點在於它將此一命題引向「性惡論」，而卑身自下之說，卻遠離了人性，亦未必符合孔子之意。關於人的本性問題，孔子僅謂「性相近，習相遠」，並未涉及人性的善惡問題，或者是他認為人性中有善亦有惡，即人性本身即包括了善惡。然而，我們仔細考慮，便可以發現，無論是性善論，抑或是性惡論，都是站在人之外的立場上的旁觀。就人自身而言，是很難說自己澈底體會到了善、惡問題。人在多數情況下，只是處於自然狀態，人能夠將自己的位置擺正確了，也就往往會遠惡而向善。人在社會中的正確位置，實際上是人我關係的最佳狀態，是對於自己和他人關係的正確理解。孔子的「克己復禮」觀，實質上是一種對於他人關愛、理解、幫助的博大胸襟。

14 王夫之：《讀四書大全說》卷四，里仁四。

關於「克己」的理解，對比約身說和卑身說，可能後者更準確一些，但前說亦不可廢，因為它畢竟接觸到了問題的一個方面。

孔子思想經由後學，特別是曾子一系的傳播，到了孟子的時候達到了另一個高峰。對於中華民族的民族精神的形成，孟子思想中最有影響的內容之一，是他的「浩然之氣」說。孟子思想中那種「富貴不能淫，貧賤不能移，威武不能屈」[15] 的「大丈夫」氣概，「民為貴，社稷次之，君為輕」[16] 的仁政思想，這些都可以說是孟子所說的「浩然之氣」的外在體現。

「浩然之氣」是孟子所提出的在強烈道德感支配下出現的一種至大至剛的豪邁無比的精神狀態，它對於塑造中華民族精神的氣質產生了積極而重要的影響。這種浩然之氣產生的前提條件是不受外物的引誘而堅持正義。孟子所提出的「直養而無害」，是他所認為的培養「浩然之氣」的基本方法。孟子在其「浩然之氣」的理論闡述中，既重視內心誠意與自省，又沒有忽略客觀實踐，其理論的積極意義應當受到充分肯定。

孟子的「浩然之氣」說，發展了中華傳統文化中那種一往無前、勇敢奮鬥的精神，成為民族精神的寶貴財富。宋元之際，文天祥在《過零丁洋》詩中，慷慨誓言「人生自古誰無死，留取丹心照汗青」，充分顯示了堅貞不屈的英雄氣概。這種氣概，就是孟子所說的那種浩然之氣。可以說歷代的仁人志士，為了國家和

---

15 《孟子·滕文公下》。
16 《孟子·盡心下》。

民族英勇奮鬥，大義凜然，其業績可歌可泣、感天動地，追本溯源，都可以說是這種民族精神薰陶的結果。

儒家的仁義、博愛思想到了戰國時期逐漸發展成為《易傳》的「厚德載物」理論。《易·坤卦·象傳》謂「地勢坤，君子以厚德載物」。為什麼厚德可以載物呢？前人解釋或謂坤者順也。謂「地順承天道，其勢是順於天道」[17]。此說雖然不誤，但不若以厚重釋「坤」之意蘊更好。坤卦之卦象乃上坤下坤之形，坤為地，兩坤相合，厚也。《中庸》以博厚為釋，得之。《中庸》謂：「至誠無息。不息則久，久則徵，徵則悠遠，悠遠則博厚，博厚則高明。博厚，所以載物也；高明，所以覆物也；悠久，所以成物也。博厚配地，高明配天，悠久無疆。」依照此說，「博厚」便是「載物」的根本原因。古人以大地之廣大無垠，「載華岳而不重，振河海而不泄」（《中庸》），聯想到人的品德之淳厚博愛方可具有兼容並包的氣度，故謂之「厚德載物」。厚德載物，表明了中華民族精神中的那種博大胸襟和包容一切、理解一切的氣度。在這種寬容精神指引下，中華民族不僅使自身得以不斷發展壯大，而且能有放眼縱觀世界的眼光。

中華民族自強不息而屹立於世界民族之林。這種精神的概括源於《易》。《易·乾卦·象傳》曰：「天行健，君子以自強不息。」宋儒解釋說：「夫天，豈以『剛』故能『健』哉！以『不息』故『健』也。流水不腐，用器不蠹，故君子莊敬日強，安肆日

17 高亨：《周易大傳今注》，齊魯書社 1979 年版，第 78 頁。

偷。強則日長，偷則日消。」[18] 中華民族雖然歷經磨難，但不僅沒有如同世界上有些民族那樣遇難而沉淪消亡，而是戰勝困難，繼續前進。不是多難而亡，而是多難興邦。這正是自強不息精神的體現。中華民族的這種民族精神的建立，基於長時期的人們對於天地自然與社會人生的考察與哲理思考，正如《易‧繫辭》所說：「仰則觀象於天，俯則觀法於地，觀鳥獸之文與地之宜，近取諸身，遠取諸物，於是始作八卦，以通神明之德，以類萬物之情。」將天地自然融入於哲思，並且考慮到「萬物之情」，以之來指導社會人生，其精神之深厚自在情理之中。關於自然與社會的關係雖然時至今日研究得還很不夠，但是我們的古人卻能夠在當時的知識背景下提出觀天法地的理論，將自然與社會進行綜合的互動的考察，這是十分寶貴的。從古代文獻記載的資料看，自強不息、厚德載物，這種博大而深刻的民族精神的形成，是有其深厚的歷史根源的。

　　墨子的「兼愛」思想也對華夏精神產生了重大影響。墨子曾經學習過儒家思想，但他後來又對儒家思想進行了批判。《淮南子‧要略》說：「墨子學儒者之業，受孔子之術，以為其禮煩擾而不說，厚葬靡財而貧民，（久）服傷生而害事，故背周道而用夏政。」墨子學說中的一以貫之之道就是為天下除弊興利，他主

---

18 《東坡易傳》卷一。按，此處以「不息」釋「天行」之意，與孔穎達所釋「行者運動之稱」相同。但前人還有釋其為「道」者，意亦可通。「天行」即「天道」，指天運行的規律。兩說相通而不相左。

張「天下皆得其利」[19]，「為萬民興利除害」[20]。為天下之萬民求利的思想，事實上成為中國知識分子的精神傳統。墨子提倡「兼相愛」「交相利」，他認為「兼愛」是為天下萬民求利的唯一方法，他說：

今諸侯獨知愛其國，不愛人之國，是以不憚舉其國以攻人之國。今家主獨知愛其家，而不愛人之家，是以不憚舉其家以篡人之家。今人獨知愛其身，不愛人之身，是以不憚舉其身以賊人之身。是故諸侯不相愛，則必野戰。家主不相愛，則必相篡。人與人不相愛，則必相賊。君臣不相愛，則不惠忠。父子不相愛，則不慈孝。兄弟不相愛，則不和調。天下之人皆不相愛，強必執弱，眾必劫寡，富必侮貧，貴必敖賤，詐必欺愚。凡天下禍篡怨恨，其所以起者，以不相愛生也。是以仁者非之。既以非之，何以易之？子墨子言曰：以兼相愛、交相利之法易之。然則兼相愛、交相利之法將奈何哉？子墨子言：視人之國，若視其國。視人之家，若視其家。視人之身，若視其身。是故諸侯相愛，則不野戰。家主相愛，則不相篡。人與人相愛，則不相賊。君臣相愛，則惠忠。父子相愛，則慈孝。兄弟相愛，則和調。天下之人皆相愛，強不執弱，眾不劫寡，富不侮貧，貴不敖賤，詐不欺愚。凡天下禍篡怨恨，可使毋起者，以相愛生也。是以仁者譽

19　《墨子・尚賢中》。
20　《墨子・尚賢中》。

之。**21**

墨子以一個小手工業者的立場對社會現實進行批判，其對社會下層的影響是顯而易見的。

墨子反對儒家的愛有等差觀念，提倡「愛無厚薄」。墨子認為「兼愛」可以使社會得到救助，實現「老而無妻子者，有所侍養以終其壽。幼弱孤童之無父母者，有所放依以長其身」。

墨子還提出「尚賢」思想。他主張實行賢人政治，如何成為賢人？他說：「為賢之道將奈何？曰：有力者疾以助人，有財者勉以分人，有道者勸以教人。若此，則飢者得食，寒者得衣，亂者得治。若飢則得食，寒則得衣，亂則得治，此安生生。」能夠主動幫助別人，無私地將財物分予他人，不斷地勸誡他人的人，就可以成為賢人。如果君主任用他們來治理國家，則國家就可以富裕，貧窮的人生活就可以獲得改善，混亂的社會局面會變得安定。

墨子所提倡的平等、兼愛、尚賢的社會，是華夏民族追求的理想社會形態之一。

老子是道家學派的創始人，他的「道」的思想，以及由道而來的「無為」「貴柔」，注重事物之間對立面的轉化等思想對華夏民族精神同樣有重大的影響。

中國古代的思想家最為關注的是人生和政治問題，而這些問題又匯合於倫理道德的範圍內。老子哲學的特異之處，就在於他

21 《墨子・大取》。

把思考的範圍，由人生而擴展到整個宇宙，再由宇宙下落到人生。

　　老子思想中的核心是「道」。《老子》全書八十一章中，「道」出現七十四次，他運用多種方法，從不同層次來解說「道」。老子認為，「道」是真實存在的，他說「道之為物，惟恍惟惚，惚兮恍兮，其中有象；恍兮惚兮，其中有物。窈兮冥兮，其中有精；其精甚真，其中有信」，「有物混成，先天地生。寂兮寥兮，獨立不改，周行而不殆，可以為天下母。吾不知其名，強字之曰道」。道雖然沒有固定的形體，但「其中有象」、「其中有物」、「其中有精」、「其中有信」，都說明了它是實有的。道本身雖然不可見、不可隨，但它卻有規律。老子說「反者道之動」，道的總規律是「反」，事物向相反的方向運動發展，同時，也是要返回到最初的狀態。正因為如此，老子認為一切現象都是在相反對立的狀態下形成的，而事物的一切特性都是在這種相對立的狀態下顯現出來的。他說「有無相生，難易相成，長短相形，高下相傾，音聲相和，前後相隨」。他還進一步地說明相反對立的狀態是經常互相轉化的，即「禍兮，福之所倚；福兮，禍之所伏」，這個相反相成的道理，在經驗世界中處處可見，但普通人卻往往忽略。因此，老子主張人們觀察事物不僅要觀看它的正面，也應該注視它的反面，兩方面都能兼顧到，才是對一個事物的全面的了解。例如在雄雌、先後、高下等對立的狀態中，一般人都要逞雄、爭先、登高，老子卻要人守雌、取後、居下。這些都說明對於反面作用的把握比正面的作用更大。

　　自然、無為是老子思想中的重要概念。老子認為任何事物，

都應該順從它自身的情況去發展，不必以外界的意志去制約它。老子的「自然」，意在說明不加任何勉強作為，而任事物自由發展。老子說「人法地，地法天，天法道，道法自然」，這裡不僅道要效法自然，人所要效法的也是自然。老子所說的自然並不是具體存在的事物，而是事物原本如此的一種狀態。老子強調人和事要保持自然。他說「希言自然。故飄風不終朝，驟雨不終日。孰為此者？天地」，「道之尊，德之貴，夫莫之命而常自然」。其意為道、德之所以尊貴，就在於不命令或不干涉萬物，而任其自然化成。這裡所說的自然，都是指沒有強制力量而順其自然的狀態。在政治方面，老子也倡導自然，他說「悠兮其貴言，功成事遂，百姓皆謂：『我自然』」。在老子看來，政治中的自然狀態是：統治者不加政令，實行不言之教。老子的思想在漢初的政治中有所體現，漢代「文景之治」的出現和老子順其自然的思想有一定的關係。

老子還提出無為思想，所謂無為就是順其自然而不加以干預。在無為思想的基礎上，老子提倡無為政治。老子說：「天下多忌諱，而民彌貧……法令滋彰，盜賊多有」，「民之饑，以其上食稅之多，是以饑；民之難治，以其上之有為，是以難治」。在老子看來，這些都是有為政治造成的禍害。對於國家政治，老子主張放任，他說「治大國若烹小鮮」，所謂烹小鮮，就是煮小魚不去腸，不去鱗，以免影響魚的滋味。老子還說「我無為而民自化，我好靜而民自正，我無事而民自富，我無欲而民自樸」，意謂為政如果能夠做到無為，讓人民自我化育、自我發展、自我完善，人民就能夠富足、社會自然能夠和諧。

其實，老子的無為，並不是什麼都不做，都不為，而是含有順其自然、不妄為的意思。老子說，道是「無為而無不為」，道以及天地萬物，都有自己運行的規則，用不著人力去強制安排，因此，政府也無需干涉民眾。老子「自然無為」的觀念運用到政治上，其意義是要讓人民有最大的自主性，允許個人意志和個人願望的充分發展。

　　老子在《道德經》中更提出了「貴柔」思想，他說：

　　人之生也柔弱，其死也堅強。萬物草木之生也柔脆，其死枯槁。故堅強者死之徒，柔弱者生之徒。是以兵強則滅，木強則共，故堅強處下，柔弱處上。

　　……

　　天之柔弱莫過於水，而攻堅強者莫之能先。其無以易之。故弱勝強，柔勝剛，天下莫能知，莫能行。故聖人云：「受國之垢，是謂社稷主；受國不祥，是謂天下王。」正言若反。

　　老子以人體為例，說明人活著的時候，身體柔軟，死去則身體僵硬；草木同樣如此。所以，「堅強」的東西反而容易失去生命，而「柔弱」的東西則更有力量，所以，「柔弱」的東西才更能保有生命力，而堅強的東西則容易被摧毀。老子又以水為例，說天下再也沒有比水更加柔弱的東西了，但水卻能擊垮堅硬的東西。老子認為人們都知道其中的道理，但沒有真正領悟柔弱對人生的意義。由此推論，老子說：

　　不自見，故明；不自是，故彰；不自伐，故有功；不自矜，故長。夫唯不爭，故天下莫能與之爭。古之所謂「曲則全」，豈虛語？故成全而歸之。

老子指出，如果人們意識到「柔弱」對人生的益處，不自我表現，不自以為是，不自我誇耀，不自我膨脹，則會有好的結果。不以剛強與人相爭，則他人無法與其爭。相反，「強梁者不得其死」，逞強好勝者往往沒有好的結果。

與其「柔弱勝剛強」的理論對應，老子主張「處下」「不爭」。他說：

江海所以能為百谷王者，以其善下之，故能為百谷王。是以聖人欲上民，必以言下之；欲先民，必以身後之。是以聖人處上而民不重，處前而民不害，是以天下樂推而不厭。以其不爭，故天下莫能與之爭。

江海處於低下之處，所以能容納百谷千川。聖人具有處下、處後、不爭的性格，所以能夠處於萬人之上。正因為他不與人爭，所以天下沒有人能夠和他爭鬥。老子的思想有其消極之處，但他看到了「柔弱」一方的優勢，有其深刻之處。特別是他江海容納百川而為百谷王的思想，對華夏民族開闊的胸襟、虛懷若谷的氣度有著積極的影響。

老子之後道家思想的另一位大師是莊子。《史記・老子韓非子列傳》說莊子「其學無所不窺，然其要本歸於老子之言」，意謂莊子學術思想的淵源來自老子。他繼承和發展了老子道法自然的觀點，強調事物自生自化。

莊子思想的特點是立足於對個體人生生存困境的思考。人生有種種的困境，其中，死亡構成了人生最大的障礙。莊子說：「人生天地之間，若白駒之過郤（隙），忽然而已。注然勃然，莫不出焉；油然漻然，莫不入焉。已化而生，又化而死，生物哀

之，人類悲之。解其天弢，墮其天帙，紛乎宛乎，魂魄將往，乃身從之，乃大歸乎！」[22] 莊子指出，人的這種存在形式終將泯滅。莊子對它的來臨表現出深切的悲哀，也表現出對人生短促的慨嘆。

並且，莊子認為這是一種非人力所能干預的必然性，是為「命」。這種非人力所能干涉的必然性，不僅決定著人的生死之限，而且制約著人在社會中的種種際遇，他說：「死生存亡，窮達貧富，賢與不肖，毀譽，飢渴寒暑，是事之變，命之行也。」[23] 這種必然性，人是不能干預的，所以莊子說「求其為之者而不得也，然而至此極者，命也夫」[24]。這種未被認識的外在的必然性，就形成了對個體精神自由的障礙和困境。

此外，莊子認為，人除了受到生死的自然大限和時命的約束外，還有一重自我設置的障礙，這就是哀樂之情和利害之欲。莊子指出，哀樂之情是人與生俱來的。他說「人之生也，與憂俱生」[25]，「哀樂之來，吾不能禦；其去，弗能止。悲夫，世人直為物逆旅耳！」[26] 利害之欲也為人的本性所固有，是人所不能免的。他說：「人卒未有不興名就利者。」[27]

人生存在困境，但對於理想的人格來說，必須超越困境。因

22 《莊子·知北遊》。
23 《莊子·德充符》。
24 《莊子·大宗師》。
25 《莊子·至樂》。
26 《莊子·知北遊》。
27 《莊子·盜跖》。

此，莊子所設計的理想人格就是在精神上企圖克服、擺脫必然性。具體來說，就是免除人生困境及超脫生死、時命、情欲之限。莊子說：「何謂真人？古之真人，不逆寡，不雄成，不謨士。若然者，過而弗悔，當而不自得也。若然者，登高不慄，入水不濡，入火不熱，是知之能登假於道者也若此。古之真人，其寢不夢，其覺無憂，其食不甘，其息深深……古之真人，不知說生，不知惡死，其出不訢，其入不距；翛然而往，翛然而來而已。不忘其所始，不求其所終；受而喜之，忘而復之，是之謂不以心捐（損）道，不以人助天，是之謂真人。」[28] 莊子對理想人格的描述事實上主要是超脫於生死和事物之外。

　　莊子還描述了「至人」的精神境界，他說：「芒然彷徨乎塵垢之外，逍遙乎無為之業，彼又惡能憒憒然為世俗之禮，以觀眾人之耳目哉！」[29] 他主張人們安閒無系地神遊於塵世之外，逍遙自在於自然的境地。莊子這種理想人格超脫世俗事務和規範的生活態度，體現出一種安寧恬靜的「定」的心境。他說：「夫至人有世，不亦大乎，而不足以為之累。天下奮柄而不與之偕，審乎無假而不與利遷，極物之真，能守其本，故外天地、遺萬物，而神未嘗有所困也。通乎道，合乎德，退仁義，賓禮樂，至人之心有所定矣。」[30] 莊子的「遊乎塵垢之外」的精神境界是說：當人

---

28 《莊子・大宗師》。
29 《莊子・大宗師》。
30 《莊子・天道》。

們把自己的存在和一種永恆的、無所不包的存在整體結合在一起，即感受到他個人的存在是一種無限時，胸襟就會變得寬廣起來。在此時來審視人間，得失禍福、窮達貧富也就無足掛懷，世俗的紛擾也就化成心境的寧靜。

莊子的思想體現了個人對精神的絕對自由的追求。對這一自由的境界，莊子的描述是：

若夫乘天地之正，而御六氣之辯，以遊無窮者，彼且惡乎待哉！[31]

但是這種自由，在現實中是沒有的，只能在精神世界中表現出來，所以莊子的想像總是翱翔在人世之外。莊子思想的廣漠寬容的心境，行為的超脫無畏，對華夏民族性格的形成有深刻的影響。

春秋戰國時期的「百家爭鳴」，各家學派相互取長補短，形成華夏傳統文化的根本體系，也形成了華夏思想文化兼容並包和寬容開放的特點，是華夏文化的重要組成部分。

第二節 ▶ 民族精神的奠基

中華民族精神是長期構建與積澱的結果。先秦時期是古代中國民族精神構建的時代。夏商周歷經長達千年之久的文化積累，到了周公與孔子的時代進行了兩次大規模的總結。天下一家的統

---

31 《莊子・逍遙遊》。

一精神、自強不息的開拓精神和厚德載物的相容精神構成了古代中國民族精神的基本點。這些精神的奠基是先秦時期所完成並為後世長期所發展的。漢唐雄風展現了古代中國民族精神「外王」方面的開拓，而魏晉玄學和宋明理學則在「內聖」方面有了更為深入的發展。這些都為古代中國民族精神的發揚蹈厲做出了重大貢獻。

周公在平定三監之亂以後所進行的「制禮作樂」，雖然表面上看起來只是以周文化融會夏商文化的具體摹畫，但實質上是一次深刻的精神構建，它用宗法和分封制度將各個地區各個部族的人們廣泛地連絡起來。其網絡結構不僅是政治的、經濟的，更重要的在於它是文化的、精神的，人們有了統一的網絡進行交流，這個網絡就是設計合理而巧妙的宗法與分封制度。在這個網絡中，各個階層的人們都必須共同遵照一些原則精神行事，這樣的原則精神保證了網絡結構的正常運行，從而使周王朝得以穩固。戰國時人曾經這樣揭示構建分封與宗法的良苦用心：

先王之法，立天子不使諸侯疑焉，立諸侯不使大夫疑焉，立適子不使庶孽疑焉。疑生爭，爭生亂。是故諸侯失位則天下亂，大夫無等則朝庭亂，妻妾不分則家室亂，適孽無別則宗族亂。[32]

在這種預設的結構中，各階層人們的社會地位穩定，相維相依又相互牽制、避免爭競。其中所貫徹的精神，在周代影響很大。分封與宗法制度不僅保證了在一個較長時期裡社會政治與秩

32 《呂氏春秋·慎勢》。

序的穩定，而且保證了社會各階層人們精神的和諧。雖然矛盾與衝突還是不可完全避免與忽視，但它畢竟不是社會的主流，從成康之治經昭王南征與穆王西行，以至宣王中興，處處都可以看到一個比較和諧的社會。可以說，周代社會的民族精神是融會於制度之中的。在周王朝建立百年之久的時候，周穆王曾經發布文告說：

　　嗚呼，念之哉！伯父、伯兄、仲叔、季弟、幼子、童孫，皆聽朕言，庶有格命。今爾罔不由慰曰勤，爾罔或戒不勤。天齊於民，俾我一日；非終惟終，在人。爾尚敬逆天命，以奉我一人！雖畏勿畏，雖休勿休。惟敬五刑，以成三德。一人有慶，兆民賴之，其寧惟永。[33]

　　這段話的意思是說：大家都要想清楚啊！這才差不多可以享有天命。你們都以自己勤勞王事而自慰，也都用不著告誡自己不要懶惰。上天為了治理民眾，才給了我們統治天下的時間。能否最終成功，全在我們自己。你們要奉迎天命，幫助我治理國家。遇到可怕的事情，不必害怕。遇到喜事，也不要過分歡樂。要審慎地使用五刑，成就正直、剛克、柔克這三種德行，作為周天子，我一人有了喜慶之事，天下億萬民眾都會受益，他們的安寧才會長久。這裡所稱謂的對象——即「伯父」、「伯兄」等直到「童孫」，指的都是長輩或同輩及晚輩的諸侯或卿大夫。他們遍布王畿內外、全國各地，是周王朝與各地區各階層連繫的關鍵與

33 《尚書・呂刑》。

紐帶，而「伯父」至「童孫」，則完全是血緣關係的符號。這種政治層面的上下級關係是融於血緣關係之中的。周王朝實際是以周天子為首的一個大家族。天下長治久安的關鍵就在於「伯父」至「童孫」們的齊心協力。這種宗法血緣關係，一直到兩周之際我們還能夠明顯地看到。周平王賞賜晉文侯的冊命文書裡，還籲請作為「伯父」輩的晉文侯「其伊恤朕躬」，「追孝於前文人，汝多修，扞我於艱」[34]。

當秦的統一戰爭硝煙散盡的時候，中華民族精神的構建才算基本完成。呈現於世界民族之林的中華民族精神，約略可以概括出以下幾個基本點[35]。

一是，天下一家的統一精神。「以天下為一家」之語見於《禮記‧禮運》。語謂：

> 聖人耐（能）以天下為一家，以中國為一人者，非意之也。必知其情，辟於其義，明於其利，達於其患，然後能為之。

「天下一家」之辭，漢以後習見，而這種觀念在先秦時期已經出現。從炎黃堯舜的時代開始，天下統一這個觀念一直是人們精神的基本架構的支柱之一。戰國時人曾經這樣進行說明：「唐虞之道，禪而不傳。堯舜之王，利天下而弗利也。禪而不傳，聖之盛也。利天下而弗利也，仁之至也。古（故）昔賢仁聖者女（如）

---

34 《尚書‧文侯之命》。
35 關於中華民族精神的基本點，專家所言甚多。這裡參考了張岱年先生的論述，並且僅就古代中國（特別是先秦時代）的情況來討論。

此。身窮不均，仁（？）而弗利，窮仁嘻。必正其身，然後正世，聖道備嘻。」[36] 當時人們認識到古代聖王之所以「利天下」，是因為他們具有仁愛之心。他們所關注的不是一家一族，而是整個「天下」[37] 春秋前期魯國人曾經追述唐堯時代人們對於屬於高陽氏的「才子八人」的評語「齊聖廣淵，明允篤誠。天下之民謂之八愷」[38]，認為那個時代「天下之民」已經有了統一的道德評價標準。春秋後期的人謂「周公相王室，以尹天下」[39]，認為周公所治理的不僅是周王朝，而是「天下」。在先秦時人的心目中，虞夏商周既是朝代的名稱，又是「天下」的代稱。戰國時人認為「以天下之目視，則無不見也。以天下之耳聽，則無不聞也。以天下之心慮者，則無不知也」[40]，這就把天下一家的思想發揮到了很高的程度。先秦時期，大略而言，人們的社會地位是氏族或宗族的，但人們的眼光和精神並不局限於氏族或宗族，而是天下的、統一的。先秦時代的統一精神雖然與秦以後的情況有不小的區別，但其基本理念是一致的，不同的只是形式。

---

36 荊門市博物館編：《郭店楚墓竹簡》，文物出版社 1998 年版，第 157 頁。

37 史載，三代聖王往往以天下之主自任，可舉一例以明之。周文王時「使人抇池，得死人之骸，吏以聞於文王，文王曰：『更葬之。』吏曰：『此無主矣。』文王曰：『有天下者，天下之主也；有一國者，一國之主也。今我非其主也？』遂令吏以衣棺更葬之。天下聞之曰：『文王賢矣，澤及髊骨，又況於人乎？』」（《呂氏春秋‧異用》）。

38 《左傳‧文公十八年》。

39 《左傳‧定公四年》。

40 《管子‧九守》。

　　二是，自強不息的開拓精神。「自強不息」一詞見於《周易‧乾卦‧象傳》，語謂「天行健，君子以自強不息」，這是人們從天象而感悟人道，認為人應當像自然的運行那樣生生不息，不斷前進。這種開拓精神至少應當是包括了兩個方面的內容：首先是「形而下」的物質層面的東西，包括疆域的拓展、政治的穩固、經濟的繁榮等等；其次是「形而上」的精神層面的內容。春秋時期孔子在回答魯哀公關於什麼人可以稱為「君子」這一問題時說：「所謂君子者，言必忠信而心不怨，仁義在身而色無伐，思慮通明而辭不專；篤行通道，自強不息，油然若將可越而終不可及者。此則君子也。」[41] 孔子強調「自強不息」的目標在於擁有君子的德行與道義，具體行動起來就要不斷超越，永不自滿。這種勇於開拓的精神對於民族心理結構的優化甚為重要。「篤行通道」，就意味著心靈的不斷淨化，道德意識的不斷提升。

　　三是，厚德載物的相容精神。「厚德載物」源自《周易‧坤卦‧象傳》，語謂「地勢坤，君子以厚德載物」，這裡以地之廣博深厚，比喻人所應當具有的寬廣胸襟和包容精神。這種精神的核心在於對於他人他族他國的關愛。所謂「愛人」，就是要有利於、有德於他人 [42]。相傳堯的時代就做到了「九族既睦」「協和

---

41 《孔子家語‧五儀解》。

42 先秦時期對於這一點的認識是明確的。例如，《左傳》襄公三十一年載子產語謂「人之愛人，求利之也」，《管子‧形勢解》謂「其愛人也，其有德於人也」等，皆為其證。孔子之前已有「愛人能仁」（《國語‧周語下》）「欲人之愛己也，必先愛人」（《國語‧晉語》四）的說法，孔子述其仁學理論謂「仁者愛人」（《孔子家語‧三恕》），後來《孟子‧

萬邦」[43]。商王朝立國之君成湯在野外捕鳥的時候，其祝辭是
「欲左，左；欲右，右。不用命，乃入吾網」，這裡象徵了湯於
部落方國聯盟堅持了「欲左，左；欲右，右」一樣的包容精神。
周王朝繼續高揚兼容並包的精神，做到「柔遠能邇」，懷柔遠
邦，親睦近鄰，造就了「方行天下，至於海表，罔有不服」的宏
大局面[44]。這種胸襟寬廣的包容精神，自大處而言，是對於他國
他族的包容，自小處而言，是對於他人的包容。此外就人與自然
的關係而言，這種精神亦主張天人合一，人與自然和諧相處。這
種兼容並包的精神，在先秦時期常常稱為「中和」或「和合」，
《禮記・中庸》所謂「中也者，天下之大本也；和也者，天下之
達道也。致中和，天地位焉，萬物育焉」，就是這種精神的準確
表達。

　　總之，先秦時期所構建完成的中華民族精神以上三點為核心
內容。當然，我們還可以舉其他的一些內容，如注重傳統、刻苦
勤勞、善於總結歷史經驗等，可是就其核心內容而言，恐怕還以
以上三點最為重要。

　　需要指出的一點是，普遍性的精神的構建，雖然在先秦時期
已經完成，但這構建並非一勞永逸的事情。它雖然已經是各族人
們的共識，但其普及和深入的程度還不能算是很深層次的、特別

離婁下》《荀子・議兵》等亦提及此語，皆為這種思想的高度概括。
43 《尚書・堯典》。
44 《尚書》之《文侯之命》《立政》等篇。

穩固的，許多方面的思想內容尚需以後不斷地進行補充和發展。雖然先秦時代的民族精神至孔子的時代已經初步構建完成，孔子和儒家學派也曾經進行過認真詮釋和論證，但畢竟在社會上還沒有廣泛深入人心。那個時代，在社會上占主導地位的精神，還多存在於制度層面。在這方面，宗法精神就是一個典型例證。兩周時代，宗法由盛而衰經歷了漫長的時間，其以血緣為核心的宗法精神，一直為貴族所體悟與堅持，表現了堅忍不拔的英雄氣概。

― 第三章 ―
大一統局面下的中華民族精神

　　先秦時期所構建的中華民族精神，主要包括「天下一家」的統一精神，自強不息的開拓精神，厚德載物的兼容精神。秦漢帝國是大一統國家的形成與鞏固時期，隨著大一統政治局面的不斷穩定，「天下一家」的民族精神已經成為維護國家統一的紐帶。自強不息的開拓精神促進了秦漢時期疆域的拓展與民族的融合。在漢族與周邊少數民族的戰爭與交往中，多元一體的中華民族逐漸融合而成。自強不息的開拓精神是漢代物質文明與精神文明發展的巨大精神動力，東漢時期，江南地區得到開發，中國文明區不斷拓展，東漢士人尤為重視名節，顯示了自強不息的民族精神由群體自覺向個人精神世界的深化。文治政府的建立與實踐，體現出厚德載物的相容精神已經轉化為推進國家行政的力量。蘊含與時俱進精神的儒家思想，以維護統一之理想，兼容並包之心態，使統一、開拓、相容之精神逐漸滲透到社會的各個層面，為凝聚與弘揚中華民族精神做出了重要貢獻。

第一節 ▶ 「大一統」政治局面的出現與鞏固

　　秦帝國開創了中國歷史上中央集權的大一統政治格局，對後

世影響深遠。西漢時期，文帝、景帝、武帝採取諸多措施，進一步鞏固了大一統局面。「天下一家」的觀念，在秦漢時期逐漸由一種政治認同昇華為民族的文化精神認同，成為中華民族凝聚的紐帶與維護國家統一的精神支柱。

一、「大一統」政治局面的出現

西元前二二一年，秦王嬴政「奮六世之餘烈，振長策而御宇內，吞二周而亡諸侯，履至尊而制六合，執棰拊以鞭笞天下，威振四海」[1]。賈誼以氣勢恢弘的語言，極力讚美秦朝統一這個亙古未有的世道巨變。秦始皇「平定天下，海內為郡縣，法令由一統」，建立了中國歷史上第一個統一的多民族中央集權的地主封建國家，開創了前無古人的大一統的政治局面。唐代大詩人李白有詩讚曰：「秦王掃六合，虎視何雄哉！揮劍決浮雲，諸侯盡西來。明斷自天啟，大略駕群才。收兵鑄金人，函穀正東開。」[2]可見，秦始皇的文治武功給後人的精神震撼，很久之後仍迴蕩在歷史的時空中。秦朝開創的大一統政治局面，其意義主要體現在以下四個方面：奠定了中國版圖的基本框架；促使中華民族的形成；開創了中國政治制度；決定了中國學術思想的走向[3]。

秦的版圖東到大海，南到象郡，西到隴西，北到長城。除了

1　《新書》卷一。
2　《全唐詩》卷一六一。
3　參見錢穆：《國史大綱》，商務印書館 1996 年版，第 116-120 頁。

擁有戰國七雄之領土，又在南方、西南、西北進一步拓展，奠定了後世疆域的基本框架。秦的統一還擴大並確定了「中國」這個國家稱號的基本內涵。春秋時期，「中國」一詞僅指中原諸夏地區，西限於秦，僅屬陝西之東南部，南止於楚，僅屬湖北之西北部，北極於晉衛諸國，東達齊魯[4]。此時，「中國」的意義主要在於文化層面，而非國家概念。「王以警於夷，中國則否」[5]；「德以柔中國，刑以威四夷」[6]；「中國不振旅，蠻夷入伐」[7]。「中國」相對於蠻夷戎狄等周邊少數民族來說，是諸夏高貴文化修養的象徵，是禮文化的代名詞。進入戰國時期，「中國」與「諸夏」的文化意義已經不再凸顯，爭奪土地與滅國成為諸侯爭奪的戰略目標。秦朝建立之後，「六合之內，皇帝之土」[8]，統一國家已經彌合了先秦時期「中國」與夷狄地域上的界限。為開發與鞏固邊疆地區，秦朝遷移內地居民到邊疆戍邊屯墾。華夏族與周邊少數民族雜居在一起，促進了漢族與中華民族的形成。在大一統國家裡，各族人民使用同樣的文字，享有共同的文化資源。「中國」文化內涵也就隨之擴展為秦帝國控制區的地域概念。中國長達數千年的歷史上，有過三次從根本上改變了中國的政治和社會結構的大革命。第一次就是秦朝的統一，結束了領主封建

4　參見錢穆：《秦漢史》，三聯書店 2004 年版，第 3 頁。
5　《左傳・莊公三十一年》。
6　《左傳・僖公二十五年》。
7　《左傳・成公七年》。
8　《史記・秦始皇本紀》。

制，創立了中央集權的帝國。中國由分封制的國家轉變為中央集權制的帝國。中國的英文名字 China，就是由秦而來的 **9**。西方學者以「秦」帝國作為「中國」英譯詞，可見，秦的統一足以影響整個世界。先秦時期，人們嚮往的「天下一家」終於變為了現實，從此，「中國」真正成為地域上、文化上統一國家概念，「天下一家」的「中國人」成為中華民族的身份標識與共有的精神家園。

為與大一統的國家相適應，秦帝國開創了一系列新的政治制度。後世傳統社會的政治制度大多都可以追溯到這裡。首先，秦帝國確立了「皇帝」稱號。軍事的巨大成功，使秦王嬴政感覺到，「今名號不變，無以稱成功，傳後世」，取「德兼三皇，功包五帝」之意，稱皇帝。嬴政是中國第一個皇帝，稱「始皇帝」，其後二世三世至於萬世，傳之無窮。皇帝的命曰「制」，令為「詔」，天子自稱「朕」**10**。這些獨特的專有名詞皆用來賦予皇帝獨一無二的尊貴。其次，中央政府設三公：丞相、太尉、御史大夫。丞相是最高的行政長官，輔佐皇帝處理全國政務，太尉掌管軍事，御史大夫掌管監察。三公皆對皇帝負責，由皇帝任命。地方廢除封建，實行郡縣制。郡的長官稱郡守，縣的長官稱縣令，其任命、升遷、賞罰全繫於皇帝一人之手。這樣，各級官

9　參見斯塔夫里阿諾斯著，吳象嬰譯：《全球通史：從史前史到 21 世紀》，北京大學出版社 2006 年版，第 160、162 頁。

10　《史記・秦始皇本紀》。

吏廢除了世襲制，從制度上有效防止地方上形成累積的宗親與貴族勢力與中央相對抗。郡縣制是秦朝吸取了周朝諸侯征伐、政令不暢的歷史教訓而推行的新的中央集權形式的管理體制。如李斯所言：「天下無異意，則安寧之術也。」[11] 從此，郡縣制成為中國地方管理體制的定制，有效地維護了中央集權與國家統一。

此外，為了鞏固政治上的統一局面，秦帝國在經濟、思想文化等領域也頒布了諸多政令。秦朝政府「一法度衡石丈尺」[12]，「同律度、量、衡」[13]。度、量、衡與貨幣的統一，為擴展經濟發展空間與經濟交流提供了制度保障。古代的兩輪車在鬆軟的土地上會留下很深的車轍，車子順著同樣寬度的車轍行走才更為便利。秦政府下令「車同軌」，全國車子的軸距相同，方便了各地的交通運輸往來，有力地保障了經濟的集中化。在交通基礎設施建設方面，秦帝國修築了以首都咸陽為中心，通往各地的馳道。秦「為馳道於天下，東窮燕齊，南極吳楚，江湖之上，瀕海之觀畢至。道廣五十步，三丈而樹，厚築其外，隱以金椎，樹以青松」[14]。秦帝國修築馳道的直接目的是為了便於皇帝出行，巡視天下，但客觀上也起到了加強國家統一，便於交通的作用。

戰國時期，各國文字寫法不同，不但妨礙了政令的執行，也不利於各地人們的經濟文化交流。秦朝建立之後，文字的統一與

---

11 《史記‧秦始皇本紀》。
12 《史記‧秦始皇本紀》。
13 《史記‧封禪書》。
14 《漢書‧賈山傳》。

標準化工作迅速提到國家日程上來。秦始皇下令「書同文字」[15]，以秦國使用的小篆作為全國的標準文字。同時，令李斯、趙高、胡毋敬分別用小篆編寫了《倉頡篇》、《爰曆篇》、《博學篇》，作為小篆標準範本，發布全國，推廣使用。小篆通行之時，又出現了比小篆更加簡便的新書體——隸書。無論後來漢字的字體怎麼變，但漢字作為中華民族的文化載體沒有變，作為維繫國家統一與民族團結的精神紐帶沒有變。美國學者斯塔夫里阿諾斯說：「秦朝這種新的統一文字（它經過數次修改後一直存在到現在）是所有受過教育的中國人都能閱讀並理解的，儘管他們所操的方言常常彼此聽不懂。……這種文字對中國後來的民族統一，對中國文化對整個東亞的影響來說，其重要性是不難想像的。」[16] 歷史上曾有少數民族在短時期內以武力征服漢族，但其很快被強大的漢文化所同化。魏晉南北朝時期，北方少數民族（西方史學界稱為「蠻族」）入侵中原。統一北方地區的鮮卑族政權——北魏就是其中的一支。其傑出的領導人孝文帝進行了學習漢族文化的全面改革，改革的一項重要內容就是全體鮮卑族人寫漢字說漢語。漢字在中國人眼裡不再是單純的傳遞資訊的符號，而是國家與民族認同感的精神載體。統一的漢字與統一的文化，促進了相同的思維方式與民族心理的形成，為民族精神的塑造起到了重大

---

15 《史記・秦始皇本紀》。

16 斯塔夫里阿諾斯著，吳象嬰譯：《全球通史：從史前史到21世紀》，北京大學出版社2006年版，第160-161頁。

的作用。可以說，秦帝國統一文字，功莫大焉！

　　秦的統一，起初雖然是以武力實現的強制性政治統一，但這種統一順應了廣大人民渴望統一與和平的願望。由諸多制度開創的「大一統」的政治認同，逐漸轉化為普遍的文化認同，由此上升為自覺的精神認同。中華民族「天下一家」的統一精神由此蓬勃而興。有了這種自覺的「統一」精神認同感，秦以後，中國歷史上雖然經歷了分裂的苦痛，但是統一時期遠長於分裂時期，主張統一的勢力遠大於分裂的勢力。從世界意義上來說，北方蠻族的入侵給亞歐大陸各民族造成了深遠影響，甚至摧毀了古羅馬文明，歐洲分裂為若干個小國；但在中國卻出現了完全不同的結果，中華文明的連續性發展進程一直沒有中斷。

　　秦帝國浩劫民力，引發了全國範圍內的大起義。在秦末農民戰爭中，東方六國貴族的餘孽想趁機復興封建舊制。「然秦帝國對封建貴族打擊甚重，經過秦的郡縣制，舊的貴族封建制再無翻身之機緣」[17]。秦末短暫的封建復興終究不能成功，漢帝國大一統局面的重新建立與鞏固，第一次彰顯了中華民族「天下一家」的統一精神蘊含的巨大能量。

二、大一統局面的鞏固

　　西元前二〇二年，劉邦戰勝項羽，建立了大一統的漢帝國，澈底粉碎了六國諸侯後裔企圖重建封建的夢想。漢初統治集團由

---

17 錢穆：《秦漢史》，三聯書店 2004 年版，第 35 頁。

布衣天子與平民卿相組成，「自漢興至孝文二十餘年，會天下初定，將相公卿皆軍吏」[18]。即使張良、韓信這樣偉大的謀略家與軍事家，也皆不涉及詩書文化系統。統治集團中是沒有什麼文化氣氛[19]。他們一時想不出合適的治國方略，遂「漢承秦制」。在推行郡縣制的同時，又對開國武將功臣、皇親宗室進行了分封。「功臣侯者百有餘邑，尊王子弟，大啟九國」[20]。這為大一統國家的鞏固製造了很大的麻煩。從深層次角度分析，秦帝國開創的一系列史無前例的新制度與「一統天下」的政治格局，要完全融入民族的心理共識，尚需很長的一段歷史時期。

漢高祖與惠帝、呂後時期，基本解除了異姓諸侯王的勢力。但是，同姓諸侯王的分封卻仍在進行。文帝時期，諸侯國中設置的管理機構，除了沒有中央的丞相，御史大夫以下官員皆有。「藩國大者，誇州兼郡，連城數十。宮室百官同制京師」[21]。他們「出入擬於天子」，「不聽天子詔」。吳王劉濞居然在國中鑄造錢幣，私制海鹽[22]，儼然成為國中之國。諸侯國已成尾大不掉之勢。諸侯王國的存在，就像一顆隱形炸彈，隨時有可能爆發，甚至顛覆帝國的統一。文帝三年（西元前 177 年）與文帝六年（西元前 174 年），分別爆發了濟北王劉興居與淮南王劉長公開叛

---

18 《史記‧張丞相列傳》。

19 徐復觀：《兩漢思想史》第二卷，華東師範大學出版社 2001 年版，第 55 頁。

20 《漢書‧諸侯王表序》。

21 《漢書‧諸侯王表序》。

22 《漢書‧吳王濞傳》。

亂。叛亂雖然沒有成功，但分裂勢力已經開始釋放侵害統一的能量。

洛陽才子賈誼，二十歲被文帝召為博士，文帝愛其才，欲舉為公卿，但遭到權臣的反對，遂以賈誼為長沙王太傅。《漢書‧賈誼傳》對賈誼在長沙國的活動與感受雖無記載，但我們從賈誼的《治安策》，可推測他在長沙國為官期間，切身體會了諸侯王的驕橫與強大，深刻意識到諸侯國正在嚴重威脅著國家的統一。「天下之勢方倒懸」，「欲天下之治安，天子之無憂，莫如眾建諸侯而少其力。力少則易使以義，國小則無邪心」[23]。賈誼建議中央對諸侯王子弟進一步分封，以此削弱諸侯王力量。這樣，既解除了王國對中央集權的威脅，又不動干戈，不至於使皇帝落下一個殺宗親的罵名。賈誼的計謀可謂兩全其美之策。但文帝並沒有全部採納賈誼的建議，王國的勢力仍沒有剪除。

景帝時期，御史大夫晁錯再次請求削弱王國勢力，「以尊京師」[24]。景帝採用了晁錯的「削藩」之計，試圖以直接剝奪王國封地的方式，直接解決地方割據勢力。這種做法無異於與虎謀皮。長期雄霸一方的諸侯王又怎肯輕易捨棄封建的尊貴與榮華。景帝三年（西元前 154 年），吳楚等七國公然叛亂。經過三個月的交鋒，叛軍被擊敗。中央成功平定了七國之亂，沉重打擊了諸侯王的勢力，並借此剝奪了諸侯國王的行政任命權，諸侯王勢力

---

23 《新書‧藩強》。
24 《漢書‧晁錯傳》。

大大地被削弱。

漢武帝採納主父偃的建議，又重新回到賈誼的策略上，「下推恩之令，使諸侯王得分戶邑以封子弟」，把王國析為侯國。侯國隸屬於郡，與縣相當，其勢力就無法與中央相對抗，此之所謂「不行黜陟而藩國自析」。從此「齊分為七，趙分為六，梁分為五，淮南分為三，皇子始立者，大國不過十餘城，長沙、燕、代，雖有舊名，皆亡南北邊矣」[25]。此後，漢雖有分封，然有此前諸侯王叛亂的教訓，中央對其有嚴密的防範，所封之王只是榮譽稱號，只享受富貴，無治理一方的許可權，皆不足以成為地方割據勢力。至此，封建勢力威脅國家穩定與統一的問題基本解決。在西漢鞏固大一統政局的進程中，賈誼、晁錯、主父偃起到了一定的推動作用，其功不可沒。但究其根本原因，秦一統天下之後，廢封建設郡縣的大一統中央集權之政治體制，已漸入人心。錢穆論曰：

　　夫一帝臨朝，必封其諸子為王，而所封諸子，又必各自於其封內分封其諸子。即此一端，已足使封建之制決不可久。蓋西周封建，其事等於武裝之移殖，而漢則特為國土之分配。周人向外移殖以宗族為體，故宗子即為大君，支庶則為臣宰，非相依無以自全。漢則天下一統，郡縣相屬，封建非以對外，其勢轉成自裂。……此乃後世政理心理之變，終不得重返古昔舊局之一端

25 《漢書・諸侯王表》。

也。[26]

誠如此論，漢代封建與周代封建時代形勢不同，封建的性質亦不同。周代封建是拱衛周王室，而漢之封建是分裂國家。秦朝大一統之後，中國大一統政治體制得到了日益鞏固，「天下一家」的統一觀念更加深入人心，再想回到裂土為王的時代已經完全不可能了。

東漢初期，光武帝劉秀設置尚書臺，下設尚書六曹，分別掌管行政、人事、司法、外交等事務。尚書之職在秦朝時已有，為傳達詔令的卑微小官，到東漢時期，尚書一躍而為「出納王命，賦政四海，權尊勢重，責之所歸」的中樞決策機構，被當時人譽為「陛下之有尚書，猶天之有北斗也」[27]。朝廷與地方政務通過尚書台，然後集中到皇帝手中。西漢武帝時期，為監督地方郡守，設立十三州部刺史，督察地方封建勢力，奉詔監察州。東漢皇帝授予刺史獨奏之權，刺史不必經過三公，直接把地方政務上奏天子。這樣，東漢通過加強尚書臺與刺史的權力，使中央與地方權力進一步集中到皇帝手中。至此，秦帝國開創的大一統政治格局已經根深蒂固。

三、「天下一家」觀念的形成

「天下一家」的觀念初步奠基於先秦。孟子、荀子、韓非子

---

26 錢穆：《秦漢史》，三聯書店 2004 年版，第 263-264 頁。
27 《後漢書·李固傳》。

等思想家都認識到，天下的發展趨勢必然歸於「一」。秦漢大一統政治格局的形成與鞏固，使「天下一家」成為現實。從秦始皇到漢武帝的泰山封禪，無不以人間唯一合法政權的身份向上天尋求神權的支持，來展現「四守之內，莫不為郡縣，四夷八蠻，咸來貢職」[28] 的一統權威。

秦帝國在歷史長河中，雖曇花一現，但放射出萬丈光芒。西漢時期，重新確立了「天下一家」格局。如果說秦帝國用武力與嚴刑迫使人民認同了政治「大一統」，那麼西漢七國叛亂，中央政府只用了三個月就平定了。其原因除了雙方軍事力量懸殊之外，亦與叛軍分裂國家、破壞統一不得人心有很大關係。

統一國家為經濟發展提供了政治保障，也為文化傳播與人民精神生活的提升創造了條件。漢初的休養生息，使百姓在連年戰爭之後得到了喘息。從文帝十三年到景帝元年，政府沒向農民收過租稅。「漢興，海內為一，開關梁、弛山澤之禁，是以富商大賈周流天下，交易之物莫不通，得其所欲。」[29] 農民、手工業者、商人實實在在感受到統一國家帶來的安寧與實惠。在這樣安定的統一形勢下，有誰希望分裂呢？那些別有用心的人，企圖分裂國家是註定要失敗的。

「大一統」國家的形成與鞏固，在思想文化領域產生了深遠影響。漢武帝時期，大一統國家國力強盛，人民富庶，思想文化

28　《風俗通義・正失》。
29　《史記・貨殖列傳》。

界的諸多成果反映出「天下一家」的統一觀念已經成為社會的普遍思潮。漢代公羊學的盛行，反映出「天下一家」的觀念已經成為學術界的主流觀點。《春秋》三傳以《春秋》為詮釋文本，從不同角度闡發孔子思想，但唯有《公羊傳》集中宣揚了「尊王攘夷」的「大一統」學說。西漢時期，《公羊傳》是《春秋》三傳中最受青睞的一部。《漢書·藝文志》著錄「公羊學」六家。春秋公羊家在春秋類二十三家中，數量最多。《公羊傳》在三傳中，最早被立於學官，治《公羊傳》的學者可以進入仕途。漢武帝時期，廣川人董仲舒準確把握時代的脈搏，精研《春秋公羊傳》，成為漢代最具影響的春秋公羊學派大師。他在「天人三策」中稱：「《春秋》大一統者，天地之常經，古今之通誼也。」可見，董仲舒的公羊春秋學說為政治大一統服務之目的甚明，其政治哲學成為漢王朝的精神支柱。漢武帝採納了董仲舒的「罷黜百家，獨尊儒術」的建議，定儒學於一尊。從此，「天下一家」的「大一統」觀念隨著儒家思想的傳播而日益深入人心。

西漢出現的我國第一部紀傳體史書——《史記》，奠定了後世史家編撰歷代統一王朝歷史的傳統。《史記》以「究天人之際，通古今之變，成一家之言」的宗旨，表現了維護「大一統」的史學精神。司馬遷在《本紀》中立正朔，按照時代先後順序，排列王朝譜系，體現了大一統的政治思想。尤其值得注意的是，《史記》中出現了《南越列傳》、《東越列傳》、《朝鮮列傳》、《西南夷列傳》、《大宛列傳》等少數民族傳記。此時，統一的多民族國家已經形成，各個民族都是中華民族的重要組成部分。「四

海之內皆兄弟也」[30]，天下已經成為一家，自然不分親疏貴賤。先秦夷夏之辨的藩籬被「天下一家」的觀念所突破，史學家在這樣的一統局面與「天下一家」觀念影響下，列少數民族傳記，是時代精神在文化思想領域中的具體反映。

《淮南子》又稱《淮南鴻烈》，由淮南王劉安主持編撰。該書囊括了道家、儒家、法家、名家、兵家、陰陽五行家的思想，構想了一個從天體運動、地理劃分、氣象曆法、社會治理、人身保健、道德修養乃至於通神鬼、測幽冥的大網絡，建立了中國古代最龐雜、最宏大的一個宇宙體系[31]。值得注意的是，該書把不同民族放到統一的地理環境中去考察，注重從自然地理、人文地理和經濟地理的因素去看待不同民族[32]。《淮南子》囊括天地宇宙萬物的編撰方式，也是「天下一家」觀念在意識形態中的反映。這些前所未有的綜合性、統一性、全域性著作的出現，在分裂時代是絕不可能出現的。《史記》與《淮南子》等著作的編撰，體現出「天下一家」的觀念已經成為人們的思維方式與自覺觀念。它們的出現與傳播，對中華民族的凝聚起到了重大作用。

東漢時期，公羊學大師何休被詔為郎中，但何休「為人質樸訥口」，不喜歡做官，稱病而去。後來，太傅陳蕃推薦他「與參

---

30 《論語‧顏淵》。
31 參見葛兆光：《中國經典十種》，上海書店出版社 2002 年版，第 139 頁。
32 參見袁濟喜：《兩漢精神世界》，中國人民大學出版社 1994 年版，第 203 頁。

政事」，何休又因「黨錮之禍」而受到牽連，遂「坐廢錮，乃作
《春秋公羊解詁》」。何休「精研《六經》，世儒無及者」，作《春
秋公羊解詁》，又作《公羊墨守》。《春秋公羊傳》隱西元年：「何
言乎王正月？大一統也。」何休曰：「統者，始也，總繫之辭，
王者始受命改制，布政施教於天下，自公侯至於庶人，自山川至
於草木昆蟲，莫不一一繫於正月，故云政教之始。」何休理解的
大一統是以皇帝為代表的中央集權為中心，實現國家的高度統
一。何休從理論上進一步深化了董仲舒的學說，完成了大一統的
政治哲學論證。東漢時期，地方豪強已經形成很大的勢力，威脅
到國家的統一。何休秉承秦漢以來的大一統精神，以弘揚《公羊
傳》「大一統」主旨，呼籲維護國家統一，維繫中華民族「天下
一家」的局面。如果說董仲舒的「大一統」是主動為政治服務，
那麼，東漢何休撰《公羊春秋解詁》，則表明「大一統」觀念已
經成為漢代知識分子心目中的文化自覺。

　　從秦漢大一統政治局面的出現，到「天下一家」觀念的形
成，經歷了從強制性的政治認同到自覺性的文化認同的轉變。在
「統一」精神的推動下，中華民族迸發出「自強不息」的開拓精
神、「厚德載物」的兼容精神，共同推動了統一國家的鞏固與中
華民族的形成。而統一國家的鞏固與中華民族的形成，又進一步
強化了「天下一家」的統一精神。可以說，中華民族的這三種精
神，以天下一家的統一精神為核心，以自強不息的開拓精神為動
力，以厚德載物的相容精神為基礎，共同促進了大一統國家的發
展與中華民族的凝聚與繁榮。

第二節 ▶ 秦漢疆域的開拓與中華民族共同體的形成

秦漢「大一統」政局的建立與鞏固，使「天下一家」的觀念日益深入人心。在統一精神的指引下，秦漢帝國迸發出強烈的愛國主義精神，對來犯之蠻族，予以堅決抵抗，以前所未有的奮發英姿和敢於進取的勇敢精神，捍衛了大一統國家的安全與穩定。邊疆的拓展伴隨著民族融合而前進。秦漢時期，中華民族的進取精神與開拓疆土的勇氣，以及在異域展現出來的民族氣節與大國風貌，永遠閃耀在歷史時空中，放射出無比璀璨的光芒。「黃沙百戰穿金甲，不破樓蘭終不還」的英雄氣概，氣貫長虹，千百年來廣為後人傳頌。華夏族在秦漢時期融合為新的漢民族，漢族與少數民族又共同構建了多元一體的中華民族。各民族共同締造了繁榮的秦漢物質文明與精神文明，以不斷開拓進取的勇氣詮釋了「自強不息」的民族精神。

一、疆域的開拓

秦漢時期，中國的疆域突破中原界限，在西南、西北等地區進行了大規模拓展。統一帝國以金戈鐵馬、奮發進取的姿態表現出蓬勃進取的民族精神。即使在秦末亂世，「若論其時中國民族精神，則正彌滿活躍，絕無衰象。……及秦亂，中國之民，又相率避地奔亡。然皆能自立塞外，播華族之文風，化榛莽為同域。即此一端，可征吾華族優秀天姿，當秦季世，尚見蓬勃進取之跡

也」³³。一時代之風氣又造就了一時代之英雄人物，秦漢歷史上出現了諸多開疆拓土、保家衛國的英雄人物，展現了中華民族不畏強暴、敢於鬥爭的民族氣節。

秦帝國猶如一條巨龍，騰空出現在亞歐大陸的東方。從地緣政治上看，沒有任何一個政權可與之相抗衡。秦國掃平東方六國後，秦軍並沒有解甲歸田，為鞏固和擴大統一成果，分別在南、西南、北方等地區發起進攻。在南方，為了解決軍糧運輸問題，開鑿了靈渠，連接了長江水系與珠江水系，並徵發幾十萬刑徒與百姓戍守，設置閩中、南海、象、桂林四郡。嶺南地區從此納入秦帝國版圖。中原穩定之後，秦朝在西南地區設置行政機構，促進了巴蜀和西南地區的開發。唯有北方的匈奴族最難對付。

居住在蒙古草原上的遊牧民族——匈奴族，逐水草而居，四處漂泊。他們以肉食為生，善騎射，經常南下搶奪中原居民的糧食等物資，對大一統國家的邊疆穩定構成了嚴重威脅。戰國時期，趙國李牧曾大破匈奴十餘萬騎，「匈奴不敢近趙邊城」³⁴。西元前二一五年，秦始皇派將軍蒙恬率三十萬大軍主動出擊匈奴，收復失地，遷徙內地百姓屯田戍邊。為防止匈奴捲土重來，秦帝國又「築長城，因地形，用制險塞，起臨洮，至遼東，延袤萬餘裡」。蒙恬在北部邊境經營十餘年，使匈奴北移七百餘里，

---

33 錢穆：《秦漢史》，三聯書店 2004 年版，第 39 頁。
34 《史記・廉頗藺相如列傳》。

「胡人不敢南下而牧馬」，「威振匈奴」[35]。秦末漢初，匈奴族建立了奴隸制國家，勢力大盛。趁中國戰亂之際，匈奴不斷南犯，一度攻至太原。西元前二〇〇年，漢高祖劉邦御駕親征，但被圍白登山。漢文帝十四年（前 166 年），「匈奴單于十四萬騎入朝、蕭關，殺北地都尉印」[36]，已成北部邊境之大患。文帝痛心疾首地說：「今匈奴內侵，軍吏無功，邊民父子荷兵日久，朕常為動心傷痛，無日忘之。」[37] 不得以採取「和親」策略，安撫匈奴。

為了保家衛國，必須給來犯之敵以堅決反擊。班固曾言「山東出相，山西出將」[38]，觀秦漢社會風俗，此說並不盡然。秦末，齊人田橫以海島為根據地，成割據勢力。漢初招降時，田橫自刎。海島（今田橫島）上跟從田橫的五百勇力，聞田橫死，遂集體自殺。「田橫之高節，賓客慕義而從橫死」[39]，民不畏死的大義凜然精神與俠義風骨，蓋是秦漢時代之風尚。

漢武帝時期，國力強盛，為解決匈奴問題做好了充分準備。這個時期，湧現出諸多文臣武將，皆以抵禦匈奴、建立功業、報效國家為實現個人價值的途徑。《後漢書·班超傳》論曰：「漢世有發憤張膽，爭膏身於夷狄，以要功名，多矣。」在抵禦匈奴的戰爭中，尤以衛青、霍去病、李廣、蘇武等人為代表，他們在

---

35 《史記·蒙恬列傳》。
36 《史記·匈奴列傳》。
37 《史記·律書》。
38 《漢書·趙充國辛慶忌傳》。
39 《史記·田儋列傳》。

抵禦外辱的鬥爭中展現出來的自強不息的開拓進取精神彪炳史冊。

西元前一二七年，衛青「將三萬騎出雁門，李息出代郡。青斬首虜數千。明年，青復出雲中，西至高闕，遂至於隴西，捕首虜數千，畜百餘萬。」大勝還朝。武帝欲封賞衛青及其三子，衛青辭曰：「軍大捷，皆諸校力戰之功也。」[40] 衛青說，抗擊匈奴的勝利是眾將士奮勇殺敵之功。這顯示了衛青重民族大義，不計較個人利益的博大胸懷與高尚的愛國主義情操。

霍去病年少時曾以「匈奴不滅，無以家為」的豪言壯語得到了漢武帝的器重。武帝元狩年間，霍去病隨大將軍衛青，「攻祁連，絕大幕，窮追單于，斬首十餘萬級」[41]，「西過居延，攻祁連山，大克獲」，「將兵擊匈奴右地，多斬首，虜獲休屠王祭天金人」[42]。在抵禦匈奴的戰爭中，霍去病屢建奇功。他去世以後，其「塚象祁連山」，武帝諡之景桓侯[43] 史書記載，在衛青、霍去病等將軍的影響下，湧現出李息、公孫敖、李沮、張次公等英雄人物，可以說西漢時期是中華民族的英雄時代。「衛尉李廣為驍騎將軍，出雁門；大中大夫公孫敖為騎將軍，出代；太僕公孫賀為輕車將軍，出雲中。皆擊匈奴。」[44] 邊地居民在英雄人物

40 《漢書‧衛青傳》。
41 《漢書‧五行志中》。
42 《漢書‧金日磾傳》。
43 《漢書‧霍去病傳》，張晏引《諡法》曰：「布義行剛曰景，辟土服遠曰桓。」。
44 《史記‧漢興以來將相名臣年表》。

的激勵下，「山西、天水、隴西、安定、北地處勢迫近羌胡，民俗修習戰備，高上勇力鞍馬騎射」[45]，積極參與了這場艱苦卓絕的戰爭，付出了重大的犧牲。「匈奴不滅，無以家為」之豪邁志氣，不單為霍去病一人所有，誠為當時民族開拓進取之社會風尚。

唐朝著名邊塞詩人王昌齡的一首《出塞》詩，用於表達秦漢時期抗擊匈奴的堅韌毅力與敢於亮劍的戰鬥精神最為合適：

秦時明月漢時關，萬裡長征人未還。但使龍城飛將在，不教胡馬度陰山[46]。

王昌齡並非虛言，李廣當時居右北平[47]，令匈奴聞風喪膽。匈奴送其雅號曰「漢之飛將軍」，「避之數歲，不敢入右北平」[48]。如果說衛青、霍去病、李廣等武將不惜死戰，保家衛國，鞏固了北部邊疆的安寧，那麼蘇武出使匈奴，深陷絕境而始終不變節[49]，則是堅守民族氣節，忠於國家的真實寫照。

西漢與匈奴連年作戰，有戰有和。和平時期，雙方經常互派使者，刺探對方情報。但漢使者屢被匈奴扣押，漢迫不得已也扣押了匈奴來使。當衛青等人軍事上取得重大勝利的時候，匈奴就主動送回扣押的漢朝使者。天漢元年（西元前 100 年），蘇武奉

---

45 《漢書·趙充國辛慶忌傳》。
46 《全唐詩》卷十八。
47 《漢書·地理志》稱：「右北平郡，秦置，屬幽州。」
48 《史記·李將軍列傳》。
49 《宋史·岳飛傳》記載南宋抗金英雄岳飛之言：「文臣不愛錢，武臣不惜死，天下太平矣。」

命率領百餘人出使匈奴，返還被西漢扣押的匈奴使者。不料，到了匈奴，蘇武的副使卻參與策劃了推翻單于的政變。事情敗露後，蘇武歎曰：「屈節辱命，雖生，何面目以歸漢！」欲自殺殉國，被人攔下。單于於是派衛律勸蘇武投降，蘇武義正詞嚴地大罵這個漢朝降將：「汝為人臣子，不顧恩義，畔主背親，為降虜於蠻夷。」勸降不成，單于就派人把蘇武囚禁在盛糧食的大窖裡。不給蘇武飲食，蘇武就以漢節上的旄毛就著雪下嚥，「數日不死，匈奴以為神」。於是單于又把蘇武轉移到罕無人跡的漠北去牧羊。蘇武吃野鼠，食野草，始終與象徵民族大義的漢節同在。

單于再次勸降蘇武，「人生如朝露，何久自苦如此！」但蘇武對榮華富貴毫不動心。他說：「武父子無功德，皆為陛下所成就，位列將，爵通侯，兄弟親近，常願肝腦塗地。今得殺身自效，雖蒙斧鉞湯鑊，誠甘樂之。臣事君，猶子事父也，子為父死無所恨！願勿復再言。」蘇武以中華民族之大義徹底打破了匈奴的勸降夢。蘇武被匈奴扣押了十九年。當他歸漢時，已經由出使時的壯年，變成了鬚髮盡白的老者。班固贊曰：「『志士仁人，有殺身以成仁，無求生以害仁』，『使於四方，不辱君命』，蘇武有之矣！」[50] 范曄感歎地說：「余初讀《蘇武傳》，感其茹毛窮海，不為大漢羞……義重於生，以至是乎！」[51] 蘇武的事蹟與堅

50 《漢書・蘇武傳》。
51 《後漢書・耿弇傳》。

守民族氣節的偉大精神，屢屢為史官所稱道，在當時產生了廣泛的影響。危難之時方顯英雄本色，蘇武始終堅守民族大義不動搖，以實際行動詮釋了中華民族堅貞不屈、自強不息的民族精神。一九六九年，甘肅武威雷台墓出土一件東漢時期的銅奔馬，又稱「馬踏飛燕」。墓主人為東漢時期鎮守張掖的軍事長官。這個器物以一匹三足騰空、一足踏在正在飛翔的燕子上的駿馬，生動表現出了漢代邊疆將士抵禦匈奴、保家衛國的高度自信。漢代豪邁進取、奮發向上的民族精神從這件小小的文物上，可以窺見一斑。

漢武帝時期，連續對匈奴用兵，沉重打擊了匈奴勢力，使匈奴無力與內地相抗衡。到東漢時，匈奴分裂為南北兩部，南部匈奴歸漢，與漢族相融合，北匈奴則西去。秦漢時期對匈奴的持續抵禦與抗爭，有力地保衛了漢族與內地各民族的生產與生活秩序，對於創建秦漢大一統國家做出了不可磨滅的貢獻。中華民族自強不息的精神，在抵禦蠻族的英勇戰鬥中，得到了充分展現。同時，也產生了深遠的世界意義。匈奴不能南下，就轉而西進，終結了歐洲文明的古典時代。

二、中華民族共同體的形成

春秋時期，諸夏聯盟以三代文化為共有資源，以自強不息、厚德載物精神為共有的心理結構，以中原地區為共有的生活地域，形成了漢族的前身——華夏族。但「華夏不是由某一特定族系發展而來，而是由許多氏族集團在爭奪黃河中游農墾區的長期互動關係中融合形成。在此互動過程之中，由只有具體族名，發

展到有一個涵蓋眾多族系的共名」[52]。華夏族的形成過程彰顯了包容性與開放性的特點。秦漢時期，隨著疆域的開拓，華夏族活動範圍日漸擴大，其影響也隨之擴展，形成了新的民族——漢族。漢族又與匈奴族、西域各族等少數民族相融合，組成以漢族為主體，以少數民族為重要組成部分的中華民族。

西漢時期，漢族與匈奴族的關係主要表現為戰爭，談不上民族融合。東漢時期，南部匈奴內遷，服從漢帝國的統治。匈奴族逐漸學習並認同漢文化。標誌著匈奴族融入了中華民族大家庭。漢帝國在北線與匈奴作戰的同時，在西線對西域的經營取得了巨大成功。

西域，泛指敦煌陽關、玉門關以西的廣大地區。秦漢時期，西域各族有三十六個國家。張騫出使西域之前，漢帝國通往西域的道路還沒有打通。出於抗擊匈奴的戰略需要，漢武帝派探險家張騫出使西域。陌生的西域對張騫等人來說，無疑是一次嚴峻的考驗。但張騫毅然接受了這個任務，招募勇士百餘人，於西元前一三八年，開始了這次極富有挑戰性的西行探險。途經匈奴統治區時，張騫被扣押十餘年，後得以逃脫，歷經磨難，到達西域。雖然聯合大月氏人共同進攻匈奴的願望沒有實現，但張騫卻不虛此行。他在西域的經歷與見聞，為漢朝開發西域提供了第一手資料。西元前一一九年，漢武帝派張騫組建更大規模的使團，第二

---

52 顏世安：《華夏族群形成的重要階段：西周初年的「夏」》，《江海學刊》2004 年第 2 期。

次出使西域。他們帶去了大批內地物產,到西域各國分頭活動,增進了漢族與西域各族人民的感情。

　　張騫出使西域,在當地廣泛傳播了漢文化。內地的物產品種、鑿井技術傳入西域,提高了西域人民的生產生活水準。打通西域交通線之後,西域主要國家,如大宛、康居、月氏、大夏與西漢建立了正式的外交關係。西元前六○年,西漢設置西域都護府,開始實行對西域各族的政治軍事管轄。這標誌著西域正式成為漢帝國疆域的一個重要組成部分。至此,在秦帝國疆域基礎上,漢帝國又邁出了重要的一步。西漢以西域為根據地,繼續往西方探險,開拓通往西方的道路。漢人到達安息(波斯)、身毒(印度)等地,駝鈴聲聲,把中國的絲綢、瓷器等物產帶到西方,把西方的香料等洋貨帶回中國。由此開闢出一條貫穿亞歐大陸交通線──絲綢之路。沿著絲綢之路,西漢開拓進取之精神在亞歐大陸更廣闊的異域他鄉傳播開來。

　　兩漢之際,漢朝與西域之間的統轄關係一度中斷。東漢歷史上出現了一位經營西域的勇士──班超。班超在少年時代,曾歎曰:「大丈夫無它志略,猶當效傅介子、張騫立功異域,以取封侯,安能久事筆研間乎?」[53] 遂投筆從戎,以「不入虎穴,焉得虎子」的膽識與勇氣,治理西域三十一年。班超重建了中央政府對西域的統治,進一步促進了漢族與西域各族的民族團結。西域各族人民逐漸認同了漢族文化,成為中華民族新的成員。從《漢

53 《後漢書‧班超傳》。

書》、《後漢書》的少數列傳中，還可以發現，除了匈奴、西域各族，還有羌族等少數民族在秦漢時期也納入了中華民族。

　　秦漢時期，漢族的形成與中華民族的凝聚，展現了漢族與中華民族的開拓進取精神與博大胸懷。漢族自形成始，就沒有狹隘的民族主義，開拓進取精神促使漢族不斷進步與繁榮，寬厚博大的胸懷，又使漢族具有包容性。這兩種特性使漢族又在更廣大的地域裡融合更多的民族，共同建設家園。「中華民族常在不斷吸收，不斷融合和不斷地擴大與更新中。但同時他的主幹大流，永遠存在，而且極明顯的存在，並不為他繼續不斷地所容納的新流所吞滅或沖散。可以說，中華民族是稟有堅強的持續性，而同時又具有偉大的同化力。」[54] 中華民族的多元一體特徵，與其特有的開拓與相容精神，使中華民族不僅在邊疆地區的拓展、民族融合方面取得了偉大成就，還促進了物質文明的進步。

　　西漢時期，先進的生產工具與灌溉技術首先在北方地區推廣使用。勤勞的農民在提高單位面積產量的同時，還大量開墾荒地，使國家的糧食產量大為增加。當時，關中、巴蜀和漢中，已成為西漢重要的糧食生產基地。但江南地區的經濟發展水準卻與北方有很大差距。東漢初年，安徽廬江一帶的農民，尚未使用牛耕。江淮地區經常有猛獸出沒。東南沿海一帶，仍處在火耕水耨的生產階段。但這種落後的狀況到東漢時期有了改變。東漢經濟形勢最突出的特徵，是在各個經濟區普遍得到發展的背景下，全

54 錢穆：《中國文化史導論》，商務印書館 1994 年版，第 23 頁。

國的經濟重心開始東移。而江南地區的開發，是實現這一歷史轉折的重要條件。江南經濟的發展主要來自兩個方面的推動：廣大百姓自發的努力與政府有計劃的治理。

　　兩漢之際，受戰亂影響，北方出現了百姓往江南遷移的熱潮。大批北方農民把先進的農業技術與工具帶到南方，與江南人民一起，用勤勞的雙手改變了自己的生存命運。東漢時期，江南水利事業的進步，是江南經濟中一個值得關注的現象。水利是農業經濟發展的基礎設施，主要靠政府出資建設。漢代地方郡守任職期間，注重興修水利，建設農業基礎設施。永平年間，汝南郡內多陂池，「歲歲決壞，年費常三千餘萬」。鮑昱任太守後，「作方梁石洫」。方梁石洫是石製水門，放入水渠中，既節約用水，又可以調節水量。水門的出現，推動了灌溉農業的發展，「水常饒足，溉田倍多，人以殷富」[55]。東漢末年，水利灌溉推廣至江南會稽一帶。漢順帝永和五年，馬臻為會稽太守，「始立鏡湖築塘，周回三百十裡，灌田九千余頃」，唐代杜佑贊曰「至今人獲其利」[56]。這些膾炙人口的政績，說明政府在江南經濟發展中起到了重要的推動作用。到東漢末年，江南地區與中原地區的差距逐漸縮小，江南地區逐漸成為中國新的經濟區，江南地區的文明程度也得到了明顯提升。

　　東漢時期對江南的開發，使中國文明區向南方拓展。從而形

55　《後漢書‧鮑昱傳》。
56　《通典‧食貨》。

成了從北到南連在一起的廣闊文明區。魏晉時期，多元一體結構的中華民族已經形成，「天下一家」的統一精神為凝聚民族團結的紐帶，再加上這個巨大縱深的文明區作為堅強後盾，故而北方蠻族入侵內地，卻沒有摧毀中國文明發展的進程。

三、士人精神世界的深化

中華民族「自強不息，厚德載物」的民族精神，具有開拓與兼容的特徵。在開拓進取的道路上，兼容精神又具有變通性。在不同的歷史時期，民族精神會根據時代特徵加以調整和發展，不是凝固不變的。這不斷的調整過程，就整個中國古代社會而言，可以說是完整而持續的。秦漢時期的「大一統」精神就是民族精神基本構建完成之後的第一次調整。從東漢時期的名節觀念到魏晉時期的玄風大盛，是繼此之後的又一次調整[57]。東漢時期士人普遍重視名節，維護國家統一，主持社會正義，針砭時弊，清議之風蔚為大觀。自強不息的民族精神逐漸深入到個人的精神世界中。

大一統的政治經濟與文化格局，造就了士人共同的政治理想與文化旨趣。東漢士人清議之風的興起可以追溯到西漢。漢武帝使用酷吏，作為集中皇權的重要工具，遂使政治上出現一股陰暗之風。但當時社會上依然有很多正直的官員，他們被稱為「循

---

57 參見晁福林：《略論古代中國民族精神的歷史進程》，《天津社會科學》2007 年第 5 期。

吏」。循吏在地方上推行禮樂教化，主持社會公平與正義。東漢中後期，天子暗弱，出現宦官與外戚輪流專權局面，文治政府危機不斷。這時候，朝中出現一批維護社會正義的士大夫群體，公開對抗宦官奸黨勢力，謂之「清流」。他們以儒家道德標準規範自己，以修己安人作為實現個人價值的途徑。例如，陳蕃「言為士則，行為世範」，李膺「風格秀整，高自標持」[58]，朱穆「少有英才，學明《五經》」[59]。士大夫周圍聚集了數量眾多的士人，「後進之士有升其堂者，皆以為登龍門」[60]。郭泰去世的時候，「四方之士千餘人，皆來會葬」[61]。范滂獲釋後，「汝南、南陽士大夫迎之者數千兩」。如顧炎武所論：「東漢之世，雖人才倜儻不及西京，而士風家法似有過於前代。」[62] 士人以領袖人物為榜樣，以名節德行為標識，議論朝政、激濁揚清、針砭時弊，顯示了東漢士大夫群體的覺醒。

東漢後期，士人「所與交友，必也同志」[63]，社會出現「同志」一詞，並在清流士人之間流行開來。清流領袖李膺「欲以天下風教是非為己任」[64]。陳蕃「大丈夫處世，當埽除天下！」[65]

---

58 《世説新語・德行》。
59 《冊府元龜》卷七九四。
60 《後漢紀》卷二十一。
61 《後漢書・郭泰傳》。
62 《日知錄》卷十三「兩漢風俗」條。
63 《後漢書・劉陶傳》。
64 《後漢紀》卷二十一。
65 《後漢書・陳蕃傳》。

汝南人范滂「有澄清天下之志」[66]，張奐「大丈夫處世，當為國家立功邊境」[67]。這些「志同道合」的士人，皆有「以天下為己任」的強烈社會責任感與英雄氣概。他們以國家利益為重，公而忘私，「蘊義生風，以鼓動流俗」，開「激素行以恥威權，立廉尚以振貴」[68] 的社會清流風氣。士人以群體自覺的力量，成結黨之勢，與宦官專權相抗衡。但宦官等奸佞勢力把持朝政，對清流黨人與太學生進行瘋狂迫害，製造了兩次「黨錮之禍」。士人終不能敵惡勢力，文化屈服於強權。但社會上的三君、八俊、八顧、八及、八廚等名目繁多的清流群體，引領了當時自強不屈、不畏暴政的社會風氣。黨錮之前，士大夫領袖具有以天下為己任的意識，所以努力「維繫漢代一統之局於不墜」，黨錮之後，士大夫既知「大樹將顛，非一繩所維」，其所關切重心轉移為保全名節。以「黨錮之禍」為轉捩點，士人其群體覺醒遂轉向個人精神的開拓。魏晉時期玄學倡導個人精神自由灑脫之風氣，實則始於東漢後期士人個人精神之覺醒。

東漢時期出現的私諡，是表現士人名節的特殊符號。門生弟子為表彰其師之名節，追以諡號，屢見史書記載。《後漢書·陳寔傳》：陳寔去世後，「何進遣使弔祭，海內赴者三萬餘人……共刊石立碑，諡為文範先生」。《後漢書·朱穆傳》：「蔡邕復及

---

67 《後漢書·張奐傳》。
68 《後漢書·黨錮列傳》。

闓人共述其體行，諡為文忠先生。」清流士大夫生前，其言行對門生故吏有直接示範作用，其死後，名節又可以轉化為激勵後人的精神力量。自強不息的民族精神以士人保持名節的特殊方式展現出來。先秦儒家以「達則兼濟天下，窮則獨善其身」的處世方式保持自己的獨立精神，到東漢後期，清流士人不但「獨善其身」，而且把名節看得高於生命。黨錮禍起，政府大誅黨人，清流范滂自己去投案赴義，母親對他說：「汝今得與李、杜齊名，死亦何恨。」**69** 在國家與民族大義面前，親情可以割捨，生命可以拋棄，但名節不能不保全。東漢士人重名節甚於生命，由此可窺見一斑。

　　值得注意的是，東漢後期還出現了專門的人物評論之學，評論人倫、德行與品節。郭泰就是一位傑出的人倫鑑識專家。「泰字林宗，有人倫鑑識，題品海內之士，或在幼童，或在裡肆，後皆成英彥，六十餘人。自著書一卷，論取士之本。」**70** 在郭泰之後，東漢出現了許多人物評論著作，但皆宗郭泰之書為標準。余英時對比了郭泰與王充評價人物的標準，認為：「漢末鑑識家之只論才性，不問命運，不僅在思想上為一大進步，同時在促進個人意識之發展方面亦極具作用。蓋依王仲任之絕對命定之說，則個人直無絲毫用力之餘地，而林宗以才性取人，使人知反躬自責，改過遷善，自然命運之支配力量在觀念上遂被打破，個人至

69　《後漢書·范滂傳》。
70　《世說新語》卷三《政事》，劉孝標注。

少在德性方面可以自我主宰。」⁷¹ 可見，人倫鑑識之學，是在漢末重名節之風尚推動下出現的。這表明中華民族重視個人精神世界的自覺，已經開始進入理論探索階段。

從西漢士人努力建設新文化秩序的國家，到東漢士人的群體自覺，再到漢末士人重視個人名節，自強不息的開拓精神伴隨著帝國疆土的拓展、經濟文明區的擴大，上升為士人群體精神的自覺，轉而又深入到個人的精神世界之中。到這個時期，開拓、進取、不屈、愛國的精神已經成為中華民族群體與個體的穩定心理結構，成為維繫民族團結與國家統一的堅強力量與精神動力。

第三節 ▶ 文治政府的構建與儒學主流地位的確立

以漢族為主體的中華民族共同體，在西漢時期隨著大一統國家的日益鞏固，漸漸融合而成。中華民族以自強不息的偉大精神捍衛著國家的安全與統一，以堅韌不拔的毅力與聰明才智推進了經濟的發展，遠播中華文明於海外。先秦時期，諸夏的禮儀文明已經形成，奠定了中國人溫文爾雅、文質彬彬的待人接物方式與兼容的心態。大一統國家的出現，為這種文化特徵深化為民族精神提供了強有力的保障。漢代文治政府的建立，以及儒學定於一尊，使厚德載物的相容精神，在漢代內聚為中華民族的精神。中國被稱為禮儀之邦，具有博大胸懷與海納百川的氣魄，皆奠基於

71 余英時：《士與中國文化》，上海人民出版社 2003 年版，第 276 頁。

秦漢時期中華民族厚德載物的兼容精神。

一、文治政府的構建

一般認為，秦朝以法家思想為指導，行暴政，不尚文治，但秦朝對漢代文治政府的建立亦有草創之功。秦開創的大一統格局，消除封建與地方割據勢力，為中國文治政府的建立掃除了最大的障礙。秦統一文字，實現了天下「書同文」，有助於推行禮樂教化，形成全民族的文化認同。秦朝雖然用法家思想治國，但在朝議時亦有民主氣氛。比如，針對郡縣與封建問題，群臣先討論，皇帝再作出裁決。這種集思廣益的行政方式，與後世文治政府有形似之處。

秦朝為統一思想學術，採取了焚書坑儒的措施。但所焚之書為民間「非博士官」私藏之書，並非焚毀全部儒家經典。從秦刻石中，可看出秦朝對於儒家的倫理道德亦有倡導。會稽刻石：「飾省宣義，有子而嫁，倍死不貞。防隔內外，禁止淫佚，男女絜誠。」琅琊刻石：「以明人事，合同父子。」芝罘刻石：「黔首改化，遠邇同度。」看來，秦帝國在用法家治國的同時，並沒有摒棄儒家的倫理道德教化。「博士」起源於戰國時期，秦朝亦設博士官 [72]，數額為七十人 [73]，為「博古通今之士」，作為政府的

---

72 《漢書·百官公卿表》：「博士，秦官，掌通古今。」
73 錢穆雲：「博士額定七十人，其制亦襲稷下先生七十人也。」參見《秦漢史》，三聯書店 2004 年版，第 28 頁。

顧問。博士官雖沒有實際職位，但此舉顯示出秦政府吸納文士進入決策機構的意願。以上措施，均為秦代創建文治政府之努力。但秦浩劫民力，短命而亡，真正文治政府的創立要到漢武帝時期。

漢初，經濟凋敝，人民貧困，以至於出賣妻子與自身為奴。邊境匈奴禍起，雖中華奮勇抵禦，然國力貧弱，終究與匈奴和親，不能全退強敵。漢初丞相一直由功臣武將擔任，地方郡國多為封建諸侯。宗親貴族、軍事將領、富人成為當時政府的主要成員。在思想文化領域，黃老之學盛行，社會上到處彌漫著「無為而治」與刑罰學說。這時，陸賈經常在高祖面前勸說要重視《詩》、《書》教化，被劉邦罵道：「乃公居馬上而得之，安事《詩》《書》！」陸賈反駁說：「居馬上得之，寧可以馬上治之乎？」[74] 沒有任何禮樂教育背景的漢高祖劉邦，以武力奪取政權，又怎麼知道《詩》、《書》中蘊涵的治國之道呢？

賈誼的文治思想比陸賈更系統。他勸說文帝改弦更張，以實現對內削弱諸侯王權力，對外抵禦匈奴的治安之策。在上書文帝的《陳政事疏》中，賈誼闡述了教育太子、尊禮大臣、闡揚文教、轉移風俗等方面的改革措施。文景時期，國家實行文治的條件仍不成熟，賈誼的這些設想也沒有得到實現，但其後文治政府的創建，其思路均不離賈誼本旨。

經過七十多年休養生息，到漢武帝時期，經濟富庶，國力大

74 《史記·陸賈傳》。

增。史書記載：「漢興七十餘年之間，國家無事，非遇水旱之災，民則人給家足，都鄙廩庾皆滿，而府庫餘貨財。京師之錢累巨萬，貫朽而不可校。太倉之粟陳陳相因，充溢露積於外，至腐敗不可食。」[75] 在經濟蓬勃發展的同時，諸侯國勢力也膨脹開來，「當此之時，網疏而民富，役財驕溢，或至兼併。豪黨之徒，以武斷於鄉曲。宗室有士公卿大夫以下，爭於奢侈。室廬輿服，僭於上無限度」，終成禍患。在思想文化領域，由於長期奉行黃老之學，導致國家缺乏統一的意識形態，民間學術氾濫。

漢武帝解決了諸侯王的內憂與匈奴的外患之後，就著手進行改組政府與加強思想文化統一。以往宗親、軍功貴族對上功高蓋主，對下欺壓百姓，是統一國家的潛在分裂力量。漢帝國必須找到一種適應郡縣制的選官制度，徹底改變漢初以來宗室、軍功貴族與富人掌權的狀況。漢武帝時期，採取一系列文官制度，為建立鞏固的文治政府提供了人才保障。有學者論曰：「一代政治之得失隆汙，常與其文官制度之嚴密與運用之健全與否有密切關係。漢以前之制度，其詳已不可知，至漢則選舉仕宦與任用諸制，漸臻完備。登用人才雖不出數途，然其運用之活潑，後代鮮有能及之者」[76]。此論頗有道理。中國的科舉制度雖完善於隋唐時期，但發端於西漢。

兩漢時期建立了較為完備的文官制度，主要體現在以下三個

---

75 《史記・平准書》。
76 曾資生：《兩漢文官制度》之《緒論》，商務印書館 1942 年版。

方面：一是除了察舉制度，還有公府辟除，皇帝特徵與聘召、考試、任子、郎官等制度。僅察舉制度下，又有孝廉、茂才異等、賢良方正等科目。二是對已入仕的官吏，還有更高級別的察舉，以此作賞罰得失與官員升遷的依據。三是為了把好用人關，漢代察舉責任甚嚴。舉薦者與被舉薦者同賞罰，共命運，如果州郡長官舉人不慎，或者被舉者日後出了差錯，舉薦者將負連帶責任。如果怕擔責任而不薦舉，郡守縣令又會被責以不察之罪。所以，州郡不得不舉，舉則舉賢。可見，漢代選舉制度已經初具規模。

先秦以來，長期在民間傳播古典文化的儒家，習禮儀，化民俗，到漢武帝時期，已經形成龐大的勢力。為宣導儒學之風，國家「博征儒術，開置太學」，立「五經博士」十四家。以「五經」蘊涵的豐富的倫理道德內涵教化民風。《禮記・經解》引孔子曰：「入其國，其教可知也。其為人也，溫柔敦厚，詩教也。疏通知遠，書教也。廣博易良，樂教也。絜靜精微，易教也。恭儉莊敬，禮教也。屬辭比事，春秋教也。」但先秦儒家有德無位，六經之教的理想只在儒家內部薪火相傳。漢代政府以五經為國立大學教材，教化弟子生員，為儒家經典教化的推廣與普及提供了前所未有的契機。

漢代博士為太常屬官，改變了秦朝博士無實權的狀況。「從此博士一職，漸漸從方技神怪、旁門雜流中解放出來，純化為專門研治歷史和政治的學者。」[77] 武帝元狩四年（西元前 119 年），

---

77 錢穆：《國史大綱》，商務印書館 1996 年版，第 145 頁。

丞相公孫弘又請為博士置弟子員，「為博士置弟子，既得崇化於鄉黨，又以獎勵賢材之人」[78]。讓博士承擔起培養國家所需人才的任務，招生的太學生亦稱弟子員。班固贊曰：「自武帝立五經博士，開弟子員，設科射策，勸以官祿，訖於元始，百有餘年，傳業者寖盛，支葉蕃滋，一經說至百餘萬言，大師眾至千餘人，蓋祿利之路然。」[79] 政府通過文官制度，儒士「如此巧妙地被誘入了帝國政體的合作關係中」[80]，從而實現了儒家思想與政權的緊密結合。起初，太學招收五十人，昭帝時期，增至百人，元帝時，激增至三千人，東漢末年已達三萬之眾。經過數年的選舉、招生、培養與分配，國家各級官僚基本上都是由受過專門儒學教育的士人擔任。武帝之後，政府官員已經由士人漸漸取代了宗親、軍人與商人，漢朝各級政府也改組成為文治政府。這是中國政治史上的重大進步。

漢代察舉多舉孝廉、茂才方正。普通平民如有孝廉茂才者，聞名於鄰里鄉黨，被政府徵召、察舉，可以直接做官。這樣就在社會上樹立了道德重於功利的價值標準。平民出生的文官治理國家，要比功臣與宗室更懂得推行文教。他們在選拔新的官員時，也以孝悌仁義為標準，如此循環往復，就在社會上形成了重視倫理道德的風氣。

---

78 《漢書・武帝紀》，顏師古注。

79 《漢書・儒林傳》。

80 湯因比著，曹未風等譯：《歷史研究》（下冊），上海人民出版社 1964 年版，第 83 頁。

一般認為，中華民族的厚德載物精神廣義上表現為禮儀之邦，狹義上表現為個人溫文爾雅的禮儀與寬容的心態。其實，厚德載物的民族精神，不只是表現為禮儀與精神，還真實地表現為「載物」的特徵。先秦時期，孔子提出的庶、富、教的思路，孟子提出仁政學說，荀子鼓勵發展生產，其思想都涉及百姓生存與經濟發展的問題。漢儒心目中，德與行是緊密關聯的，「在心為德，施之為行」[81]。內心之德必然表現為外在之行。儒家倡導的德是一種利他之德，而不是利己之德。晁福林先生指出，個人的力量表現於可以直接轉化為物質的、可以直接感受得到的氣力，體現於個人的思維以及個體內在的德行中[82]。漢代循吏之德正是進入了一種「澄明之境」，盡自己所能，把內心之德轉化為外在的物質力量，在地方上努力推行「富之」「教之」的德政，使百姓先富起來，再施之以禮樂教化。這就是儒家在他人身上體現出來的載物之德。

漢代官吏大致可分為循吏、酷吏與俗吏三種類型。循吏「奉法循理之吏，不伐功矜能，百姓無稱，亦無過行」[83]。「法令，所以導民也；刑罰，所以禁奸也。文武不備，良民懼然身修者，官未曾亂也。奉職循理，亦可以為治，何必威嚴哉？」[84] 循吏推

81 《周禮注疏》卷十四。
82 參見晁福林：《先秦時期「德」觀念的起源及其發展》，《中國社會科學》2005 年第 4 期。
83 《史記‧太史公自序》。
84 《史記‧循吏列傳》。

行儒家的德治，與此相對應，酷吏執行法家嚴刑酷法路線，俗吏介於兩者之間，無所作為。漢代循吏的人數雖然遠不及酷吏和俗吏那樣人多勢眾，但由於漢代循吏以「吏」來推行「師」的教化作用，所以循吏的影響比不在位的儒生為大。循吏在漢代造成的社會影響是「師」重於「吏」、「教」高於「政」。儒家的價值觀念也不知不覺地隨著這種風氣的激盪而滲透到社會意識的深處[85]。秦漢社會雖然廢除封建，實行郡縣，但郡守縣令也有很大的地方自主權，漢哀帝時期，甚至有大臣上書「今之郡守重於古諸侯」[86]。郡守縣令在任職期間，在地方上招募自己的辦事人員，制定地方法規，有較大的空間來施展個人的才華。漢代循吏遵循孔子「庶、富、教」的思想，興修水利，發展生產，興辦學校，教化百姓，實現了儒家「有德有位」的理想。

漢文帝時期，文翁任蜀守期間，「穿湔江口，溉灌繁田千七百頃，是時世平道治，民物阜康，承秦之後，學校陵夷，俗好文刻，翁乃立學，選吏子弟就學」[87]。韓延壽歷任淮陽、潁川、東郡三地太守，《漢書》記載：「延壽為吏，上禮義，好古教化，所至必聘其賢士，以禮待用，廣謀議，納諫爭；舉行喪讓財，表孝弟有行；修治學官。」治理東郡三年，「令行禁止，斷獄大

---

85 參見余英時：《士與中國文化》，上海人民出版社 2003 年版，第 181-
185 頁。

86 《漢書・王嘉傳》。

87 《華陽國志・蜀志》。

減，為天下最」[88]。文翁、韓延壽等人推行的儒家教化政治，對於發展當地經濟、改化民俗，功不可沒。儒學思想定於一尊後，漢代循吏普遍認為孔子為漢作制，許多官員到曲阜祭孔，表達對孔子的敬仰之情。在曲阜任職的官員更是如此。建寧元年（168年），史晨到曲阜任魯相，次年，到孔廟拜謁孔子，並刻石《魯相史晨祀孔子奏銘》碑[89]。碑文曰：「祠孔子乙太牢，長吏備爵，所以尊先師，重教化也。夫封土為社，立稷而祀，皆為百姓興利除害，以祈豐穰。」儒家有「慎終追遠」的傳統，目的是「民德歸厚」。史晨祭祀孔子的目的，是為了在社會上樹立一種普遍的德治教化之風。《史晨碑》文所見兩方面內容：尊師重教，屬於文化方面；以祈豐穰，屬於經濟方面。皆不離孔子「富之」「教之」的思想主旨。

秦漢時代，為了開發邊疆，多次遷徙內地居民戍邊屯墾，也派內地官員赴任邊疆。班超長期經營西域，為東漢西北地方的開發與建設做出了傑出貢獻，即為力證。長期的民族融合與漢文化的推廣，必然對邊地的社會風尚產生影響。史書記載，漢代循吏不但在內地使民「富之」「教之」，在「移變邊俗」方面也做出了重要貢獻。平帝時，「漢中錫光為交阯太守，教導民夷，漸以禮義，化聲侔於延……領南華風，始於二守焉」[90]。這段材料顯

---

88 《漢書・韓延壽傳》。
89 該碑現存山東曲阜漢魏碑刻博物館。
90 《後漢書・循吏列傳》。

示，嶺南地區接受漢民族文化始於平帝時期。嶺南遍吹「華風」，表明嶺南百姓已經與漢族融合。融合的原因不是靠武力征伐，而是靠循吏「教導民夷，漸以禮義」的德治教化。可見，厚德確實可以載物，厚德確實可以兼容。這種民族的兼容性，隨著中華民族外延的不斷擴大，民族精神又會進一步深化與昇華。

由以上分析，可以發現，漢代文治政府的建立，是中華民族厚德載物之「兼容」精神推動的結果，而文治政府推行的文治教化，又進一步深化與拓展了這一精神的內涵與外延。漢代文治政府的建立與改化民俗的進程，自強不息與厚德載物民族精神的凝聚與昇華，都離不開儒學地位的提高與普及。

二、儒學主流地位的確立

西漢儒家思想被確立為國家的意識形態，不是一蹴而就的，而是經歷了一個較為漫長的過程。很多學者認為，儒學定於一尊，是因為儒家思想適合漢代大一統國家統治的需要。但對於皇權專制主義來說，法家學說比儒家應該更適合承擔這樣任務。其實，到漢宣帝時期，「漢家自有制度，本以霸王道雜之」的論調仍是皇帝的思維定勢。所以，儒學主流地位確立的根本原因在於儒學的特質與儒家的不懈努力。

自孔子開始，先秦儒家就開創了道德優先意識及智識主義傳統 91。道德優先意識是厚德載物精神的靈魂。做人先立德，其次

---

91 孔德立：《道德優先意識及智識主義傳統—論先秦儒家尊德性和道問學

再立功、立言。此之所謂「行有餘力，則以學文」[92]。儒家之道是修己安人的人道。孔子說：「志於道，據於德。」[93] 一個人立志踐行道，就必須修身成德，然後再以禮義教化引導民眾走向善道。孔子主張德治，「為政以德，譬如北辰，居其所而星拱之」，「道之以德，齊之以禮，有恥且格」，「舉直錯諸枉，則民服。舉枉錯諸直，則民不服」[94]。孔子開創了儒家以教道改造政道，以文化秩序駕馭政治秩序的儒家之道，為後世儒學的發展奠定了重德的傳統。儒家之道，並不排斥其他思想的存在，因而具有廣闊的包容性與強大的承載能力。孔子庶、富、教的理想與孟子的仁政學說，又表達了儒家強烈改善民生教化的社會責任感。唯有包容才可以載物，唯有進取與變通，才可以自強不息。可見，先秦儒家已經預設了民族精神的自強不息與厚德載物的因子。然儒家在重德的基礎上，亦重視開發民智，改化民俗。在先秦諸子中，只有儒家持主智論，道、法、墨等家均與此無緣[95]。秦漢帝國開拓疆土，物質文明飛速發展，如果說有一種自強不息的民族精神作為動力，那麼這種動力主要來自儒家。

秦朝用法家治國，但並沒有完全排斥儒家。雲夢秦簡《為吏之道》篇，有「寬裕忠信，和平毋怨」，「恭敬多讓，寬以治之」

說》，《文化中國》2006 年第 4 期。

92 《論語·學而》。

93 《論語·述而》。

94 《論語·為政》。

95 參見余英時：《中國思想傳統的現代詮釋》，江蘇人民出版社 1998 年版，第 63-68 頁。

等儒家話語。這說明秦帝國的地方郡守縣令，亦有堅守儒學之人。學術傳承，並不賴於政府提倡才興，也不賴於政府之壓制而亡。楚漢戰爭之際，「魯中諸儒尚講誦習禮樂，弦歌之音不絕」[96]。建立西漢的王公將相，大多缺乏教養。漢高祖劉邦竟然用儒生的帽子作為溺器，對儒家之侮辱甚於暴秦。漢初為了恢復生產、發展經濟，國家並沒有在思想文化領域採取指導性的意見，各種思想學說並行。但儒學因其積極進取的精神與厚德載物的性格，在漢初仍然顯示出旺盛的生命力。

秦王掃六合，無人能抵禦，其帝國大廈將傾，亦無人能扶，可謂「飄風不終朝，驟雨不終日」[97]。強秦短命而亡，為漢代儒家的翻身提供了最正當的理由。堅守儒家理想的陸賈，在漢高祖面前不厭其煩的勸說，國家應該推行儒家的仁義教化思想。「秦二世尚刑而亡。故虐行則怨積，德布則功興，百姓以德附……萬世不亂，仁義之所治也。」[98] 另外一個理想主義者賈誼，著《過秦論》，詳細闡述了「仁義不施，而攻守之勢異也」的道理。但陸賈、賈誼書生氣太重，不懂變通，再加上漢初形勢的制約，他們的呼籲效果並不理想。另外一個儒者叔孫通沒有正面勸帝王接納儒學，而是採取為漢制定朝儀的方式，使漢高祖切身體會到儒學帶給皇帝的尊貴與榮耀。高祖與群臣在長樂宮以叔孫通所制朝

---

96 《史記・儒林列傳》。
97 《老子》。
98 《新語・道基》。

儀，行君臣之禮，「竟朝置酒，無敢喧譁失禮者」。於是高帝曰：「吾乃今日知為皇帝之貴也。」[99] 可見，朝儀對於維護皇帝的權威，起到了制度化與規範化的作用，深得皇帝喜愛。叔孫通以迎合統治者的手段博取功名，被有的儒家學者視為叛逆，但叔孫通更懂得如何與沒有文化教養的統治者合作。他的做法比陸賈、賈誼更有成效，在客觀上推動了漢帝國對儒學的重視。漢高祖過魯，「乙太牢祠」孔子，開歷代帝王祭祀孔子之先河。這不能不說，漢高祖心目中的儒家形象正因叔孫通的出現而改變。司馬遷評價叔孫通曰「希世度務，制禮進退，與時變化，卒為漢家儒宗」[100]，此誠為不虛之論。如果說叔孫通為漢家制定禮儀，引起了統治者對儒家的另眼相看，那麼，董仲舒對儒學的理論改造，則為統治者準備了一桌豐盛的思想大餐。

董仲舒以儒家思想為主，又吸納了陰陽家、道家、法家等學說，融攝自然與社會、天道與人道，架構了一套宏大的宇宙社會與人生體系的新儒學理論。這個具有兼容性的新儒學圍繞大一統的政治學說，包含神權與君權的關係、倫理秩序、文化秩序以及思想統一的意義等國家長治久安的大問題。漢元光元年（西元前134 年），漢武帝舉行大規模的舉賢良對策，在眾多儒生中，董仲舒脫穎而出。董仲舒建議漢武帝：

《春秋》大一統者，天地之常經，古今之通誼也。今師異

---

99 《史記・叔孫通列傳》。
100 《史記・叔孫通列傳》。

道，人異論，百家殊方，指意不同，是以上亡以持一統；法制數變，下不知所守。臣愚以為，諸不在六藝之科、孔子之術者，皆絕其道，勿使並進。邪辟之說滅息，然後統紀可一而法度可明，民知所從矣。[101]

這段話出自董仲舒上書漢武帝的《天人三策》，明確提出了「罷黜百家，獨尊儒術」的建議。董仲舒以《春秋》大一統作為吸引皇帝的亮點，提出思想領域的統一問題，意在表明百家之學不能齊頭並進，要獨尊「六藝」之儒學。

漢武帝毅然採納了董仲舒的提議，「卓然罷黜百家，表章六經」[102]。因而，在儒家學術思想史上，董仲舒就成了為儒學贏得地位的英雄。「仲舒遭漢承秦滅學之後，六經離析，下帷發憤，潛心大業，令後學者有所統一，為群儒首。」[103]「孔子之文在仲舒」[104]。此外，漢武帝還立五經博士，設太學，傳承儒家六藝之學。這標誌著儒家思想在漢武帝時期被正式確立為漢帝國的指導思想。長期堅守文化傳承的儒家終於在此時有了出頭之日。雖然漢代儒學內部尚有今古文經之爭，但這並不影響儒學走向獨尊地位。居於統治地位的今文經學可以借助儒學占據意識形態主導地位的優勢，進一步在國家禮制、文官制度、教育體制等領域滲透其影響。在民間傳承的古文經學主要進行儒家文獻整理，改化民

101 《漢書‧董仲舒傳》。
102 《漢書‧武帝紀》。
103 《漢書‧董仲舒傳》。
104 《論衡‧超奇篇》。

俗，學術地位也不可小視。儒家思想的實踐性格及其對人生諸多問題的涵蓋，使它在漢代思想文化中，居於主流地位。漢代在建設大一統帝國的歷史進程中，逐漸把儒家思想拓展到社會各個領域與階層，儒學開始在民族心理、性格上打上了難以磨滅的印痕，並從此不易被外來勢力所動搖[105]，從而成為中華民族的共有文化資源與精神支柱。

班固評價儒家曰：「儒家者流，蓋出於司徒之官，助人君順陰陽明教化者也。游文於六經之中，留意於仁義之際，祖述堯舜，憲章文武，宗師仲尼，以重其言，於道最為高。」[106] 這個評論，基本涵蓋了儒家思想的特徵。儒家思想中的孝道、禮治思想由於儒家的努力與政府的提倡，在漢代普遍形成了重視倫理道德的社會風氣。兩漢皇帝中，除了漢高祖劉邦、光武帝劉秀，其他諸位帝王諡號裡皆有「孝」字，可謂「漢代以孝治天下」。儒家之「道」重視道統傳承，具有濃厚的歷史優先意識。儒家認為，歷史對於當代人來說有不言自明的優先性，其正確性是毋庸置疑的。儒家勾勒出的「道統」對於現實政治秩序，有極強的吸引力。任何政權上臺之後，要首先完成接續道統的論證，以顯示其政權在歷史發展的長河中是必然的結論。由於儒學有論證政權合法性的理論，所以，任何政權都希望從儒學中獲取資源，這是儒學在漢代居於學術主流地位的一個重要原因。

105 李澤厚：《中國古代思想史論》，三聯書店 2008 年版，第 182 頁。
106 《漢書・藝文志》。

儒家思想在社會上的廣泛傳播，對於漢代民族精神的培育與弘揚起到了直接推動作用。社會責任感支撐著漢代儒家不懈的努力，試圖以文化秩序駕馭政治秩序，這可以說是儒家感動社會的一個重要方面。自戰國以來，儒家長期堅持在民間推行教化與文化傳播。無論他們是否得志，始終以「士」的標準要求自己。孟子說「無恆產而有恒心者，惟士為能」[107]，道出了真儒家的堅韌品格。余英時概括中國傳統知識分子的基本特徵，用於概括儒家亦非常合適：儒家代表普遍的道，並不專屬於哪一個社會階級；儒家之道源於古代的禮樂傳統。這基本上是一個安排人間秩序的文化傳統。「以天下為己任」，「天下興亡，匹夫有責」等觀念皆從這裡濫觴出來；儒家不但代表道，而且相信「道」比「勢」更尊；由於「道」缺乏具體的形式，知識分子只有通過個人的自愛、自重才能尊顯他們所代表的「道」[108]。漢武帝時期，儒學從百家之學脫穎而出，走向獨尊，最重要的原因恐怕還是儒家長期在民間從事文化傳播與禮樂教化，已經在社會形成了廣泛的社會基礎與思想基礎。所以，當漢武帝改弦更張時，長期積聚在民間的儒學力量，適應社會形勢需要，以巨大的能量在短時間內爆發出來，使漢武帝建立文治政府有了充足的人才與思想保障。「修身以俟之」[109]的儒家，以自身的實際行動詮釋了自強不息與厚

---

107 《孟子・梁惠王上》。
108 余英時：《士與中國文化》，上海人民出版社 2003 年版，第 95-96 頁。
109 《孟子・盡心上》。

德載物的民族精神。

　　儒學定於一尊後，道家、陰陽五行家等「異端」學說一直在民間流行。儒學是社會上學術思想的大傳統，其他學說就是小傳統。在儒學的兼容精神照耀下，「萬物並育而不相害，道並行而不相悖」[110]。開放與包容是儒學厚德載物精神的體現，儒學在學術思想上主流地位確立之後，這種精神遂移植為整個中華民族的精神。漢代佛教傳入中國，是文化思想界的大事。佛教不拜君主，不敬父母的教義與儒家思想有直接的對立。在這種形勢下，儒學與中華民族的厚德載物的兼容精神顯示了強大的威力，使佛教做出自身理論的改變，主動來適應中國文化。到南北朝時期，佛教已經澈底完成了中國化進程。

　　儒學獨尊之後，六藝之學逐漸成為經學，東漢時期，經學是學術思想的主要表現形式。但隨著經學的日益僵化，讖緯的流行，這種包容性與開放性已經不再明晰，從而導致儒學自身的衰微，奮發進取與寬裕敦厚的民族精神也喪失了其凝聚力。魏晉時期，國家走向分裂，這與民族精神凝聚力的下降與儒學自身的封閉性有直接關係。但儒家又有「以天下為己任」的責任感，所以，儒家並不完全依附於政治秩序，而是與政治進行有條件的合作與抗爭。也惟其如此，中華民族又能在逆境中百折不撓，在逆境中堅守精神家園，歷經磨難而志彌堅。

第二編————

魏晉南北朝隋唐：多民族交融與民族精神的整合

第四章 ——
從亂世到盛世：民族精神的整合

第一節 ▶ 從魏晉風度到唐人風采

魏晉南北朝時期是中國歷史上分裂時間最長的一個時期。四百年裡，各種力量為了爭奪統治地位或擴大統治範圍，展開了激烈的鬥爭，政權更迭十分頻繁，社會動盪不安，民族矛盾尖銳，再加上自然災異頻繁發生，政治黑暗，導致社會混亂，民不聊生。這也是繼春秋戰國之後第二個文化轉型的關鍵時期。舊的權威思想——漢代由董仲舒建立的「天人感應」神學思想的崩潰，使得原有的價值觀念、道德標準受到質疑，如：黨人范滂臨死前對兒子說：「吾欲使汝為惡，則惡不可為；使汝為善，則我不為惡。」[1] 隨著作為行為準則和道德規範、維繫人與自然、人與社會、人與人、人與天關係的紐帶中斷，社會上出現「戶異議，人殊論，論無常檢，事無定價」[2] 的現象。東漢中後期以來，諸子思想復興，異端學說發難，通經入仕之途堵塞，使得士人逐漸擺脫經學束縛，思想多元發展，並將目光轉向對個人獨立意識和個

1　《後漢書・范滂傳》。
2　《意林》卷五，引曹丕《典論》。

體價值的思考。東漢中後期，朝政混亂，外戚、宦官輪流執掌政權。為挽救時局，在朝的士大夫與在野的士人聯合起來，與宦官、外戚展開鬥爭。漢廷卻發動兩次黨錮之禍，大批士人遭到屠殺，從而導致士人與大一統政權的疏離。亂世殺伐，生命遭受的戕害比任何一個時代都要突出，這一切都激發了士人個體生命意識的覺醒。面對生命的短暫易逝，如何實現人生的目標，如何在短暫的生命瞬間，追求個體生命價值的永恆，成為魏晉士人生命意識的主題。巨大的死亡傷痛使士人充滿了對整個社會群體生命的悲憫情懷，而生命的無常也使他們迸發了強烈的生命意識，渴望通過建功立業來實現個體的生命價值，以追求生命的不朽。

正如美學家宗白華在《論〈世說新語〉和晉人的美》一文中所云：「漢末魏晉六朝是中國政治上最混亂、社會最痛苦的時代，然而卻是精神史上極自由、極解放，最富有智慧、最濃於熱情的一個時代。因此也就是最富有藝術精神的一個時代。」[3] 舊的權威思想已然崩潰，新的權威思想尚未重新建構起來，這是一個思想最自由的時代。「只有這幾百年間是精神上的大解放，人格上思想上的大自由。人心裡面的美與醜、高貴與殘忍、聖潔與惡魔，同樣發揮到極致。……這是強烈、矛盾、熱情、濃於生命彩色的一個時代。」[4] 這一時期，作為文化精英的士人展現出獨

---

3 宗白華：《論〈世說新語〉和晉人的美》，《美學散步》，上海人民出版社 1981 年版，第 177 頁。
4 宗白華：《論〈世說新語〉和晉人的美》，《美學散步》，第 177-178 頁。

特的行為方式和精神風貌，這就是魏晉風度。

魏晉風度是魏晉名士的行為方式、個性特徵、價值取向、人格追求、審美理想的集中體現和象徵。其核心是人的覺醒。從天人感應神學體系和大一統政權的約束下解放出來的士人，「要求澈底擺脫外在的標準、規範和束縛，以獲取把握所謂真正的自我，便成了魏晉以來的一種自覺意識」[5]。追求個性解放、個體精神自由，展現真實的自我，充分的自信，自由地表達思想和感情，強烈的生命意識，盡情享受生活，等等，這些都可說是魏晉風度的表現。

魏晉人崇尚個性主義，解脫了漢代儒教統治下的禮法束縛，在政治上表現為曹操超道德觀念的用人標準，在行為上表現為自信和對他人的個性和風神容止的欣賞。曹操於西元二一〇年、二一四年和二一七年先後三次發布求賢令，其中提到有德者不一定有才，有才者不一定德行高尚。即使「不仁不孝」，只要有「治國用兵之術」均可被選用。這一詔令直接衝擊了漢代道德觀念，造成的影響不可忽視。而曹操自己，並非出身於世家大族，絕非固守禮教的恂恂儒者形象。他敢說敢做。在建安十五年十二月己亥日的《讓縣自明本志令》中，曹操坦言：自己有志於建立功業，以顯親揚名，不甘作凡夫愚子。在參加討董卓之後，實際情形迫使他東征西伐，兵權日益加重。因為挾天子以令諸侯，自知

---

5 李澤厚：《中國古代思想史論》，安徽文藝出版社 1994 年版，第 192 頁。

是「慕虛名而處實禍」，但深知一旦放權則易招致自身的危險。這番直言純出胸臆，決不隱諱遮掩。曹操「為人佻易，無威重。好音樂，倡優在側，恒以日達夕。被服輕綃，身自佩小鞶囊，以盛手巾細物，時或冠帢帽以見賓客。每與人談論，戲弄言誦，盡無所隱。及歡悅大笑，至以頭沒杯案中，肴膳皆沾汙巾幘。其輕易如此」[6]。作為建安年間最有影響力的人物，曹操的通脫無疑帶動著世風和士風的變遷。

個性張揚、有充分的自信是覺醒了的士人的共性。東漢戴良曾言：「我若仲尼長東魯，大禹出西羌。獨步天下，誰與為偶？」[7]禰衡於建安初攜一刺赴許都，拜訪一時名士，結果刺沒用上，以致因時間長而字漫漶不清。他只看得起孔融和楊修，並說：「大兒孔文舉，小兒楊德祖，餘子碌碌，莫足數也。」[8]他和孔融互相褒揚，說孔融是「仲尼不死」，孔融說他是「顏回復生」[9]。這種在當時被視為放誕、不同流俗的言論正是充分自信的表現。魏晉士人認識到個體是獨一無二、不可替代的，所以儘管能尊重他人個性之美及其價值，但絕不看輕自己。桓溫與殷浩少時齊名，二人常有競爭之心。桓溫常常瞧不起殷浩，曾問他：「卿何如我？」殷浩答：「我與我周旋久，寧作我。」[10]這正是對

6　《三國志・魏書》卷一，《武帝紀》注引《曹瞞傳》。
7　《後漢書・戴良傳》。
8　《後漢書・禰衡傳》。
9　《後漢書・孔融傳》。
10　《世說新語・品藻》。

自我的個性的充分肯定。當王獻之被謝安問及書法與其父親王羲之相比如何時，他回答：「固當不同。」並認為外人評價自己書法不如父親實際是不了解實情，顯然不甘認同世人說法，並自以為自己的書法水準超過父親。東晉高僧支遁問孫綽自覺和許詢相比如何，孫綽回答：「高情遠致，弟子早已服膺；然一詠一吟，許將北面矣。」[11] 顯然，孫綽佩服許詢的高邁、超脫的人格風範，但自許文才遠遠勝過許詢。《世說新語‧賞譽》、《品藻》、《容止》篇中不乏表現士人直接欣賞人格個性之美、尊重個性價值的例子。王濛說：「劉尹（指與他齊名的好友劉惔）知我，勝我自知。」[12] 這其實是對劉惔和自己兩人的肯定。謝安聽說桓伊「每聞清歌，輒喚奈何」，很感慨地說：「子野可謂一往有深情。」[13]

立名是使生命不朽的方式之一。漢末，名聲本身具有獨立的價值，是對個體道德才性的肯定。為表現自己的獨特存在，魏晉人盡情地展現本性，以追求盛名。東晉張憑「舉孝廉，負其才，自謂必參時彥。初欲詣（劉）惔，鄉里及同舉者共笑之。既至，惔處之下坐，神意不接。憑欲自發而無端。會王濛就惔清言，有所不通，憑於末坐判之，言旨深遠，足暢彼我之懷，一坐皆驚。惔延之上坐，清言彌日，留宿至旦，遣之」[14]。他在劉惔與王濛等名士的清談雅集上一語驚人，引起劉惔的刮目相看，從而聲名

---

11 《晉書‧孫綽傳》。
12 《世說新語‧賞譽》。
13 《世說新語‧任誕》。
14 《晉書‧張憑傳》。

鵲起。桓溫不甘平庸，感慨道：「既不能流芳百世，亦不足復遺臭萬載邪？」[15] 這足以表明他對於名的重視，想立名以不朽，而不論是善名還是惡名。這一時期的士人顯得多才多藝，大多兼通琴棋書畫詩文，正是基於對個體才性的充分發掘。

這種自我意識，還表現為尊重人格的獨立和身心的自由，具有豐富的生活情調和超脫的胸襟。《世說新語·言語》篇載：東晉高僧支道林好鶴。友人送來兩隻鶴。及至鶴長大，因怕鶴飛走，他剪掉鶴的翅膀，卻發現鶴「反顧翅垂頭」，「如有懊喪意」。於是支道林說：「既有凌霄之資，何肯為人作耳目近玩？」等鶴翅膀長成，他就讓鶴自由地飛走。正是由於支道林內心崇尚自由，他才能體會鶴的懊喪之意，並將鶴放走。

漢儒要求「發乎情，止乎禮義」[16]，提倡以禮節情。漢代儒學成為入仕的敲門磚，似乎發展興盛，其實大義未明，儒學的核心精神逐漸迷失，統治者因名設教的結果是束縛了個性的發展。一些士人看到禮教被利用和走向虛偽，分別從理論上和行為上反對禮教。東漢戴良的母親喜聽驢鳴，他經常學驢鳴來娛樂母親。母親去世後，他飲酒食肉，哀極乃哭，因此受到指責。他申辯說：「禮所以制情佚也。情苟不佚，何禮之論？」[17] 曹魏正始年間，何晏提出：聖人無喜怒哀樂之情。王弼卻認為聖人有情：

15　《世說新語·尤悔》。
16　《詩序》。
17　《後漢書·戴良傳》。

「聖人茂於人者神明也，同於人者五情也，神明茂，故能體沖和以通元，五情同，故不能無哀樂以應物。然則聖人之情，應物而無累於物者也。今以其無累，便謂不復應物，失之多矣。」[18] 聖人是玄學家們虛構的理想人格形象。聖人和常人一樣有情，卻能應物無累，這是他們超出常人的地方。這就將人從禮教中解放了出來，肯定了作為人的七情六欲的合理性。嵇康提出「非湯、武而薄周、孔」[19]，阮籍說「禮豈為我設邪」[20]，以及由他們開創的任誕之風，正是對情的宣導和對虛偽禮教的反抗。

重情是魏晉風度的重要表現之一。魏晉人「向內發現了自己的深情」[21]。他們淋漓酣暢地表達了對於生命情感的體驗。王戎說：「聖人忘情，最下不及情。情之所鐘，正在我輩。」[22] 翻開《世說新語・傷逝》篇，我們不難感受到魏晉人的深情：

> 王子猷、子敬俱病篤，而子敬先亡。子猷問左右：「何以都不聞消息？此已喪矣。」語時了不悲，便索輿來奔喪，都不哭。子敬素好琴，便徑入，坐靈床上。取子敬琴彈。弦既不調，擲地云：「子敬，子敬，人琴俱亡！」因慟絕良久。月餘亦卒。

這是親情。

顧彥先平生好琴。及喪，家人常以琴置靈床上。張季鷹往哭

18 《冊府元龜》卷五九九。
19 《與山巨源絕交書》，《文選》卷四十三。
20 《晉書・阮籍傳》。
21 宗白華：《論〈世說新語〉和晉人的美》，《美學散步》，第 215 頁。
22 《世說新語・傷逝》。

之，不勝其慟，遂徑上床鼓琴，作數曲竟，撫琴曰：「顧彥先頗複賞此不？」因又大慟。遂不執孝子手而出。

……

王長史病篤，寢臥燈下，轉麈尾視之，歎曰：「如此人，曾不得四十！」及亡，劉尹臨殯，以犀柄麈尾著柩中，因慟絕。

這是友情。還有愛情。王戎妻常以卿稱呼王戎。王戎告誡她：「婦人卿婿，於禮為不敬。」王妻辯解道：「親卿愛卿，是以卿卿。我不卿卿，誰當卿卿？」[23] 倒是振振有詞，王戎只好聽之任之。這是超越禮教的人倫之情。

魏晉人的深情還表現在對自然的欣賞，從而走近自然方面。宗白華說：「晉人向外發現了自然。」[24] 簡文帝游華林園，「覺鳥獸禽魚自來親人」[25]。王獻之說：「從山陰道上行，山川自相映發，使人應接不暇。若秋冬之際，尤難為懷。」[26] 他們在自然中尋求與道合一、超脫自由的境界，在自然中體味宇宙、人生之理。孫綽《遊天臺山賦》云「恣語樂以終日，等寂寞於不言，渾萬象以冥觀，兀同體於自然」[27]，渾然與天地一體，靜觀、體味宇宙、自然。南朝劉宋時期的宗炳喜好山水，後因年老多病，不能實現遍遊名山大川的願望，於是將所遊歷的山水畫在牆壁上，

---

23 《世說新語·惑溺》。
24 宗白華：《論〈世說新語〉和晉人的美》，《美學散步》，第 215 頁。
25 《世說新語·言語》。
26 《世說新語·言語》。
27 《文選》卷十一。

欲「澄懷觀道，臥以遊之」[28]。他還說「聖人含道映物，賢者澄懷味象。至於山水，質有而趣靈……夫聖人以神法道而賢者通，山水以形媚道而仁者樂」[29]，顯然認為山水中蘊涵著大道，待人知賞、領悟而獲得人與道合一的樂趣。陶淵明的田園詩、謝靈運的山水詩正是自然美的發現和在自然中尋求精神安頓的代表。如陶淵明《飲酒》第五首：「結廬在人境，而無車馬喧。問君何能爾，心遠地自偏。采菊東籬下，悠然見南山。山氣日夕佳，飛鳥相與還。此中有真意，欲辯已忘言。」[30] 再如謝靈運的「池塘生春草，園柳變鳴禽」[31]。要在平凡的生活中品味出「真意」，感悟宇宙生生不息的流衍，必須以超俗的心靈深入自然之境。

不僅如此，魏晉人還有著對宇宙人生深刻的體驗和至深無名的哀感。「阮籍時率意獨駕，不由徑路，車跡所窮，輒痛哭而返。」《晉書‧阮籍傳》。衛玠欲渡長江，形神慘悴，對身邊的人說：「見此芒芒，不覺百端交集。苟未免有情，亦復誰能遣此？」[32] 王登上茅山而大慟哭，說：「琅邪王伯輿，終當為情死！」[33] 桓溫一介豪武之人，見自己多年前所種柳已十圍，慨然曰：「木猶如此，人何以堪？」「攀枝執條，泫然流淚。」[34] 王

---

28 《宋書‧宗炳傳》。
29 宗炳：《畫山水序》，《歷代名畫記》卷六。
30 《陶淵明集》卷三。
31 《登池上樓》，《文選》卷二十二。
32 《世說新語‧言語》。
33 《世說新語‧任誕》。
34 《世說新語‧言語》。

羲之《蘭亭集序》寫道：「是日也，天朗氣清，惠風和暢。仰觀宇宙之大，俯察品類之盛，所以遊目騁懷，足以極視聽之娛，信可樂也。夫人之相與，俯仰一世，或取諸懷抱，悟言一室之內，或因寄所托，放浪形骸之外。雖趣舍萬殊，靜躁不同，當其欣於所遇，暫得於己，快然自足，不知老之將至；及其所之既倦，情隨事遷，感慨系之矣。向之所欣，俯仰之間，已為陳跡，猶不能不以之興懷；況修短隨化，終期於盡。古人雲：『死生亦大矣』，豈不痛哉！每覽昔人興感之由，若合一契，未嘗不臨文嗟悼，不能喻之於懷。固知一死生為虛誕，齊彭殤為妄作。後之視今，亦由今之視昔。悲夫！」[35] 從自然的審美愉悅轉向對人事變幻、人生短暫的感傷。王羲之退隱後，與親友們營山水弋釣之樂，遊名山，「泛滄海，歎曰：『我卒當以樂死！』」[36] 這是對人生快樂的體驗。

　　魏晉人的個體意識還表現在對文藝的創作和欣賞中。魯迅說曹丕的時代是一個文的自覺的時代，意指魏晉時文學從經學中獨立出來。曹丕說：「蓋文章，經國之大業，不朽之盛事。年壽有時而盡，榮樂止乎其身。二者必至之常期，未若文章之無窮。是以古之作者，寄身於翰墨，見意於篇籍，不假良史之辭，不托飛馳之勢，而聲名自傳於後。」[37] 文學創作不再是載道或服務於政

---

35 《晉書・王羲之傳》。
36 《晉書・王羲之傳》。
37 《典論・論文》。

治，而是表達生命感受、抒發個人情志的方式。陸機說：「詩緣情而綺靡，賦體物而瀏亮」[38]。文人詩在這一時期的出現和發展與士人強烈的生命意識密切相關。

藝術是魏晉士人抒情達意的重要方式。最能表現士人追求自由、超脫的人生境界的藝術門類是音樂，音樂中又以琴最能表達士人的心志。嵇康在《聲無哀樂論》中指出：音樂與政治教化無關，而是個人意興情趣的表達方式。其《琴賦》云：「處窮獨而不悶者，莫近於音聲也。」他認為琴可以「導養神氣，宣和情志」[39]。人琴合一是魏晉士人的代表性生存狀態。嵇康臨死前，從容彈奏《廣陵散》；張翰彈琴以吊顧榮；王徽之彈琴以哀王獻之；阮籍「夜中不能寐，起坐彈鳴琴」[40]……琴寄寓著士人對於生命的理解和對自由超脫境界的追求。

書法，尤其是行草更是士人崇尚自由、個性才情的藝術表現。行草藝術純繫天機流於筆端，筆畫間自有意趣。只有自然瀟灑、超邁自由的心靈才能創造出這樣高超的藝術。王羲之《喪亂帖》體現了他內心悲痛難以自持的情態。唐代張懷瓘《書議》論草書之妙：「草則行盡勢未盡，或煙收霧合，或電激星流，以風骨為體，以變化為用。有類雲霞聚散，觸遇成形；龍虎威神，飛動增勢。岩谷相傾於峻險，山水各務於高深，囊括萬殊，裁成一

---

38 陸機：《文賦》，《文選》卷十七。
39 《嵇中散集》卷二。
40 《詠懷八十二首》之第一首，《文選》卷二十三。

相。或寄以騁縱橫之志，或托以散鬱結之懷；雖至貴不能抑其高，雖妙算不能量其力。是以無為而用，同自然之功；物類其形，得造化之理，皆不知其然也。可以心契，不可以言宜。觀之者似入廟見神，如窺谷無底，俯猛獸之牙爪，逼利劍之鋒芒，肅然危然，方知草之微妙也。」他還評價王獻之書介於行草之間：「挺然秀出，務於簡易。情馳神縱，超逸優遊，臨事制宜，從意適便。有若風行雨散，潤色開花，筆法體勢之中，最為風流者也。」[41] 這是對草書藝術精神的精妙概括，也是對以王獻之為代表的自由瀟灑超脫藝術人格的準確描述。

生命意識是魏晉人格和魏晉風度的起點。自古詩十九首以來，有關生命短暫的吟詠不絕如縷。雄豪如曹操，也感歎「對酒當歌，人生幾何，譬如朝露，去日苦多」[42]。這種生命意識使得他們更為珍惜生命，留戀現世的生活。魏晉人服藥、飲酒，均源於此。嵇康作《養生論》和《難養生論》，提出形神兼養，否定外在的功名利祿、富貴榮華，倡導實現內心的沖淡平和、超脫自由的人生境界。這一思想得到廣泛的認同。東晉初，《養生論》是丞相王導清談的三個主題之一。魏晉人努力追求詩意的人生，文學和藝術、審美性的人物品藻和清談均是其表現。這種生命意識使得士人向宗教裡尋求慰藉。東晉名士與高僧的密切來往可謂顯證。

---

41 張懷瓘：《書議》，《法書要錄》卷四。
42 《短歌行》，《文選》卷二十七。

這一時期的士人大多既有著追求自由人格、超越的生活態度，又不乏強烈的入世意識。如：謝安四十多歲出仕後位至宰相、協調與龍亢桓氏、太原王氏等世家大族之間的勢力從而取得政治上的成功，與其在隱居期間長期關心政局、留心觀察世務直接相關。他在家族談論詩文時明確說自己最欣賞「謨定命，遠猷辰告」[43]一句，因其有「雅人深致」[44]，顯然頗有政治志向。王羲之則既有逸民之懷，又有強烈的經世情結。他在回復殷浩請他出仕的信中，一方面聲稱自己樂於享受隱居的樂趣，另一方面又表示願不辭辛勞為國家效力。及至他因與王述有芥蒂而退隱，在寫給親友的信中時時表露對於國事的擔憂。這是魏晉時期儒家、道家思想結合形成儒道互補格局被士人付諸社會實踐的反映。

至南朝，魏晉以來的世家大族可憑藉社會地位「平流進取，坐至公卿」[45]，導致實際處世能力下降。顏之推在《顏氏家訓·勉學》篇指出當時貴遊子弟的沒落：「梁朝全盛之時，貴遊子弟多無學術，至於諺云：『上車不落則著作，體中何如則秘書。』無不熏衣剃面，傅粉施朱，駕長簷車，躡高齒屐，坐棋子方褥，憑斑絲隱囊，列器玩於左右，從容出入，望若神仙。明經求第，則顧人答策；三九公燕，則假手賦詩。當爾之時，亦快士也。及離亂之後，朝市遷革，銓衡選舉，非復曩者之親；當路秉權，不

---

43 《詩經·大雅·抑》。
44 《世說新語·文學》。
45 《南齊書·王儉傳》。

見昔時之黨。求諸身而無所得，施之世而無所用，被褐而喪珠，失皮而露質，兀若枯木，泊若窮流，鹿獨戎馬之間，轉死溝壑之際。當爾之時，誠駑材也。」相反，寒族因掌握有實權而地位上升。這種局面隨著隋的統一有了進一步的發展。

隋的統一結束了魏晉南北朝數百年的紛爭與南北對立。西元六一八年唐朝建立，在隋統一基礎上建立起來的大唐帝國，強大昌盛，欣欣向榮，政治、經濟和文化全面高漲。為了擴大統治基礎，唐朝實行科舉取士，給唐代文化發展帶來一系列深刻的變化。首先，從六朝門閥勢力下解放出來的一批庶族寒士登上了歷史舞臺，成為政治生活中最活躍的新生力量。他們帶著一往無前的蓬勃朝氣，懷抱匡時濟世的宏偉志向，歌唱社會人生，歌唱時代理想，使文化風貌發生了明顯的變化。其次，「以詩賦取士」，有力地刺激了地主階級的文化教育，使整個社會的文化得到普及。

唐代開放、寬鬆的社會文化環境，民族大融合的進一步發展，中外文化交流的頻繁使得開放進取、自信樂觀成為時代精神。在新的社會機制、文化氛圍下，唐代士人展現出新的風采，它對「魏晉風度」有繼承，也有發展。這主要表現在：唐代士人有著強烈的生命意識，他們一方面積極追求功業，一方面盡情享樂世俗生活，在佛教與道教中尋求對死亡恐懼的解脫。他們崇尚個性張揚與自由脫俗的精神，嚮往自然適意的人生境界。在盛唐士人身上，魏晉士人普遍具有的內在緊張和焦慮已經消除。唐人更直接地融入自然，努力追求詩化的人生。

時代的變化在文藝領域最為敏感、直接和清晰。唐代是詩歌

豐收的時代，聞一多以「詩唐」概括唐代的文化特色。唐人沉迷於詩，詩成為他們抒發情志、展露才情與個性的重要方式。唐人在詩歌中塑造自我形象，其基本形象是：周覽天下、雄視古今、狂簡自傲、鄙棄流俗，而這些正是那個時代的自由個性的表徵。

唐初，政局安定，經濟繁榮，國力強大，反映到士人的精神狀態上，便是一種明朗的情調。唐太宗及其大臣們雖然頗多應制、奉和之作，描寫宴樂生活、閨閣情趣，承襲南朝綺靡餘風，但他們是建立功業的人，有著開闊的胸襟與豪邁的氣概，他們的某些詩作出現了南朝所缺乏的雄渾、剛健氣息。如唐太宗於貞觀十九年出兵高麗、還師遼東所作詩《遼東山夜臨秋》：「煙生遙岸隱，月落半崖陰。連山驚鳥亂，隔岫斷猿吟。」這首詩所表現的開闊雄渾的情調與其征戰經歷密切相關。又如長孫無忌《灞橋待李將軍》如脫口而出：「颯颯風葉下，遙遙煙景曛。霸陵無醉尉，誰滯李將軍。」詩中質實清新的氣息突破了南朝綺靡詩風的束縛。

在「初唐四傑」的努力下，詩歌從宮廷走向市井，從台閣移至江山與塞漠。不僅視野開闊，題材增多，初唐四傑的詩中還出現了一種昂揚、壯大、濃烈的感情基調，有著「生龍活虎般騰踔的節奏」[46]，這正是盛唐風骨的端倪。楊炯「寧為百夫長，勝作一書生」[47]表達了對於建功立業的嚮往；駱賓王《帝京篇》以激

---

46 聞一多：《唐詩雜論・宮體詩的自贖》，上海古籍出版社 2006 年版。
47 《從軍行》，《全唐詩》卷五十。

昂慷慨的情調，在描寫長安的繁榮富貴的生活之後，激越議論：
「古來榮利若浮雲，人生倚伏信難分。始見田竇相移奪，俄聞衛
霍有功勳。……相顧百齡皆有待，居然萬化咸應改。桂枝芳氣已
銷亡，柏梁高宴今何在？春去春來苦自馳，爭名爭利徒爾為！久
留郎署終難遇，空掃相門誰見知。莫矜一旦擅繁華，自言千載長
驕奢。倏忽搏風生羽翼，須臾失浪委泥沙！黃雀徒巢桂，青門遂
種瓜。黃金銷鑠素絲變，一貴一賤交情見；紅顏宿昔白頭新，脫
粟布衣輕故人。」[48] 對於人生起伏不定、倏忽即逝的哲理的思索
伴隨著濃烈的感情滔滔直下，其中卻沒有絲毫悲觀厭世的情調。
盧照鄰《長安古意》在寫長安帝王豪貴的奢華生活之後，帶著強
烈的感情議論：「自言歌舞長千載，自謂驕奢凌五公。節物風光
不相待，桑田碧海須臾改。昔時金階白玉堂，即今惟見青松在。
寂寂寥寥揚子居，年年歲歲一床書。獨有南山桂花發，飛來飛去
襲人裾。」[49] 人世盛衰變換無可阻擋，而宇宙萬物永存。他們的
情思，已不再局限於個體生活的狹窄空間，而是縱觀歷史，包容
宇宙，在時間與空間中迴旋；不是為個人的悲歡離合而纏綿悱
惻，而是在廣闊的時空下思索自然與人生。這種詩風正是此期士
人風貌的體現。他們反復感慨人生短促，時不我待，其實是對於
青春常在、勳業不朽的強烈嚮往，是渴望建功立業卻不被知遇的
憤慨情懷的表現。

---

48 《全唐詩》卷七十七。
49 《全唐詩》卷四十一。

陳子昂感歎「漢魏風骨，晉宋莫傳」[50]，推崇情思強烈、昂揚壯大、辭采輝映、讀來有金石聲的詩。他以剛直的情懷創作的《感遇》詩三十八首，寫世態炎涼，寫當時重大的社會、政治問題，抨擊社會黑暗，抒發有遠大志向卻不被知遇、生不逢時的鬱悶不平之氣，澈底清除了南朝無病呻吟的綺靡詩風和應制詩的影響。他的詩處處有懷才不遇之感，卻常有執著入世的情懷。其《登幽州台歌》更將懷古之思與未被知遇的滿腔豪情，變作慷慨悲歌：「前不見古人，後不見來者。念天地之悠悠，獨愴然而涕下。」[51] 在對宇宙的無窮和生命短暫的感慨中，包含著建功立業的嚮往。

唐人積極進取的精神充分表現在邊塞詩和遊俠詩中。在唐代開疆拓土的過程中，士人們忍不住高呼：「男兒何不帶吳鉤，收取關山五十州。請君暫上凌煙閣，若個書生萬戶侯。」[52] 高適、岑參、張渭、王翰等士人均曾投身邊塞。他們有理想，有抱負，慷慨奮發，「所願除國難，再逢天下平」[53]。岑參兩度出塞，感慨萬分：「萬裡奉王事，一身無所求。也知塞垣苦，豈為妻子謀。」《初過隴山途中呈宇文判官》[54]，他們在邊塞詩中表現出奮不顧身的報國熱情和安定邊陲、維護和平的殷切期望。「倚馬

50 陳子昂：《與東方左史虬修竹篇序》，《陳拾遺集》卷一。
51 《全唐詩》卷八十三。
52 李賀：《南園三十首》之五，《全唐詩》卷三九〇。
53 張籍：《西州》，《全唐詩》卷三八三。
54 《全唐詩》卷一九八。

見雄筆，隨身唯寶刀」[55] 更展現出唐代士人把文質彬彬與英雄氣概集於一身的豪邁英姿。

　　唐代民族大融合與開放的文化政策，民族自信心、自豪感的高度張揚，帝王崇俠尚義，促使唐代任俠成為一種社會風氣。「長安重遊俠」[56] 足可為證。少年遊俠形象時時成為唐人歌詠的對象。且看李白《少年行》：「君不見，淮南少年游俠客，白日毬獵夜擁擲。呼盧百萬終不惜，報讎千里如咫尺。少年遊俠好經過，渾身裝束皆綺羅。蘭蕙相隨喧妓女，風光去處滿笙歌。驕矜自言不可有，俠士堂中養來久。好鞍好馬乞與人，十千五千旋沽酒。赤心用盡為知己，黃金不惜栽桃李。桃李栽來幾度春，一回花落一回新。府縣盡為門下客，王侯皆是平交人。男兒百年且樂命，何須徇書受貧病。男兒百年且榮身，何須徇節甘風塵。衣冠半是征戰士，窮儒浪作林泉民。遮莫枝根長百丈，不如當代多還往。遮莫姻親連帝城，不如當身自簪纓。看取富貴眼前者，何用悠悠身後名。」[57] 不難感受到其中體現的豪俠之氣、蔑視傳統的行為方式和價值觀念、昂揚奮發的精神鬥志、狂放不羈的個性以及對獨立人格和自由的強烈追求。遊俠詩及其遊俠形象反映了唐代文人滿懷豪情和壯志、放達通脫的個性和人格精神。

　　「豈學書生輩，窗間老一經？」[58] 反映了唐人普遍的心態。

---

55 高適：《送蹇秀才赴臨洮》，《唐詩品匯》卷六十一。
56 盧照鄰：《結客少年場行》，《全唐詩》卷二十四。
57 《全唐詩》卷二十四。
58 王維：《送趙都督赴代州得青字》，《全唐詩》卷一二六。

孟浩然多次在詩中表達他對於山水田園之靜美與優美的欣賞與喜好，卻時時有出仕之心，並一度到長安去活動以尋求入仕之機。「天覆吾，地載吾，天地生吾有意無？不然絕粒升天衢，不然鳴珂遊帝都。焉能不貴復不去，空作昂藏一丈夫？一丈夫兮一丈夫，千生氣志是良圖。請君看取百年事，業就扁舟泛五湖。」[59]要做天地之間頂天立地巍然大丈夫的豪氣溢於字裡行間。唐代士人既推崇謝安的隱逸與風流，也欣賞其安邦定國的事功。白居易《題謝公東山障子》詩云：「唯有風流謝安石，拂衣攜妓入東山。」[60]李白詩云：「三川北虜亂如麻，四海南奔似永嘉。但用東山謝安石，為君談笑靜胡沙。」[61]這表明唐人在嚮往個體自由獨立的同時並不放棄對入世的強烈追求。在唐人身上，儒家立德、立功、立言的理想與道家那種自由自在的瀟灑風姿，較完美地結合起來，從而達到了人生境界的極致。

初唐、盛唐，大批庶族出身的士人進入上層社會，他們帶著對傳統的反叛精神，表現出狂傲豁達、放浪不羈的生活作風。這種生活做派直接上承魏晉士人的行為方式，但又表現出植根於唐代社會現實土壤的特性，有時表現為充分的自信，有時表現為理想無法實現的失望和憤慨。

唐代政治開明，加上科舉制度為廣大士人建功立業創造了機

---

59 李泌：《長歌行》，《全唐詩》卷一○九。
60 《全唐詩》卷四五七。
61 《永王東巡歌十一首》之二，《全唐詩》卷一六七。

會，因此，唐代士人「開口取將相」[62]，把建功立業看得相當容易，這鼓勵了唐人的自信心。李白是典型的代表。他「戲萬乘若僚友，視儔列如草芥」[63]，幻想自己有朝一日像姜太公一樣被君王發現，受君王尊重，「如逢渭川獵，猶可帝王師」[64]。這是怎樣的一種自信！開元年間，李白拜謁宰相時，在封板上自署「海上釣鼇客李白」。宰相問：「先生臨滄海，釣巨鼇，以何物為鉤線？」李白答：「風波逸其情，乾坤縱其志，以虹蜺為線，明月為鉤。」宰相又問：「何物為餌？」李白慨然答道：「天下無義氣丈夫為餌。」宰相為之悚然[65]。殘酷的現實使理想破滅後，其靈魂深處曾有的那種少年遊俠似的狂傲不馴的精神爆發出來：「天子呼來不上船，自稱臣是酒中仙」[66]。即使是執著秉承儒家理念的杜甫，年輕時懷抱「致君堯舜上，再使風俗淳」[67]的理想，自稱「飲酣視八極，俗物多茫茫」[68]，何等自信！及至入仕無門，他更有一種否棄與蔑視傳統的氣概：「儒術於我何有哉？孔丘盜跖俱塵埃！」[69]天寶年間，劉希夷、王昌齡、祖詠、張若虛、孟浩然、常建等人，雖有盛名，卻因「恃才浮誕」[70]而過得

---

62 杜甫：《贈左僕射鄭國公嚴公武》，《杜詩詳注》卷十六。
63 蘇軾：《李太白碑陰記》，《李太白集注》卷三十三。
64 李白：《贈錢征君少陽》，《李太白文集》卷十。
65 《唐語林》卷五。
66 《飲中八仙歌》，《杜詩詳注》卷三。
67 《奉贈韋左丞丈二十二韻》，《杜詩詳注》卷一。
68 《壯遊》，《杜詩詳注》卷十六。
69 《醉時歌》，《杜詩詳注》卷三。
70 《類說》卷十六。

並不如意。在唐代士人身上，儒家所要求的「溫柔敦厚」的君子之風很少體現。這種狂傲放誕甚至發展到帶些無賴氣。劉義為人任誕不羈，少年時曾任俠殺人，「不能俯仰貴人，常穿屐、破衣」，喜當面道人短長。他聽說韓愈獎掖天下士，遂登門造訪，受到韓愈的熱情接待。後因與韓愈府中賓客爭執不下，「因持（韓）愈金數斤去。曰：『此諛墓中人得耳，不若與劉君為壽。』愈不能止」[71]。

對自然美的欣賞在唐人這裡進一步發展。王勃把山川物色寫得極美，寫得一往情深：「芳屏畫春草，仙杼織朝霞。何如山水路，對面即飛花。」[72] 人工創造出來的景色，怎麼都比不上自然造化的神奇，能給人一種搖盪情思的美感，「對面即飛花」一句將對山水的深愛簡潔地表達出來。孟浩然以淡淡的筆墨描繪的自然景色同樣迷人。他的詩大多寫山水田園，寫出一種寧靜明秀的美，一種平淡清遠的意境。如《夏日浮舟過陳大水亭》：「水亭涼氣多，閑棹晚來過。澗影見松竹，潭香聞芰荷。野童扶醉舞，山鳥助酣歌。幽賞未雲遍，煙光奈夕何。」詩中表現出他閑適清爽的心境，其間卻沒有一般隱士詩遠離人間的寂寞感，而是表現出對現世人間寧靜生活的美好感受。如《游鳳林寺西嶺》：「共喜年華好，來游水石間。煙容開遠樹，春色滿幽山。壺酒朋情洽，琴歌野興閑。莫愁歸路暝，招月伴人還。」這首詩表現出他

71 《新唐書·劉義傳》。
72 《林塘懷友》，《全唐詩》卷五十六。

縱情於山水、在自然的美中尋找生之樂趣的情懷。又如《秋登蘭山寄張五》:「北山白雲裡,隱者自怡悅。相望試登高,心隨雁飛滅。愁因薄暮起,興是清秋發。時見歸村人,沙行渡頭歇。天邊樹若薺,江畔舟如月。何當載酒來,共醉重陽節。」詩以平淡的心境,寫閒適的情思,展現出寧靜的鄉村中熱烈的生活氣息。

盛唐詩人王維的詩往往在寧靜明秀的境界中,表現一種平靜的心境,把自然的美和心境的美融為一體,在自然美的體驗中,把精神昇華到一個明淨的境界,使人在其中得到巨大的享受與滿足。他筆下的山林寧靜優美,但不乏清新,充滿生機。如《山居即事》:「寂寞掩柴扉,蒼茫對落暉。鶴巢松樹遍,人訪蓽門稀。綠竹含新粉,紅蓮落故衣。渡頭燈火起,處處采菱歸。」門巷寂靜,但寂靜中處處見生之喧鬧,生之熱烈歡快。即使是純粹的自然景色,也在寧靜的美中蘊含著一派生機,如《辛夷塢》:「木末芙蓉花,山中發紅萼。澗戶寂無人,紛紛開且落。」在花開花落的空寂靜謐的情思背後,卻是色彩鮮豔、熱烈喧鬧的大自然。在王維的世界裡,人與自然在寧靜的美中互相依戀而存在,如《竹裡館》:「獨坐幽篁裡,彈琴複長嘯。深林人不知,明月來相照。」

王維的山水田園詩,典型地反映了盛唐士人精神風貌的又一側面。盛唐士人不乏以隱居作為入仕階梯的,當時人們把這種以隱居求入仕的道路稱為「終南捷徑」。但是,更多士人有一種普遍的心態:把追求自然美作為精神的享受。他們在仕途不得意時,在自然的美中尋求慰藉;在仕途得意時,以縱情山水、忘情山水表現自己的高潔。自然的美,成為士人理想人格的象徵。很

多人不是為逃避生活而隱居山水田園，而是為了尋找一個人間的純美天地。由此，在魏晉人走近自然的基礎上，唐人進一步走進自然，沉浸在自然的美中。

　　唐代郊遊之風極盛。「長安春時，盛於遊賞，園林樹木無閑地。」[73] 每年正月晦日、三月上巳、九月重陽，皇帝率群臣遊賞曲江，更成為長安城的盛事。三節之外，在京師的士人們常結伴或獨自遊賞。在地方官任上的唐代士大夫，也常有郊遊之舉。白居易在杭州任上，沉醉於西湖美景。其《錢塘湖春行》正是他飽覽西湖秀色之作：「孤山寺北賈亭西，水面初平雲腳低。幾處早鶯爭暖樹，誰家新燕啄春泥？亂花漸欲迷人眼，淺草才能沒馬蹄。最愛湖東行不足，綠楊陰裡白沙堤。」[74] 《留題天竺靈隱兩寺》更表現出他離任前對杭州美景的依依惜別之情：「在郡六百日，入山十二回。宿因月桂落，醉為海榴開。黃紙除書到，青宮詔命催。僧徒多悵望，賓從亦徘徊。寺暗煙埋竹，林香雨落梅。別橋憐白石，辭洞戀青苔。漸出松間路，猶飛馬上杯。誰教冷泉水，送我下山來。」[75] 後來他出任蘇州刺史，常常夜半在太湖上泛舟，以欣賞湖光山色。在因病辭職回洛陽後，他在給劉禹錫的詩中說：「吳苑四時風景好，就中偏好是春天。霞光曙後殷於火，水色晴來嫩似煙。士女笙歌宜月下，使君金紫稱花前。誠知

---

73 《開元天寶遺事》卷三。
74 《白氏長慶集》卷二十。
75 《白氏長慶集》卷二十三。

歡樂堪留戀，其奈離鄉已四年。」[76] 對太湖美景不無深情留戀之意。唐代文人幾乎都有過漫遊天下的經歷。李白五岳尋仙，四海為家，足跡遍及大半個中國。杜甫也有一段壯遊時期，黃河上下、長江南北都留下其足跡。許多詩人都到今江浙一帶尋幽探勝。就連大半生隱居襄陽的孟浩然，也有浙東之行。至於高適、岑參、王昌齡等人，遠走東北、西北邊陲，充分體驗軍旅生活，飽覽邊塞四季風光。而這些都是多數魏晉士人未曾做到的。

　　除郊遊外，唐代士庶盛行賞花之風。韓翃有詩曰：「春城無處不飛花，寒食東風禦柳斜。」劉禹錫游完玄都觀後感慨道：「紫陌紅塵拂面來，無人不道看花回。」[77] 楊巨源《城東早春》云：「若待上林花似錦，出門俱是看花人。」[78] 這些詩句都反映了唐代都城長安人們賞花的盛況。唐代文人賞花以寄託自己高潔的情操，享受生活的樂趣。他們隨時令、花事之不同，時時變化賞花物件，從中發現美之所在。他們欣賞梅花凌霜傲雪，笑看桃花爛漫如霞，沉醉於牡丹的天姿國色，迷戀荷花的清香遠逸，耽溺於秋菊的稟性高潔。元稹深秋時節整日繞菊而行：「秋叢繞舍似陶家，遍繞籬邊日漸斜。不是花中偏愛菊，此花開盡更無花。」[79] 杜甫《江畔獨步尋花七絕句》第七首云：「不是愛花即欲死，只

76 《早春憶蘇州寄夢得》，《白氏長慶集》卷三十一。
77 《元和十一年自朗州召至京戲贈看花諸君子》，《全唐詩》卷三六五。
78 《全唐詩》卷三三三。
79 《全唐詩》卷四一一。

恐花盡老相催。繁枝容易紛紛落，嫩葉商量細細開。」[80] 這並非只是留戀花，其中寄寓著他們對於人生的感喟、生命的迷戀和志趣的高潔。

賞花之外，還有玩月之風。玩月似始於漢武帝，南朝鮑照曾有詩寫玩月。至唐代，中秋玩月漸成風習。《開元天寶遺事》卷二載：「蘇頲與李乂對掌文誥，玄宗顧念之深也。八月十五夜，於禁中直宿諸學士翫月，備文酒之宴。時長天無雲，月色如晝。蘇曰：『清光可愛，何用燈燭？』遂使撤去。」李白《自金陵泝流過白璧山，翫月達天門，寄句容王主簿》詩云：「滄江泝流歸，白璧見秋月。秋月照白璧，皓如山陰雪。幽人停宵征，賈客忘早發。進帆天門山，回首牛渚沒。川長信風來，日出宿霧歇。故人在咫尺，新賞成胡越。寄君青蘭花，惠好庶不絕。」[81] 杜甫有《翫月呈漢中王》《十六夜翫月》二詩。宋人以為玩月詩「自杜子美以後班班形於篇什」[82]。作為自然物象的月成為人們賞玩的對象，可見唐人追求詩化人生的情致。

唐人有著強烈的生命意識。這種生命意識使得唐人力倡張揚個性與自由人格、追求建立功業、展露出自信與豪邁的同時，也使得唐人追求盡情享受生命，嚮往增加生命的長度和厚度。他們一方面縱情於山水、酒色間，一方面通過文藝、宗教來宣洩、消

80 《杜詩詳注》卷十。
81 《李太白文集》卷十一。
82 《曲洧舊聞》卷八。

釋生命情懷。他們或遨遊山水，「五岳尋仙不辭遠，一生好入名山遊」[83]；或縱情酒色，「百年三萬六千日，一日須傾三百杯」[84]，「十年一覺揚州夢，贏得青樓薄幸名」[85]；或沉迷詩文，「為人性僻耽佳句，語不驚人死不休」[86]，李賀背錦囊覓詩句，賈島騎毛驢而推敲；或雅好樂舞，王維妙解音律，善彈琵琶；或揮毫於書畫，「興來灑素壁，揮筆如流星」[87]；或崇信佛教，白居易「早棲心釋梵」[88]，王維「篤志奉佛」[89]，柳宗元「自幼好佛」[90]；或與高僧談佛理，「因過竹院逢僧話，又得浮生半日閑」[91]；或與道士探討成仙之術，「稽首問仙要，黃精堪餌花」[92]。

　　儘管唐人繼承了魏晉風度的不少方面，表現出超脫、自由的風采，但是與魏晉也有著實質的不同。魏晉風度是指覺醒的魏晉士人反叛傳統道德、禮教而表現的特異風姿。魏晉士人行為的放蕩、個性的張揚以及任誕背後的迷惘痛苦，是開放自由處境下的唐人所感受不到的，至少感受不如魏晉人深切。李澤厚以阮籍的憂憤無端和陶淵明的沖淡平和作為魏晉風度的代表，揭示了魏晉

83　李白：《廬山謠寄盧侍禦虛舟》，《李太白文集》卷十一。
84　李白：《襄陽歌》，《李太白文集》卷五。
85　杜牧：《遣懷》，《全唐詩》卷五二四。
86　杜甫：《江上值水如海勢聊短述》，《杜詩詳注》卷十。
87　李頎：《贈張旭》，《全唐詩》卷一三二。
88　白居易：《病中詩十五首並序》，《全唐詩》卷四五八。
89　《唐才子傳》卷二《王維》。
90　《送巽上人赴中丞叔父召序》，《柳宗元集》卷二十五。
91　李涉：《題鶴林寺僧舍》，《全唐詩》卷四七七。
92　李頎：《題盧道士房》，《全唐詩》卷一三二。

風度的雙重意蘊。在唐人那裡，生命的表達來得更自由自在、無拘無束。

以魏晉風度為開端的儒道互補的士人精神，從根本上奠定了中國知識分子的人格風範，其影響至為深遠。它以對人生的愛戀、自我的發現與肯定，以及順應自然、超然物外為風尚，使內在的追求與外在的否定連繫在一起，即在對舊傳統、舊價值的懷疑、對抗，乃至破壞與顛覆中彰顯出個性的解放、人格的獨立。也正因為有了這種「人的覺醒」，才使得「魏晉風度」具有推動歷史演變的人文情懷，蘊含著激勵後人的意興情趣，從而使中國士人文化獲得空前的審美開拓。

第二節 ▶ 從三教並重到理性精神的崛起

佛教、道教與儒家，並稱「三教」，是中國傳統文化的重要組成部分。兩漢之際，佛教傳入中國。東漢後期，道教產生。整個魏晉南北朝隋唐時期，為了維護各自的地位，釋、道、儒三教既相互爭鬥，又相互滲透。大體說來，佛教對於儒家，調和多於排斥；道教吸收儒家、道家思想；佛教和道教則排斥多於調和。至唐代，統治者推行三教並重的政策。

佛教作為異域文化傳入中土，與傳統的以儒家思想為主體的文化發生衝突。這種衝突集中表現在三個方面：一是佛教與傳統中國在政治、倫理觀念上的衝突。這包括兩個層面：宗教權力與世俗權力的衝突，核心是佛教徒自認超越世俗生活，那麼該不該

對代表世俗最高權力的君王表示禮敬；宗教道德與世俗道德的衝突，核心是佛教徒出家有違孝道。二是佛教與中國漢民族中心主義觀念之間的爭論。佛教產生於天竺，被漢人視為夷教。牟子《理惑論》提出「漢地未必為天中」[93]，道宣更提出：「道在則尊，未拘夷夏也」，「天竺，地之中心，夏至北行，方中無影，則天地之正國也。」[94] 這明顯是對中國人一向自居為天之中、極度推崇華夏文化之崇高觀念的極大挑戰。人們指責佛教傳入中國是用夷變夏，「佛，外國之神，非諸華所應祠奉」[95]。三是佛教神不滅與神滅論的爭論。牟子《理惑論》提出：「魂神固不滅矣，但身自朽爛耳。身譬如五穀之根葉，魂神如五穀之種實，根葉生，必當死，種實豈有終亡。」[96] 這受到中國無神論思想的挑戰。

　　崇信儒學的人出於維護儒家正宗地位的立場，攻擊佛教廢棄名教。東晉庾冰提出「沙門應敬王者」，強烈譴責佛教違背君臣之序；南朝何承天的《達性論》《報應論》和劉峻的《辨命論》均贊成其說。一些高僧和崇信佛教的士大夫則試圖調和佛教與儒家，極力闡明佛教與世俗君權、儒家名教的一致性。東晉高僧慧遠寫《沙門不敬王者論》，提出佛法不可變，出家者為「方外之賓」，與現世社會毫無干係，不應受世俗禮法道德約束，反對沙

93　《弘明集》卷一。
94　《敘列代王臣滯惑解》，《廣弘明集》卷六。
95　《晉書·佛圖澄傳》。
96　《弘明集》卷一。

門禮敬君王，但認為儒家和佛教「內外之道，可合而明」，「雖曰道殊，所歸一也」，並提出：「道法之與名教，如來之與堯、孔，發致雖殊，潛相影響，出處誠異，終期則同。」[97] 東晉孫綽在《喻道論》中云：「周、孔即佛，佛即周、孔，蓋外內名之耳。故在皇為皇，在王為王。佛者，梵語，晉訓覺也；覺之為義，悟物之謂，猶孟軻以聖人為先覺，其旨一也。應世軌物，蓋亦隨時。周、孔救極弊，佛教明其本耳。共為首尾，其致不殊。」[98] 明確提出儒佛一體說。謝靈運《辨宗論》主張將儒、佛思想融合：「去釋氏之漸悟，而取其能至；去孔氏之殆庶，而取其一極」[99]。梁代劉勰在《滅惑論》中提出：「孔釋教殊而道契，解同由妙。」[100] 北齊顏之推看法與此相似，他提出：「原夫四塵、五蔭，剖析形有；六舟、三駕，運載群生；萬行歸空，千門入善，辯才智惠，豈徒七經百氏之博哉！明非堯、舜、周、孔所及也。內外兩教，本為一體，漸積為異，深淺不同。內典初門，設五種禁，外典仁、義、禮、智、信皆與之符。仁者，不殺之禁也；義者，不盜之禁也；禮者，不邪之禁也；智者，不酒之禁也；信者，不妄之禁也。至如畋狩、軍旅、燕享、刑罰，因民之性，不可卒除，就為之節，使不淫濫爾。歸周、孔而背釋宗，何

97 《弘明集》卷五。
98 《弘明集》卷三。
99 《廣弘明集》卷十八。
100 《弘明集》卷八。

其迷也。」[101] 顯然，顏之推認為：佛教經典對於宇宙的解釋精深奧妙，遠遠超過儒家；而五戒與儒家所宣揚的仁、義、禮、智、信相當；篤信儒家、一味排斥佛教的人可謂執迷不悟。他還概括世俗對於佛教的五個方面批判，並一一加以辯駁。統治者也認識到儒學與佛教在維護封建統治上的一致性，看到佛教「進可以擊心，退足以招勸」[102]，從而崇信佛教並大力提倡。南朝梁武帝在位期間，曾數次捨身同泰寺，這種以帝王之尊的身份篤信佛教的行為，無疑促進了佛教的發展。唐人杜牧詩云：「南朝四百八十寺，多少樓臺煙雨中。」[103] 正是對南朝佛教發展盛況的感慨。

魏晉南北朝時期是道教快速發展的時期，它從民間宗教逐漸變為官方或上層宗教，從區域性宗教發展為全國性宗教。其間，道士們熱衷製作、增修道書，附會老莊，吸收儒學，兼容丹鼎和符籙，建立道教教義、教規與神仙體系。道教吸納儒家提倡的道德觀念：如《太平經》要求為道要忠君、孝親、敬長；《老子想爾注》倡導修道者要踐履忠孝仁義；《抱朴子》提出求仙要以忠孝、和順、仁信為本；北朝寇謙之提出修道要以禮度為首。《老子想爾注》是第一部站在宗教立場上注解《老子》、開創道教改造道家的著作，其中改造老子輕賤仁義忠孝的觀點為肯定仁義忠孝，提出：「上古道用時，以人為名，皆行仁義；道用時，家家

101　《顏氏家訓‧歸心》。
102　何尚之：《答宋文皇帝讚揚佛教事》，《弘明集》卷十一。
103　杜牧：《江南春絕句》，《全唐詩》卷五二二。

孝慈；道用時，臣忠子孝，國則易治。」可見道教對儒家的調和姿態。東晉葛洪在其《抱朴子》中，「外篇言時政得失、人事臧否，旁引曲喻，饒有名理；內篇則論神仙吐納、符籙之事。」[104]則並崇儒家和道教思想。張湛在其《列子注》中提倡治國兼用儒家、道家和法家，他還崇通道教養生術，著有《養生要集》。

　　道教與儒家都植根於中土，二者常聯合起來抗爭佛教。道教與佛教之爭在劉宋道士陸修靜奉命入京都已開始。宋、齊間道士顧歡發表《夷夏論》，立足於夷夏之辨來批判佛教，提出自三皇五帝以來，只有周孔之教和老莊道教，未聞佛教。佛教是老子出關後入天竺化胡成佛後才興起的，所以道教是中華正教，佛教是西夏夷法。「今以中夏之性，效西戎之法，既不全同，又不全異。下育妻孥，上廢宗祀，嗜欲之物皆以禮伸，孝敬之典獨以法屈。悖禮犯順，曾莫之覺；弱喪忘歸，孰識其舊？」[105] 南齊道士著《三破論》，指責佛教剃度出家、崇拜偶像，有悖於禮教人倫。

　　實際上，道教在與佛教鬥爭的同時也吸納、融會佛教。南朝梁代著名道士陶弘景在改革道教的過程中，從教義、經典、科儀、組織、神靈崇拜等方面，均大量吸收佛教的有關內容。其《真靈位業圖》即受到佛教曼陀羅觀念的影響。道教典籍往往效法佛經，如《真步虛品偈》便是直接改造自《妙法蓮花經》。再

---

104 《四庫總目提要》子部道家類《抱朴子・內外篇》。
105 《南齊書・顧歡傳》。

如道教仿照佛教制定了戒律，其中五戒是不得殺生、嗜酒、口是心非、偷盜、淫色，十善是：孝順父母；忠事君師；慈心萬物；忍性容非；諫諍蠲惡；損己救窮；放生養物，種諸果林；道邊舍井，種樹立橋；為人興利除害，教化未悟；讀三寶經律，恒奉香花供養之 [106]。南朝不少崇奉道教的人也信奉佛教。南齊士族子弟張融自言：「吾門世奉佛，舅氏奉道。道之與佛，逗極無二，寂然不動，致本則同。感而遂通，達跡則異。」[107] 南齊蕭子良篤信佛教，也認為「真俗之教，其致一耳」[108]。

在兩晉南北朝時期，道教和佛教作為強大的社會存在已經無可置疑。儒、釋、道三教各有其存在的合理性，在鬥爭中融通是必然的趨勢。如前所述，時人已分別關注到佛儒、佛道、儒道之間的互補共通之處。最早提出調和三教的是漢末佛教徒牟融。他「銳志於佛道，兼研《老子》五千文，含玄妙為酒漿，玩五經為琴簧」[109]，在所撰《理惑論》中論及儒佛思想之一致。兩晉僧人採用格義方法，借用儒家、道家思想和語詞來翻譯佛經、解釋佛教思想，如沙門曇度「善三藏及《春秋》《莊》《老》《易》」[110]；道安以《老子》語解《般若經》；僧肇《肇論》諸文深受莊子思想影響。這種發展情形表明佛教實際上是在融通佛教與儒家、道

---

106 《雲笈七籤·混元皇帝聖記》。

107 《門論》，《弘明集》卷六。

108 《與孔中丞書》，《弘明集》卷十一。

109 《理惑論》，《弘明集》卷一。

110 《高僧傳》卷七「宋京師靈根寺釋僧瑾附曇度」。

家。大體而言，經過南朝前期儒、道、佛三教激烈的爭論，至齊、梁時，主張三教一致、倡導調和互補的觀點影響力逐漸增大。劉宋宗炳說：「孔、老、如來雖三訓殊路，而習善共轍也。」[111] 南齊明僧紹則認為：「夫佛開三世，故圓應無窮；老止生形，則教極澆淳。所以在形之教，不議殊生；圓應之化，爰盡物類。是周、孔、老、莊，誠帝王之師。」[112] 張融臨死前遺命：入殮時「左手執《孝經》《老子》，右手執《小品》《法華經》」[113]，顯然他並崇三教。陶弘景既作《孝經》《論語》集注，又「詣縣阿育王塔自誓，受五大戒」[114]；晚年自稱是勝力菩薩下凡，並致力於融儒援佛，提出「崇教惟善，法無偏執」[115]，力促三教會同。北齊顏之推《顏氏家訓・歸心》篇集中闡述了儒佛一體論。他認為佛教義理之深廣非儒家、道家所及，諄諄告誡子孫要篤信佛教，不可怠慢。對於道教，他保持適當的理性的態度，認為「神仙之事，未可全誣」[116]，其中養生的方法，有益於身體，可以仿效，但不能專精於道教。

南朝帝室、貴族，多三教並崇。如：梁武帝數次捨身同泰寺，並與道教徒陶弘景來往密切。他在其《會三教詩》中云：「少時學周孔，弱冠窮六經。中復觀道書，有名與無名。妙術鏤

---

111 《明佛論》，《弘明集》卷二。
112 《正二教論》，《弘明集》卷六。
113 《南齊書・張融傳》。
114 《南史・陶弘景傳》。
115 《陶弘景集・授陸敬游十賫文》，《漢魏六朝百三家集》卷八十九。
116 《顏氏家訓・養生》。

金版，真言隱上清。密行貴陰德，顯證表長齡。晚年開釋卷，猶日映眾星。苦集始覺知，因果乃方明。示教唯平等，至理歸無生。」[117] 詩中歷述自己在少年、中年和晚年讀儒經、道典和佛典的經歷和感受，非常形象地突出了佛教遠遠超過儒教、道教的吸引力。他還把孔子、老子、釋迦牟尼合稱「三聖」，提出三教同源說。至此，儒家、道教、佛教互融互匯發展到一個新階段。

隋代王通主張「三教可一」。他認為：儒、道、佛對於統治者而言都有其用，可資輔政，不能把國家的滅亡歸罪於三教：「詩書盛而秦世滅，非仲尼之罪也；虛玄長而晉室亂，非老莊之罪也；齋戒修而梁國亡，非釋迦之罪也。」[118] 他以佛為聖人，但認為佛教是西方之教，不適用於中國。他批評「長生神仙之道」為「仁義不修，孝悌不立」[119]，一味追求長生，其實是貪得無厭。王通認為：佛教、道教均不可廢棄：魏太武帝在太平真君年間（440-450 年）推崇道教，毀棄佛法；周武帝在建德年間（572-577 年）毀釋、老二教；至楊堅輔政卻大力復興佛教和道教，其實魏太武帝、周武帝的行動恰是推波助瀾，縱風止燎。他認為在適當變通的情形下，就「使民不倦」一點而言「三教可一」[120]。但他未就如何整合三教作出思考，提出具體的方案，也沒有確定儒家在這種整合中的中心地位。

---

117 《藝文類聚》卷七十六《內典上》。
118 《中說・周公》。
119 《中說・禮樂》。
120 《中說・問易》。

隋文帝從小由河東尼撫養，至十三歲才回老家，因此深受佛教影響。他即位後，提倡佛教，廣建寺塔，禁止毀盜佛像，「普詔天下，任聽出家」[121]；他還自稱「佛弟子」，請法師為其受菩薩戒。但他不排斥儒家，認為儒學之道，「訓教生人，識父子君臣之義，知尊卑長幼之序」[122]，肯定儒家維護社會倫理秩序的作用。

隋煬帝登基前在揚州總管任上，已受菩薩戒。天臺宗創始人智禪師奉楊廣為「總持菩薩」[123]。隋煬帝以菩薩戒弟子自居，通過度僧、譯經、造像、建寺等措施扶植佛教。他迷信長生不死，尊重道士。即帝位後，命道士為他燒製丹藥。

及至唐朝，在統一、開放的背景下，統治者不斷調整政策對宗教加以扶植，使這種局面得到較大改觀。總體而言，唐代始自三教並重，歸於尊孔崇儒。

唐初，高祖曾說：「父子君臣之際，長幼仁義之序，與夫周、孔之教，異轍同歸，棄禮悖德，朕所不取。」[124] 他肯定儒家所宣揚的社會倫理道德。即位之始，他下令恢復學校，置國子、太學、四門生，共三百餘員，郡縣學各置生員。武德二年（619 年）下詔表示：「朕君臨區宇，興化崇儒，永言先達，情深紹嗣。宜令有司於國子學立周公、孔子廟各一所，四時致祭。仍

---

121 《隋書‧經籍志四》。
122 《隋書‧高祖紀下》。
123 《廣弘明集》卷二十七上。
124 《唐會要》卷四七。

博求其後，具以名聞，詳考所宜，當加爵土。」[125] 從而出現「儒學聿興」的局面。李淵還不時親臨國子學釋奠，聽諸生講解經義。但統治者對於宗教採取實用的態度，並非一味地絕對排斥佛教。唐高祖曾幸國學，命徐文遠講《孝經》，沙門惠乘講《金剛經》，道士劉進嘉講《老子》，並表示：「儒、玄、佛義各有宗旨」[126]，顯然並崇三教。武德七年二月，他發布《興學詔》，說：「三教雖異，善歸一揆。豈有沙門事佛，靈宇相望，朝賢宗儒，辟雍頓廢？公王以下，寧得不慚？」[127] 則肯定三教殊途同歸，但對佛寺興盛而儒學衰廢不滿，意欲振興儒學。

武德七年（624 年），太史令傅奕在所上《請除去釋教》疏中提出：「佛在西域，言妖路遠；漢譯胡書，恣其假託。故使不忠不孝，削髮而揖君親；游手游食，易服以逃租賦。演其妖書，述其邪法，偽啟三途，謬張六道，恐嚇愚夫，詐欺庸品。凡百黎庶，通識者稀；不察根源，信其矯詐，乃追既往之罪，虛規將來之福；布施一錢，希萬倍之報；持齋一日，冀百日之糧。遂使愚迷，妄求功德，不憚科禁，輕犯憲章。其有造作惡逆，身墜刑網，方乃獄中禮佛，口誦佛經，晝夜忘疲，規免其罪。且生死壽夭，由於自然，刑德威福，關之人主。乃謂貧富貴賤，功業所招，而愚僧矯詐，皆云由佛。竊人主之權，擅造化之力，其為害

---

125 《舊唐書·儒學列傳序》。
126 《大唐新語》卷十一。
127 《唐大詔令集》卷一○五。

政，良可悲矣。」他指責「佛逾城出家，逃背其父，以匹夫而抗天子，以繼體而悖所親」[128]，顯而易見，傅奕是站在傳統儒家道德、政教的立場上排斥佛教的。僧明概在《決對傅奕度佛僧事》中說：「釋迦愍斯塗炭，哀其沈溺，陳經敦勸善以誘賢，制戒律禁惡以懲罪，皆令息妄歸真，還源返本。」[129] 佛教與周孔之教都旨在「止澆息競，返素還淳」[130]。這場爭論不了了之，但史載高祖認同傅奕之言。這年十月，李淵曾「幸終南山，謁老子廟」[131]，不忘尊崇道教。

武德八年（625 年），李淵下詔論三教先後，欽定三教次序為老先、次孔，最後為佛。為抬高其家族的社會地位，說明李唐統治的合理性，唐皇室自稱是老子李耳的後裔。這確立了唐代道教的國教地位。連傅奕也不能不在《請廢佛法表》中援老來排佛，以為「布李老無為之風，而民自化；執孔丘愛敬之禮，而天下孝慈」[132]。他在臨終時諄諄告誡其子：「老、莊玄一之篇，周、孔六經之說，是為名教，汝宜習之。妖胡亂華，舉時皆惑，唯獨竊歎，眾不我從，悲夫！汝等勿學也！」[133] 可見道教被視同與儒家有同樣的教化功效。

武德九年（626 年）五月，李淵發布《沙汰僧道詔》，其中

128 《舊唐書·傅奕傳》。
129 《廣弘明集》卷十二。
130 《廣弘明集》卷十二。
131 《舊唐書·高祖紀》。
132 《廣弘明集》卷十一。
133 《舊唐書·傅奕傳》。

說：「釋迦闡教，清淨為先，遠離塵垢，斷除貪欲，所以弘宣勝業，修植善根，開導愚迷，津梁品庶。……乃有猥賤之侶，規自尊高，浮惰之人，苟避徭役，妄為剃度，托號出家，嗜欲無厭，營求不息，出入閭裡，周旋闤闠，驅策田產，聚積貨物，耕織為生，估販成業。事同編戶，跡等齊人。進違戒律之文，退無禮典之訓。至乃親行劫掠，躬自穿窬，造作妖訛，交通豪猾，每罹憲網，自陷重刑。黷亂真如，傾毀妙法。……又伽藍之地，本曰淨居，棲心之所，理尚幽寂。近代以來，多立寺舍，不求閑曠之境，惟趨喧雜之方。繕采崎嶇，棟宇殊拓，錯舛隱匿，誘納奸邪。或有接延鄽邸，鄰近屠酤，埃塵滿室，膻腥盈道。徒長輕慢之心，有虧崇敬之義。……老氏垂化，實貴沖虛，養志無為，遺情物外。全真守一，是謂玄門。驅馳世務，尤乖宗旨。」詔令肯定佛教引導信徒向善的功績和道教超然事外的宗旨，其沙汰僧人和道士的目的乃在清整佛教、道教以端正社會風俗。詔令規定：「諸僧、尼、道士、女冠等，有精勤練行、守戒律者，並令就大寺觀居住，給衣食，勿令乏短。其不行精進、戒行有闕、不堪供養者，並令罷遣，各還桑梓。……京城留寺三所、觀二所，其餘天下諸州，各留一所。餘悉罷之。」但並未嚴格執行下去。詔令下達僅僅兩個月，李淵又下令撤銷這一決定：「其僧、尼、道士、女冠宜依其舊。」[134] 由此可見，唐初統治者實際上並崇三教，基於社會現實有時不得不做出調整。

---

134 《舊唐書‧高祖紀》。

貞觀初，天下初定，唐太宗勵精圖治。他早就認識到儒家思想對於維持社會秩序、治理國家的重要性，表示：「朕今所好者，惟在堯、舜之道，周、孔之教，以為如鳥有翼，如魚依水，失之必死，不可暫無耳。」[135] 他採納魏徵「偃武修文」的建議，銳意經籍，大興文治，「解戎衣而開學校，飾賁帛而禮儒生」[136]，積極發展文化教育事業。太宗於弘文殿左建弘文館，精選天下賢良文學之士，給以優厚待遇，讓他們校理典籍，考注《五經》，參議禮、律，厘定制度，或引入內殿，商討政事；選三品以上官員子孫入弘文館學習。在其大力引導和支持下，從中央到地方建立了完善的儒學教育機構和制度，在中央設有國子學、太學、四門學、律學、算學，在州縣則有州學、縣學。唐太宗尤其重視國子學。貞觀年間，下令立孔子廟於國子學，尊孔子為先聖，顏回為先師，每年定時釋奠；又擴充學校規模，增置房舍 1200 間；廣收天下儒生，且資助盤纏，派車護送進京；規定在校學生能精通一大經以上者即授以官職。他還多次到國子學視察，選任碩學名儒為師。其時「鼓篋而升講筵者，八千餘人，濟濟洋洋焉。儒學之盛，古昔未之有也」[137]。他制定顏師古考定五經，孔穎達等編《五經正義》，頒行天下。儒學的地位提升到了相當的高度，在三教中居於中心地位。

---

135 《貞觀政要》卷六。
136 《舊唐書·文苑列傳上》。
137 《舊唐書·儒學列傳序》。

唐太宗對佛教採取既尊重又裁抑的態度。即位初，他詢問傅奕：「佛道玄妙，聖跡可師。且報應顯然，屢有征驗。卿獨不悟其理，何也？」傅奕回答：「佛是胡中桀黠，欺誑夷狄，初止西域，漸流中國，遵尚其教，皆是邪僻小人，模寫莊、老玄言，文飾妖幻之教耳，於百姓無補，於國家有害。」[138] 他的回答得到唐太宗的認可。唐太宗一度表示：「至於佛教，非意所遵，雖有國之常經，固弊俗之虛術。」[139] 他認為佛教報應之說虛遠不實。然而，面對社會上佛教深廣的影響力，他也不願澈底廢除佛教。貞觀七年，唐太宗令大臣、僧眾出城遠迎赴印度求法歸國的玄奘法師，此後又多次在宮中接見玄奘，與之談經論道，倍加褒獎。朝廷還修建大慈恩寺及翻經院，讓玄奘在那裡著書立說，傳經布道。

貞觀十一年二月，唐太宗發布《道士女冠在僧尼之上詔》，再次確認道先佛後的次序。他強調：「老君垂範，義在清虛；釋迦貽則，理存因果。求其教也，汲引之跡殊途；窮其宗也，弘益之風齊致。然大道之興肇於邃古，源出無名之始，事高有形之外，邁兩儀而運行，包萬物而亭育，故能經邦致治，反樸還淳。至如佛教之興，基於西域，逮於後漢，方被中土，神變之理多方，報應之緣匪一；洎於近世，崇信滋深，人冀當年之福，家懼來生之禍。由是滯俗者聞玄宗而大笑，好異者望真諦而爭歸。始

---

138 《舊唐書‧傅奕傳》。
139 《舊唐書‧蕭瑀傳》。

波湧於閭裡，終風靡於朝廷，遂使殊俗之典，鬱為眾妙之先，諸華之教翻居一乘之後，流遁忘返於茲累代。……自今已後，齋供、行立，至於稱謂，道士、女冠可在僧、尼之前。庶敦反本之俗，暢於九有；尊祖之風，貽諸萬葉。」[140] 站在經邦治國的立場上，唐太宗重申道先佛後的次序，則明確抬高道教以壓抑佛教勢力。

這一規定招致佛教徒的激烈反對。李世民在採取強制性措施的同時，也不能不對佛教徒的要求作出讓步。貞觀十五年，他到弘福寺為太后薦福，自稱「皇帝菩薩戒弟子」，並向僧人解釋道先佛後的政策：「頃以老子是朕先宗，故令名位在前。……尊祖重親，有生之大本，故先老子以別親疏之序，非不留心於佛也。」並說：「自有國以來，未嘗創立道觀。凡有功德，並歸僧舍。」[141] 還表示：往日征戰四方，未嘗縱威濫殺，今所在戰場和太原舊第均立佛寺。他希望以此來籠絡佛教徒。並同時宣布一項變通政策：「今李家據國，李老在前；若釋家治化，則釋門居上！」[142] 這樣，才將道佛之間的衝突基本平息。

武周時期，情況有變。武則天以一位女性的身份，要突破男尊女卑的社會觀念，為自己做皇帝尋求理論支援，轉而推崇佛教。光明寺僧人懷義、法明造《大雲經》宣傳武則天是彌勒佛下

140 《廣弘明集》卷二十五。
141 《佛祖歷代通載》卷十一。
142 《集古今佛道論衡》卷丙。

凡，為閻浮提主，為其大造輿論。她上臺後廣建寺院，普度僧尼，下令諸州建大雲寺，天下寺院收藏《大雲經》。天授二年，武則天頒布《釋教在道法之上制》，宣布：「爰開『革命』之階，方啟『惟新』之運，宜協隨時之義，以申自我之規。……自今已後，釋教宜在道法之上，緇服處黃冠之前。」[143] 由此將佛教地位抬到了前所未有的高度。武則天雖說佞佛，卻也提倡三教並重，既不准僧人排斥老君，也不准道士誹謗佛法，命大臣彙集三教典籍，撰成一千三百卷的大書《三教珠英》，傳播天下。

唐玄宗在位，欲改變武周崇佛的局面，紹續先祖，復將道教放到佛教之前。他深知宗教在治理國家、調和矛盾、穩定社會秩序中能發揮重要的作用，所以既尊儒，又崇道，不抑佛，三教相容，充分利用。他曾在開元十年、天寶二年先後兩次給《孝經》作注，頒行全國，以示教化；又於開元二十三年親注《道德經》，下令每家必備一部；次年，他將其《御注金剛般若經》頒示天下，對佛教給予支持和弘揚。開元二十七年，詔冊孔子為文宣王，將孔子由至聖先師尊升為王，詔曰：「弘我王化，在乎儒術。孰能發揮此道，啟迪含靈？則生人以來，未有如夫子也。」[144] 唐玄宗對《孝經》《道德經》《金剛經》的注釋，以傳統方式昭示著三教融合的大團圓結局。

唐代皇帝的佛教生活主要是在皇宮內設置的內道場過的。唐

---

143 《唐大詔令集》卷一一三。
144 《舊唐書‧禮儀志四》。

太宗常詔玄奘入宮為他講經。內道場自唐高宗、武后時已相當盛行，之後除唐德宗因「尤惡巫祝怪誕之士」一度罷除內道場、唐武宗「會昌毀佛」將僧內道場改為道教內道場之外，唐代諸帝均設置內道場，「安置佛像經教，抽兩街諸寺解持念僧三七人，番次差入，每日持念，日夜不絕」[145]。

自唐太宗起，唐代皇帝熱衷於燒煉金丹。儘管他們深知秦皇、漢武求仙無效，仍執迷不悟。如：貞觀元年十二月，太宗對侍臣說：「神仙事本虛妄，空有其名。秦始皇非分愛好，遂為方士所詐，乃遣童男女數千人隨徐福入海，求仙藥。方士避秦苛虐，因留不歸。始皇猶海側踟躕以待之，還至沙丘而死。漢武帝為求仙，乃將女嫁道術人。事既無驗，便行誅戮。據此二事，神仙不煩妄求也。」[146] 但他晚年「餌金石」[147]。貞觀二十二年，他「發使天下，采諸奇藥異石」[148]，以便天竺方士為他合長生藥。唐高宗明知父親死於長生藥，且曾表示「自古安有神仙，秦始皇、漢武帝求之，疲弊生民，卒無所成，果有不死之人，今皆安在？」[149] 骨子裡卻迷戀成仙。唐宣宗服食丹藥而死。

南北朝以來三教辯論至隋唐成為風氣，甚至固定為禮儀式的三教論衡。隋代，始平令楊宏曾召集道士、名儒在智藏寺討論三

145 《入唐求法巡禮行記》卷四。
146 《舊唐書・太宗紀》。
147 《新唐書・高儉傳》。
148 《舊唐書・天竺傳》。
149 《資治通鑑》卷二〇〇，「顯慶二年七月」。

教。《佛祖歷代通載》卷十。武德七年，高祖到國學釋奠，令徐文遠講《孝經》，沙門惠乘講《般若經》，道士劉進喜講《老子》，由名儒陸德明駁難三人。陸德明的駁難使得三人屈服。貞觀十二年，太子李治聚集宮臣和學士孔穎達、沙門慧淨、道士蔡晃於弘文殿討論。顯慶三年至龍朔三年六年間，在京城宮殿舉行僧道論戰七次。這種論戰逐漸趨向禮儀化。貞元十二年四月，德宗生日這天，「御麟德殿，召給事中徐岱、兵部郎中趙需、禮部郎中許孟容與（韋）渠牟及道士萬參成、沙門譚延等十二人，講論儒、道、釋三教」[150]。這次論戰「初若矛盾相向，後類江海同歸」[151]，頗有些祝賀意味禮儀的性質。中唐以後，天子生日舉行三教討論成為傳統性活動，使得中唐產生了三教一致的思想。不過由於這些辯論的主題往往是在儒家經世致用的框架下展開的，目的是為了表示唐朝「鼎祚克昌」和「天下大定」[152]，故在唐代，三教連稱，似將三教置於同等地位，但三教內重心已轉到儒家。三教講論導致了學者以釋道義理解釋儒家經義，從而促進了儒家思想的轉變。如：孔穎達《五經正義》以儒家為主，兼取佛、道二家之說。《周易正義》儒家、道家思想融合的痕跡很明顯。漢儒談「氣」，正始玄學家王弼以「道」釋「無」，孔穎達則兼談「道」「氣」，從而為宋代理學的發展開闢了方向。在《周

---

150 《舊唐書·韋渠牟傳》。
151 《南部新書》卷乙。
152 《唐大詔令集》卷一一三《道士女冠在僧尼之上詔》。

易正義》「序」中，他批評江南疏解《周易》的十餘家均「辭尚虛玄，義多浮誕」，「若論住內住外之空，就能就所之說，斯乃義涉於釋氏，非為教於孔門也」[153]。反對以佛教「空」觀來解釋《周易》。實際上，他在解釋《周易‧乾卦》彖辭「大哉乾元，萬物資始，乃統天」一句時云：「夫形也者，物之累也。凡有形之物，以形為累，是含生之屬，各憂性命。而天地雖複有形，常能永保無虧，為物之首，豈非統用之者至極健哉！若非至健，何能使天形無累。見其無累，則知至健也。」[154] 形為物累是道家的說法，「含生之屬」是佛教用語，「天行健」是儒家命題。這種解釋將儒家、道家、佛教的思想加以綜合。至宋，宋儒周敦頤輩援佛入儒，革新儒學，形成理學。這已是學術界公認的事實。

　　三教辯論客觀上為三教思想的交流和融合提供了機會，通過彼此之間的相互陳述與辯論，加深了彼此的了解與認同，結果有了更多共同使用的詞彙、概念和思維表達方式。從唐代起開始風行中國佛教界的禪宗是一個典型的儒、釋、道三教結合的派別。儒、釋、道兼習也成為隋唐時代士人及其家族的普遍趨向。思想上的融會貫通必定會見諸作為思想載體的語言。據研究，唐時三教之稱在史書中出現頻率較此前和此後都高。如在《舊唐書》中，「三教」一詞共出現二十四次，比除了《新唐書》之外的其他二十二史中此詞所出現的次數的總和還多。由此可見這一時期

153　《周易正義序》。
154　《周易注疏》卷一。

三教並稱已成為時代趨勢。

總體來看，魏晉南北朝隋唐時期，佛教、道教和儒家三種思想、宗教整合成為思想文化發展的主流。從互相鬥爭到三教的並提的整個過程表明：作為社會的意識力量，儒、道、釋各有其影響範圍，其間常有高低先後之爭。三教都從維護社會道德、有利於政治統治作為出發點和歸宿，強調彼此有一致性，這種強調實際上是以儒家思想作為衡量標準。三教始終各自保持著獨立的形態，但在觀念和思想方式上，彼此不斷地交流和融合，一定程度上實現了從外在功能上的互補到內在思想上的融通。由於自南北朝起儒學的復興，尤其是王通、韓愈等人對儒學的發展，一直到程朱理學的興起，儒學主導社會意識的影響力日益強大，促使三教在隋唐之後朝儒家傾向的勢頭也愈來愈明顯。比如佛教的中國化即是以儒家為中心的：孟子提出四端說，以此為基礎闡發性善論，有「人皆可以為堯舜」之說。道教有「胞胎之中，已含通道之性」《抱朴子・辨問》。的說法。竺道生根據含生之類皆有佛性的佛理，在未見到全本《大品涅槃經》前，大膽針對佛教界認為一闡提是斷善之人沒有佛性的觀點，提出一闡提也有佛性。其實他借鑑了儒家思想中的性善論，從而建立起平等的佛性論。

隋唐佛教各宗派都程度不等地實現著佛教中國化的過程。通過對中國傳統文化的比附、格義、改革到融會貫通，它們最終在儒家心性論、平等人性論的基礎上提出「人人悉有佛性」，從而建立了平等的佛性論。佛教各宗派多以心性論作為學說重點。天臺宗提出「三諦具足，只在一心」，倡導「反觀心源」的修習方法，只要反本求源，就可以達到佛教的最高精神境界。禪宗以自

性自悟為宗旨，提倡直指人心見性成佛。這類似於儒家「盡心、知性、知天」的學說和修養功夫。孟子雲：「盡其心者，知其性也；知其性，則知天矣。」[155] 佛教在改造佛性說時明顯借助了儒家思想。

中國文化傳統是入世而非出世的，而佛教宣揚「跳出三界外，不在五行中」，以超出六道輪回為修養目標。僧人出家修行被批評為不敬父母、不拜皇帝，是違背人倫之舉。為適應傳播的需要，佛教不斷地從出世間求解脫向不離世間求解脫的方向發展。東晉南朝期間，人們曾就沙門是否應向皇帝行跪拜禮展開過熱烈爭論，道安認識到「不依國主，則法事難立」。隋唐時期三論宗創始人吉藏明確提出，「君臣父子忠孝之道」是第一義諦，如不踐履此道則不得涅槃，明顯是把儒家的倫理規範看作是解脫的必要條件。華嚴宗密撰《盂蘭盆經疏》二卷，以《盂蘭盆經》為佛教的《孝經》，宣稱釋迦牟尼和目連出家均是為救護父母而盡孝道。禪宗進一步宣揚修行不一定要出家，在日常生活中也可以悟道成佛。這些理論都是為了適應儒家倫理規範而作出的改造，使得佛教中國化進程加速，而禪宗則成為佛教中國化、世俗化的典型。

儒家對鬼神採取敬而遠之的態度，宣揚「為仁由己」，不由外力。早期佛教宣揚借助佛力獲得解脫，與儒家對鬼神的態度和道德修養方式不一致。禪宗和淨土宗宣揚成佛靠自己，不借助佛

力，實現了與儒家修養方式的一致。

為適應中國古代崇尚簡易直接的思維方式，突破佛教在中國傳播的語言文字障礙，佛教學者致力於採用各種靈活的方式。其中取得突出成效且最有代表性的是禪宗，禪宗找到了將佛教偈語和語錄融為一體的表達方式。語錄體是儒家著作的一種文體，如《論語》。這種文體言簡意賅，不重修飾。禪宗經典如《六祖壇經》以語錄體為主，穿插佛偈，注重口語化，充分體現了中國古代崇尚簡易的思維特點。

儘管魏晉南北朝隋唐時期是宗教迅速發展的時期，但理性精神伴隨著人類對自身和自然認識的加深而成為宗教籠罩下的文化浪潮中的一股清流。理性精神的崛起是這一時期的另一思想景觀。

三國西晉時吳人楊泉是對「元氣」作出科學抽象思維的唯物主義解釋的第一人 [156]。他指出：天體充溢著「氣」，地上萬物莫不由氣構成。「氣」有陰陽之分，由此導致天體和萬物的運動。他還理性地看待人的生命：「人含氣而生，精盡而死，猶漸滅也。譬如火，薪盡而火滅，則無光矣。故滅火之餘，無遺焰矣；人死之後無餘魂也。」[157] 人的生命的形成和消逝是「氣」的聚散，人的意識和智慧與「血氣」有關。

---

156 參見羅宏曾：《魏晉南北朝文化史》，四川人民出版社 1988 年版，第298-302 頁。

157 《太平御覽》卷五四八引楊泉《物理論》。

兩晉之際鮑敬言基於元氣一元論反對天命論[158]。他針對「君權神授」「受命於天」的天命論，提出：「夫天地之位，二氣范物，樂陽則雲飛，好陰則川處，承柔剛以率性，隨四八而化生，各附所安，本無尊卑也。」《抱朴子・詰鮑》。宇宙萬物均由元氣構成，本無尊卑貴賤之分。他冷靜地分析人事道：「夫強者凌弱，則弱者服之矣；智者詐愚，則愚者事之矣。服之，故君臣之道起焉；事之，故力寡之民制焉。然則隸屬役御，由乎爭強弱而校愚智。彼蒼天果無事也。」《抱朴子・詰鮑》。人類社會的不平等並不是上天決定的，而是人類以強凌弱、以智詐愚導致的，天是沒有意志、無所為的存在。由此進一步推論出君主並非是上天選擇的，而是強暴與欺詐的產物。

南齊范縝針對佛教宣揚神不滅、因果報應說作《神滅論》，指出：「形者神之質，神者形之用也。……神之於質，猶利之於刀。……未聞刀沒而利存，豈容形亡而神在哉！」《梁書・范縝傳》。他還提出人做夢是由於「神昏於內」而「妄見異物」，夢是虛妄、不真實的。

針對漢代以來讖緯之學，南朝以來時常禁止。「宋大明中，始禁圖讖。梁天監已後，又重其制。及高祖受禪，禁之踰切。煬帝即位，乃發使四出，搜天下書籍，與讖緯相涉者，皆焚之，為吏所糾者至死。自是無複其學。」[159] 北魏孝文帝曾有禁毀圖讖

---

158 參見羅宏曾：《魏晉南北朝文化史》，第 303-304 頁。
159 《隋書・經籍志一》。

之舉。

對佛教、道教及其煉丹成仙、占卜問命的欺騙性，唐人有較為清晰的認識。唐太宗即位不久，下詔：「私家不得輒立妖神，妄設淫祀，非禮祠禱，一皆禁絕。其龜易五兆之外，諸雜占卜，亦皆停斷。」[160]

貞觀十五年，呂才等十餘人奉命刊削《陰陽書》百卷告成，頒行於天下。呂才「多以典故質正其理，雖為術者所短，然頗合經義」[161]。他站在儒家立場上，從事實出發，對當時「舉世相惑於禍福」的現象提出嚴正批評。從現存《敘宅經》《敘祿命》《敘葬書》等三篇殘存文字來看，他的分析體現在以下方面：「五姓之說」在經典中無根據，純屬近代師巫的附會，「事不稽古，義理乖僻」[162]。人的禍福、貴賤、壽夭與祿命無關，「今時亦有同年同祿而貴賤懸殊，共命共胎而夭壽各異」[163]。儒家經典關於喪葬的禮儀，如「卜其宅兆」「謀及龜筮」之類，是「備於慎終之禮，曾無吉凶之義」，近代陰陽葬法講究吉凶，實際源於巫者貪利而附會為妖妄。[164]

唐中宗時，鄭普思以方伎受寵，擢為秘書監。李邕上奏指出：若方術可致長生，則爽鳩氏會永遠據有天下；若能致神人，

---

160 《舊唐書‧太宗紀》。
161 《舊唐書‧呂才傳》。
162 《舊唐書‧呂才傳》。
163 《舊唐書‧呂才傳》。
164 參見侯外廬主編：《中國思想通史》第四卷（上），人民出版社 1959 年版，第 121-132 頁。

則秦漢會代代相承占有天下；若能致佛法，則梁武帝會永遠占有天下；若能致鬼道，則墨翟、干寶會將其獻給國君，使其永遠占有天下。這樣一來，天下「非陛下乃今可得」。自古明君賢主在位，「皆在人事，敦睦九族，平章百姓，不聞以鬼神道治天下」[165]。

元和十四年正月，憲宗命中使率宮人持香花從法門寺迎取佛祖指骨，供奉在大明宮內，燒香禮拜。韓愈寫《論佛骨表》，文中指出：古代聖賢如黃帝、少昊、顓頊、帝嚳、堯、舜、禹、湯、文、武，均在位七八十年，壽逾百歲，並非因崇奉佛法；佛法傳入中國後，那些奉佛的君王壽命都不長，有的甚至因此禍國喪身。這說明佛法根本不足信。他不僅反對佛教，還反對道教。德宗貞元十一年，果州刺史李堅將當地十四歲女孩謝自然白日飛升成仙一事作為祥瑞上報，唐德宗賜詔褒諭。為此，韓愈寫《謝自然》一詩以批判世人迷信長生：「莫能盡性命，安得更長延？人生處萬類，知識最為賢。奈何不自信，反欲從物遷？往者不可悔，孤魂抱深冤。來者猶可誡，餘言豈空文？人生有常理，男女各有倫。寒衣及饑食，在紡績耕耘。下以保子孫，上以奉君親。苟異於此道，皆為棄其身。」[166] 在他看來，現世的倫常日用才是真正的人生之路，其餘均為邪道。

---

165 《新唐書・李邕傳》。
166 《全唐詩》卷三三六。

柳宗元強調「功者自功，禍者自禍」[167]，並沒有一個能賞善罰惡的人格神存在。在《天對》中，他提出：宇宙是一元混沌之氣而成的，沒有誰來營造，也沒有誰來主宰，而是自然地運動著。他對於自然發展變化的規律，從天文到地理，根據當時已有的科學知識，加以解答。他認為：「山川者，特天地之物也；陰與陽者，氣而遊乎其間者也，自動自休，自峙自流，是惡乎與我謀？自鬥自竭，自崩自竭，是惡乎為我設？」[168] 自然有其運動規律，與人事無關，也並非天意的顯現。他依據「生人之意」的歷史觀，對於一切禮樂刑政制度，舉凡借天人感應說、宗教迷信來掩飾而違反「生人之意」者，均加以批判。其《時令論》上、下篇和《斷刑論》系統闡釋了他的思想。他揭露借助「天意」來神化封建統治的虛偽和封建政令的殘酷實質，指出：「古之所謂『天』者，蓋以愚蚩蚩者耳，非為聰明睿智者設也。」[169] 他對於被愚弄的人民有著深厚的人道主義同情心，反問道：「胡不謀之人心以熟吾道？吾道之盡而人化矣，是知蒼蒼者焉能與吾事而暇知之哉？」[170] 柳宗元還反對流行的命定論，更反對靈魂不死說，斥責神話無稽之說。

劉禹錫認為柳宗元的《天說》對於天人之際的論述尚有不足之處，於是作《天論》進一步發展其思想，提出「天與人交相勝」

---

167 《天說》，《柳河東集》卷十六。
168 《非國語上‧三川震》，《柳河東集》卷四十四。
169 《時令論下》，《柳河東集》卷三。
170 《斷刑論下》，《柳河東集》卷三。

「還相用」[171]。他指出：「萬物之所以為無窮者，交相勝而已矣，還相用而已矣。」[172]「交相勝」「還相用」是世界萬物的普遍規律，物質運動沒有倫理的「功」「禍」的因素。

李谿《敬鬼神議》針對人們通過禱祠祭祀等活動敬鬼神來祈福提出質疑。他認為：鬼神是有還是無尚未知，「而君子敬之，豈足求益耶？……豈必徼福而後為哉？若徼福而後為，則是內懷詐偽曲之心，非不愧乎屋漏也」。若劉備、諸葛亮果有神靈，怎能見蜀國之亡而不救？進而言之，「豈有未能救其骨肉子孫而愛他人乎？推而考之，則鬼神未必能專為利害也。設令能害盈福謙，饗於克誠，亦惟德所動，吉凶由人而已，豈變化所為哉？……禁淫祀，勵疏怠，匪求益也。苟有前聖之典籍在，則禱祠祈福亦設教論道而已。故君子敬順而勿疑。」[173] 在他看來，吉凶由人不由神。應該端正敬神的態度，把禱祠祭祀看作是設教論道的方式，不能以功利的心態看待鬼神。

沈顏撰寫《妖祥辯》《祭祀不祈說》《時日無吉凶解》明確反對迷信思想[174]。篇首即云：「夫祭典之興，所以奉祖宗而表有功也，非所以祈明神而邀福佑也。」他歷舉水火之災、年壽、貧富、戰爭、禍患、疾病、國家喪亡等人們無法控制、不願接受的事情，說明祈禱神靈也無濟於事。他指出人事與神靈無關：「人

171 《天論上》，《劉賓客文集》卷五。
172 《天論上》，《劉賓客文集》卷五。
173 《文苑英華》卷七六四。
174 《祭祀不祈說》《文苑英華》卷三六二。

事之起，匪成即敗，匪得即失，用之有巧拙，智之有後先，歲有豐儉，運有否泰，非神之所置也。」並嚴正批評社會上因迷信而導致的種種弊端均是「上失其正，下效其為」的結果。在《時日無吉凶解》[175] 中，沈顏解釋古時國家在戰爭或祭祀之前必先選擇時日，確定其期，「是用備物於有司，習儀於禮寺，俾臻其慮而戒其誠」，並非定吉凶、決勝負。他批評人們因相信時日有吉凶因此顧忌重重。他指出：在廣闊時空內，吉凶在於人之所為，非關時日。在《妖祥辯》[176] 中，沈顏針對唐代盛行的以「麟、鳳、龍、醴泉、甘露、景星、朱草」為祥瑞、以「天文錯亂、草木變性、川竭地震、冬雷夏霜」為災異的迷信觀念，指出周衰而麟見、殷道盛而桑谷生於庭，明顯是妖祥顛倒，真正意義上的祥與妖是：「君明臣忠，百司稱職，國之祥也；信任讒邪，棄逐讜正，刑賞不一，貨賂公行，國之妖也。」三代以下，國家廢興治亂，無不由此。這幾篇文章均是針對社會上上下相扇的濃厚的迷信觀念和行為進行清醒而理性的批判。

　　皮日休《相解》[177] 針對時人迷信相面以預言富貴貧賤賢愚的相術，指出：「上善出於性，大惡亦出於性，中庸之人，善惡在其化者也。」人性可善可惡，關鍵在於人自身。他感慨時人盲目相信相術而「不思以道達，不思以德進」，卻不能「以聖賢之

175　《文苑英華》卷三七七。
176　《文苑英華》卷三七七。
177　《文苑英華》卷三七七。

道自相其心」。這是從強調道德修養方面來批評人們崇信相術。他在《題後魏書釋老志》中批評魏收在《魏書・釋老志》中大誇夷狄之道，認為佛教實是「媚於偽齊之君」[178]，是儒家聖賢的「罪人」，顯然對佛教並無好感。

柳宗元《息壤記》[179]針對「鬼且」的永州百姓以為龍興寺東北堂中土是鯀治水所用息壤、持鍤動土者必死的迷信，指出死者乃不幸而死，並非受到報應。他結合當地環境分析原因：「南方多疫勞者先死，則彼持鍤者其死於勞且疫也。」並非土有神。

韋承造《釋武豹門記》指出正被傳為訛以致大謬的惡劣現象，解釋絳州百姓所相信的武豹門「為祛邪禦魅之所作」其實並無道理，只是特殊地勢的作用。

白居易在對策中要求朝廷針對淫祀加以整治：「崇設人防，申明國典。烝嘗不經者示之以禮，禳禱非鬼者糾之以刑，所謂存其正，抑其邪，則人不惑矣。著其誠，謹其物，則人厚生矣。」[180]

唐代民間淫祀風氣很盛。為此，有些士大夫在擔任地方官期間採取措施革新弊俗。如狄仁傑為冬官侍郎，充江南安撫使時，命人燒毀一千七百多所廟宇。李德裕擔任浙西觀察使期間，「凡舊俗之害民者，悉革其弊」。針對「江嶺之間信巫祝，惑鬼怪」

178　《文苑英華》卷三七七。
179　《文苑英華》卷八三三。
180　《文苑英華》卷四九七。

的現象，他選擇民眾中有識之士，「諭之以言，繩之以法」，最後減少所屬四郡淫祠一千〇一十所，數年之間，整頓淫祀的弊風取得了顯著成效。他還禁止百姓厚葬。韓愈、柳宗元都在地方官任上有破除迷信之舉。

儘管如此，唐人並未徹底脫離迷信，他們的理性精神發展有很大的局限性。唐代文人自貞元以後，「或侈於卜祝」[181]。他們在未入仕前，通過問神占卜來預測前程；入仕後，官場紛爭又使得他們從卜筮中尋求安慰。劉禹錫在參加「永貞革新」期間任屯田員外郎，曾請一僧人問命。柳宗元在「永貞革新」失敗後，屢被貶謫，自永州司馬招至京師，請一卜者解釋凶夢。韓愈雖反對佞佛，非毀道教，他最終因服食丹藥而喪生；他相信天意，認為天能賞善罰惡，篤信天命。李白只是在醉中嘲笑神仙。總體說來，崇佛、佞道仍是唐人的普遍行為，更何況命定論等等迷信充斥於人們頭腦中。

第三節 ▶ 以民為本精神的新發展

民本思想是中國傳統文化中源遠流長的珍貴歷史遺產，起源於先秦時期。「民惟邦本，本固邦寧」見於偽《古文尚書·五子之歌》。《尚書·泰誓》：「天視自我民視，天聽自我民聽。」《左傳·桓公六年》中有：「夫民，神之主也，是以聖王先成民而後

---

181 《唐國史補》卷下。

致力於神。」可見先秦時期，統治階級很重視「民」。儒家提出「仁民愛物」的思想，主張實施「道之以德，齊之以禮」的德治，實現王道，反對「道之以政，齊之以刑」的霸道。

漢帝國的建立，逐步確立了儒家思想的意識形態地位，民本思想也日益被強調和實踐到政治事務中。南北分裂時期，許多統治者昏聵殘暴、不恤民生，但一些有識之士認識到百姓的重要性，時時發出呼聲要求重視民意，以民為本。伴隨著儒學的發展，以民為本精神在魏晉南北朝隋唐時期進一步深化。

北周蘇綽在《六條詔書》[182] 中詳細論及治民的要點：一是清心。官吏承擔治民的職責，首先要治心：「凡治民之體，先當治心。……一身不能自治，安能治民也？是以治民之要，在清心而已。……率至公之理以臨其民，則彼下民孰不從化？」認為清心才能無偏無倚，坦然公正。其次在治身：人君為百姓的表率，若希望百姓修行，人君必須「躬行仁義，躬行孝悌，躬行忠信，躬行禮讓，躬行廉平，躬行儉約」，堅持不懈，再加上明察秋毫，則百姓信服。二是敦教化。官吏應順應時勢，推行教化。「夫化者，貴能扇之以淳風，浸之乙太和，被之以道德，示之以樸素，使百姓蠹蠹，日遷於善。邪偽之心，嗜欲之性，潛以消化，而不知其所以然。此之謂化也。然後教之以孝悌，使民慈愛；教之以仁順，使民和睦；教之以禮義，使民敬讓。慈愛則不遺其親，和睦則無怨於人，敬讓則不競於物。三者既備，則王道

---

182 以下引文均出自《周書・蘇綽傳》。

成矣。此之謂教也。」三是盡地利。為使百姓豐衣足食，需盡地利。官吏要勸課有方，督促百姓勤於農務，不要錯過農時。「三農之隙，及陰雨之暇，又當教民種桑植果，藝其菜蔬，修其園圃，畜育雞豚，以備生生之資，以供養生之具。」四是擢賢良。人君需官吏以佐治，官吏賢能與否密切影響到治亂興衰。他針對當時選舉重門資而不重視材質的不良現象，提出：「今之選舉者，當不限資蔭，惟在得人。苟得其人，自可起廝養而為卿相。」選舉最關鍵的是看志行。他還提出要省官，官省則事省。五是恤獄訟。因人有情有性，性善情惡，賞善罰惡才能使民眾安心。治理刑獄必須戒慎。「夫戒慎者，欲使治獄之官，精心悉意，推究事源，先之以五聽，參之以證驗，妙睹情狀，窮鑑隱伏，使奸無所容，罪人必得；然後隨事加刑，輕重皆當。赦過矜愚，得情勿喜，又能消息情理，斟酌禮律，無不曲盡人心，遠明大教，使獲罪者如歸。此則善之上也。」治獄要有至公之心，不能自便而枉濫。六是均賦役。「夫平均者，不舍豪強而征貧弱，不縱奸巧而困愚拙，此之謂均也。」官吏要勸課，以便百姓早做準備，要防備奸商從中謀利，要體恤民心，不能欺壓貧賤，這樣才能做到政和民悅。蘇綽的論述是以儒家以民為本的思想為基礎的，涉及安頓百姓、治理國家的各個方面，相當完備。該上書受到宇文泰的高度重視，他經常放在身邊觀覽，並要求「百司習誦之，其牧守令長，非通六條及計帳者，不得居官」[183]，看來是具

183　《資治通鑑》卷一五八，「梁武帝大同七年」。

體被落實了。

　　隋文帝即位後，較注意輕徭薄賦，整頓吏治，剪除苛暴，躬行節儉。

　　隋末王通提出「王道政治」觀。他主張「不以天下易一民之命」[184]，顯然視百姓的生命比天下更重要。他認為：「廢昏舉明，所以康天下也」[185]，以天下為重，不為君主一人犧牲天下。事君之道在「無私」，使人之道在「無偏」，化人之道在「正其心」[186]。這一觀點與蘇綽相似。王通很重視「道」，認為「不知道，無以為人臣，況君乎？」[187] 要求君主明了「道」，以「道」治國。他要求臣子通過入仕來推行、踐履道，寧可犧牲自己的利益、性命來保護百姓。以百姓的利益為準來要求君主和臣子實現「道」。這些都是非常可貴的思想，對唐朝初期的政治行為很有影響。

　　唐初統治者目睹了隋朝驟盛驟衰的歷史過程，深深地為民眾在這一歷史過程中表現出來的巨大力量所震撼。為實現社會的全面恢復和發展、維護唐王朝的長治久安，唐初的統治者多次就如何正確處理民眾、國家、君主三者之間關係的問題加以討論。他們深刻認識到「民惟邦本，本固邦寧」[188] 的含義，確定了「存

---

184 《中說‧天地》。
185 《中說‧事君》。
186 《中說‧事君》。
187 《中說‧關朗》。
188 《尚書‧甘誓》。

百姓」的治國原則，制定了一系列重民、保民、利民的措施，為奠定一個強盛的封建王朝打下了堅實的基礎。

《貞觀政要》是貞觀年間唐太宗君臣討論治國之道、確立民本思想的集中反映。唐太宗認為：君主的設立不是為了役使百姓來過享樂的生活，而是為了作為民之父母來治理民眾；君主是依靠百姓供養才存在的，君民在某種意義上是一體的，「若損百姓以奉其身，猶割股以啖腹，腹飽而身斃」[189]。他深刻地認識到君民關係有如水與舟，「舟所以比人君，水所以比黎庶，水能載舟，亦能覆舟」[190]，民眾可以選擇君主，其叛逆或服從關係著君主的切身利益和安危，君主的地位是以民眾的服從和支持為基礎的。他對大臣說：「可愛非君，可畏非民。天子者，有道則人推而為主，無道則人棄而不用，誠可畏也。」[191] 在與大臣論政時，他多次強調「為君之道，必須先存百姓」[192]，應以「百姓心為心」。具體說來，統治者應實行無為而治，節制欲望；還應因應民心，順從民欲；立國應以農為本，做到不擾民。唐太宗說：「為國之道，必須撫之以仁義，示之以威信，因人之心，去其苛刻，不作異端，自然安靜。」[193]「若安天下，必須先正其身，未有身正而影曲，上治而下亂者。」[194] 魏徵也強調，對於君主來

---

189 《貞觀政要・君道》。
190 《貞觀政要・教誡太子諸王》。
191 《貞觀政要・政體》。
192 《貞觀政要・君道》。
193 《貞觀政要・仁義》。
194 《貞觀政要・君道》。

說，「修身之術」與「治國之要」原本是一致的，若「身治」則不可能「國亂」[195]。他還提醒太宗：國家衰敝乃緣於統治者在得到天下後「志趣驕逸，百姓欲靜而徭役不休，百姓凋殘而侈務不息」[196]。唐太宗也認識到百姓為盜是因為「賦繁役重，官吏貪求，饑寒切身」[197]，所以必須「去奢省費，輕徭薄賦，選用廉吏」[198]，使百姓過上衣食有餘的生活。因此，他努力崇尚節儉，輕徭薄賦，不違農時。他還非常重視選官任人，經常召見五品以上官員，「詢訪外事，務知百姓利害，政教得失」[199]。因唯恐都督、刺史任人不當，以致貽害百姓，唐太宗把各地都督、刺史的姓名寫在屏風上，每有善惡之跡，則寫在其姓名下，以備升遷或貶職參考[200]。正是在這種民本思想的指導下，貞觀年間吏治清明，百姓生活安定富足，從而出現了「貞觀之治」的盛況。

此後武則天、玄宗前期以及狄仁傑、張說、宋璟、姚崇、張九齡等賢相，都重視民生，珍惜民力，因民之心，去除苛政。安史之亂後，政出多門，朝政腐敗，但不斷有開明人士提出應因人之性，遂人之欲，重視民生。德宗時，陸贄多次強調民為邦本，提出「君養人以成國，人戴君以成生，上下相成，事如一

195　《貞觀政要・君道》。
196　《貞觀政要・君道》。
197　《資治通鑑》卷一九二。
198　《資治通鑑》卷一九二。
199　《貞觀政要・政體》。
200　《貞觀政要・擇官》。

體」[201]。他為德宗撰寫的《罪己詔》以德宗的口吻對百姓生活艱辛深自懺悔。

唐代統治者民本意識的強化還表現在法制建設中。唐代實行良賤制，但良民已包括廣大的農民、商人及手工業者，範圍擴大了。法律對官戶、部曲、奴婢等賤民的人身權利有更多保障。整個唐朝對刑罰貫徹「削煩去蠹，變重為輕」的精神，將死刑的批准權收歸中央政府。《唐會要》卷四十「君上慎恤」一則集中反映了唐代統治者在法律執行過程中對百姓的體恤。這些都體現了唐代重視民生、珍惜民命的精神。

中唐經學家啖助、趙匡、陸質治經重在經世致用。柳宗元曾概括陸質經學中心是「以生人為主，以堯、舜為的」[202]。陸質曾對呂溫表達深厚的寄託：「良時未來，吾老子少，異日河圖出，鳳鳥至，天子威臨泰階，清問理本，其能以生人為重、社稷次之之義發吾君聰明，躋盛唐於雍熙者，子若不死，吾有望焉。」[203]足見陸質秉承孟子「民為貴，社稷次之」的重視民生的思想。

柳宗元和當時多數積極入世的封建知識分子一樣，基本思想傾向是堅持儒家學說，主張實踐儒家聖人之道。但他反對僵死的傳統儒學，反對墨守章句、死背教條、以矜取譽。他認為，真正的儒不僅要能談說義理、誦讀經文，更要使「聖人之道」有益於

201　《中書奏議‧均節賦稅恤百姓第五條》，《翰苑集》卷二十二。

202　《唐故給事中皇太子侍讀陸文通先生墓表》，《柳河東集》卷九。

203　《祭陸給事文》，《呂衡州集》卷八。

現世。柳宗元「唯以中正信義為志，以興堯、舜、孔子之道，利安元元為務」[204]，民本思想時時體現在其文字和行為中。他大膽質疑君權神化，指出君權不是上天授予的，必須得到民眾的支持。他攻擊封建特權，深切同情被愚弄的、被剝奪權利的、受壓迫的廣大民眾。他提出：「凡吏於土者，若知其職乎？蓋民之役，非以役民而已也。」[205] 表達了「吏為民役」的思想，這在當時甚至在整個中國歷史上都是難能可貴的。其諸多文章如《捕蛇者說》《宋清傳》《種樹郭橐駝傳》《童區寄傳》《梓人傳》《箏郭師墓誌》《太府寺李卿外婦馬淑志》等篇，均表達了他對普通民眾的人道主義關懷和同情。他對於憑藉權勢來欺壓、殘害人民的人物或制度，無不毫不留情地揭露、諷刺，並進行強烈的抗爭，如《乞巧文》《段太尉逸事狀》《六逆論》《與太學諸生說》等均是這種思想感情的表現。在《六逆論》中，柳宗元對《左傳》隱公三年記的六逆即賤妨貴、少凌長、遠間親、新間舊、小加大、淫破義加以分析後提出：「若貴而愚，賤而聖且賢，以是而妨之，其為理本大矣，而可舍之以從斯言乎？……使親而舊者愚，遠而新者聖且賢，以是而間之，其為理本亦大矣，又可舍之以從斯言乎？」[206] 他以聖、賢作為標準，反對以血緣親疏、貴賤等級作為標準來決定社會關係，認為這是理之本而非叛逆，表

204 《新唐書・柳宗元傳》。
205 《送薛存義序》，《柳河東集》卷二十三。
206 《柳河東集》卷三。

現出一種平等意識。

晚唐皮日休在《讀司馬法》中說：「古之取天下也以民心，今之取天下也以民命。」[207] 對當權者不顧民生爭奪權力予以嚴厲譴責。

唐代士人大多出身於庶族，他們接近民眾，關心現實，大都具有安蒼生、憫田農、傷閭里、哀農夫、救民於水火的濟民思想。在其筆下，無論是寫歷史題材還是現實生活的詩，都表現出他們內心對民生疾苦的關切，主張崇儉去奢、輕徭薄賦，以緩和階級矛盾、促進國家長治久安。尤其是安史之亂，唐王朝陷入空前困境，也將廣大農民帶入巨大的災難之中。中晚唐士人經歷了戰亂或生於戰亂，面對滿目瘡痍、殘酷的現實，他們將目光投向底層民眾，描述農民們勞作艱辛卻無所收穫、生活貧困的生存狀態，刻畫獨特時代下農民由堅忍到期盼最終憤怒的心理變化過程，更揭露了致使農民生活艱辛的種種原因，表達了對廣大農民的深切同情和悲憫。這種人道主義關懷和以民為本的精神是受他們所接受的「仁政」「民本」「兼濟」「詩教」等儒家傳統影響的。

早在天寶年間，一部分失意的士人如孟雲卿、沈千運、趙微明、於逖、張彪、元季川、王季友就在詩中反映社會的不公和人生的悲慘艱辛。他們詩中沒有盛唐詩中那種慷慨雄豪情調，而以悲憤來寫人生苦痛。「朝亦常苦饑，暮亦常苦饑。飄飄萬餘裡，

207 《文苑英華》卷三七七。

貧賤多是非。」²⁰⁸ 這是寫自己的窮困生活。「虎豹不相食，哀哉人食人。」²⁰⁹ 這裡把人世的殘酷爭奪與殘殺寫得很尖銳。從他們這裡，唐詩開始了由盛唐的傾向於理想主義向元結和杜甫的寫實人生的轉向。

　　元結自覺地寫生民疾苦。早在登進士第之前，他就寫了《系樂府十二首》，其中的《貧婦詞》《去鄉悲》《農臣怨》諸篇，寫民不聊生、被迫離鄉背井而官吏毫不體恤、缺乏仁慈之心的悲苦情境。《舂陵行》寫安史之亂後道州一帶百姓疲弊、靠食草木維生而官吏殘暴催逼賦稅的情形；《賊退示官吏》寫賦稅禍害百姓甚於盜賊。

　　以「詩史」著稱的杜甫把詩從抒發個人懷抱拓展到寫民生疾苦，並且把抒個人情懷和寫生民疾苦融合為一體，以自己的一腔血淚去寫底層民眾的苦難生活。他借助詩反映了安史之亂前後的社會生活，尤其是戰亂給底層人民帶來的深重災難。他的不少痛陳民生疾苦的作品，是「請為父老歌，艱難愧深情」²¹⁰ 的。《羌村三首》寫自己經歷九死一生與家人團聚的悲喜交集的心情，鄰里的患難深情、困苦生活、戰爭災難都表現得極為真切。《三吏》《三別》更具體地反映戰爭給下層百姓帶來的疾苦：傷亡慘重，農民負擔沉重的兵役，不得安生，讓我們看到了戰爭破壞之大、

208　孟雲卿：《悲哉行》，《全唐詩》卷一五七。
209　孟雲卿：《傷時》，《全唐詩》卷一五七。
210　《羌村三首》，《全唐詩》卷二一七。

災難之深。《負薪行》寫夔州山區婦女悲苦的生活；《歲晏行》寫官府重稅盤剝，奸商趁機漁利，農民不得不賣兒女來還租庸、飢寒交迫。在詩中，他反復為民請命：「安得務農息戰鬥，普天無吏橫索錢。」[211]「誰能叩君門，下令減征賦？」[212]「上請減兵甲，下請安井田。」[213]「焉得鑄兵作農器，一寸荒田牛得耕。牛得耕，蠶亦成，不勞烈士淚滂沱，男穀女絲行複歌。」[214]「安得廣廈千萬間，大庇天下寒士俱歡顏，風雨不動安如山？」[215] 他的詩感情深沉闊大，憂思執著深廣，其中所體現的對廣大普通民眾的關心、同情是空前的。

韋應物也有一些同情民生疾苦的詩。如《高陵書情寄三原盧少府》中云：「兵凶久相踐，徭賦豈得閒？」[216]《觀田家》詩云：「倉廩無宿儲，徭役猶未已。」[217] 其類似詩中始終有一種對底層民眾疾苦的同情、對自己身為下吏無能為力的愧疚之情。

盧仝在《走筆謝孟諫議寄新茶》中的憫農意識：「安得知百萬億蒼生命，墮在巔崖受辛苦。」[218] 袁高在湖州太守任上，看到茶農不顧早春的寒冷，廢棄耕織，攀高山，臨深崖，採摘新

211 《畫夢》，《杜詩詳注》卷十八。
212 《宿花石戍》，《杜詩詳注》卷二十二。
213 《湘江宴餞裴二端公赴道州》，《杜詩詳注》卷二十二。
214 《蠶谷行》，《杜詩詳注》卷二十三。
215 《茅屋為秋風所破歌》，《杜詩詳注》卷十。
216 《全唐詩》卷一八七。
217 《全唐詩》卷一九二。
218 《全唐詩》卷三八八。

芽，歷盡艱辛，於是作五言長詩《茶山詩》來譴責各級官吏為討好君王不問民間疾苦一味催逼繳茶的殘狠：「動生千金費，日使萬姓貧。……況減兵革困，重茲固疲民。」[219]

大曆十才子都有反映戰亂生活的詩作。如盧綸的《逢病軍人》有：「行多有病住無糧，萬裡還鄉未到鄉。蓬鬢哀吟古城下，不堪秋氣入金瘡。」對戰爭中負傷士兵艱難返鄉的悲慘處境有著深深的同情。李端的《宿石澗店聞婦人哭》寫丈夫死於戰爭的婦人的沉痛悲哭。耿湋的《路旁老人》：「老人獨坐倚官樹，欲語濟然淚便垂。陌上歸心無產業，城邊戰骨有親知。餘生尚在艱難日，長路多逢輕薄兒。綠水青山雖似舊，如今貧後復何為！」寫戰爭中失去親人的老人的孤苦無依。戴叔倫頗多諷時之作，如《女耕田行》《屯田詞》等。這些詩從一個側面反映了現實，表明詩人們具有人道主義精神，關心和同情民生疾苦。

元稹、白居易特別重視以詩尤其是樂府詩來反映民生疾苦：「惟歌生民病，願得天子知。」[220] 白居易的《新樂府》《秦中吟十首》《觀刈麥》《埰地黃者》《宿紫閣山北村》等作品，揭露賦役繁重、宦官橫暴、窮兵黷武、邊民流離失所、權勢劫掠、豪門奢侈、怨女悲憤等等社會現象，充滿對下層民眾的同情。張籍、王建的詩以揭露時弊、反映民生疾苦，其精神與元、白諷喻之作一致，如張籍的《野老歌》《董逃行》，王建的《田家行》《水夫

219 《全唐詩》卷三一四。
220 《寄唐生》，《白氏長慶集》卷一。

謠》等。李紳的《古風二首》揭示了農民的艱辛和困苦。韓愈的《寒地百姓吟》《征婦怨》，柳宗元的《田家三首》，劉禹錫的《聚蚊謠》《武夫詞》等都是關心民生疾苦之作。

　　晚唐詩人生於戰爭災難之中，切身體會到社會的混亂，對生民疾苦也有所關注。李郢的《茶山貢焙歌》描述了朝廷官吏催征貢茶以致茶民冒著寒露採茶、不分日夜焙茶以趕在清明之前交上貢茶的情狀，表現出對茶農深切的同情。陸龜蒙《正樂府十篇》針對現實，有美有刺，其中《橡媼歎》一篇描寫老農婦一年辛苦收成被貪官汙吏矇騙剝削殆盡，只得冒霜露拾橡栗充饑；《卒妻怨》反映了戰爭導致百姓家室不全，以致貧困潦倒。杜荀鶴的《山中寡婦》：「夫因兵死守蓬茅，麻苧衣衫鬢髮焦。桑柘廢來猶納稅，田園荒後尚征苗。時挑野菜和根煮，旋斫生柴帶葉燒。任是深山更深處，也應無計避征徭。」[221]《亂後逢村叟》：「經亂衰翁居破村，村中何事不傷魂。因供寨木無桑柘，為點鄉兵絕子孫。還似平寧征賦稅，未嘗州縣略安存。至今雞犬皆星散，日落前山獨倚門。」[222] 這兩首詩均寫戰亂給百姓帶來的災難，點兵徵稅，家破人亡，無以為生。《再經胡城縣》：「去歲曾經此縣城，縣民無口不冤聲。今來縣宰加朱紱，便是生靈血染成。」[223] 揭露了貪官汙吏對民生的摧殘以及朝廷的昏庸。聶夷中的《田

---

221 《全唐詩》卷六九二。
222 《全唐詩》卷六九二。
223 《全唐詩》卷六九三。

家》：「父耕原上田，子斫山下荒。六月禾未秀，官家已修倉。」
《傷田家》：「二月賣新絲，五月糶新穀。醫得眼前瘡，剜卻心頭
肉。我願君王心，化作光明燭。不照綺羅筵，只照逃亡屋。」[224]
兩詩均寫沉重的賦稅帶給農民的痛苦和窮困，後詩表達了對君王
關注民生的期望。還有曹鄴的《捕魚謠》《官倉鼠》及張孜的《雪
詩》也反映了生民疾苦。但晚唐詩人對民生的關注遠不如杜甫深
厚，詩作多偏重於敘述，而缺乏像杜甫那樣的感天動地的哀吟和
歌哭。

　　雖然唐代民本精神得以極大推進，但其動機是期望封建國家
長治久安的政治需要。統治階級雖然認識到君民關係猶如舟和
水，希望實現「本固邦寧」的政治目標，但這種願望建立在以階
級剝削為前提的封建經濟基礎上，所以根本無法實現，民本思想
在社會政治生活中也就只能成為一句政治空話。

第五章

民族觀念的變遷：
從「夷夏之辨」到「華夷一家」

從魏晉南北朝的政權分立，到隋唐的政治大一統，隨著各民族之間的不斷交往與融合和「天下一家」格局的形成，時代的民族觀念出現了較為顯著的變化，那就是從嚴明夷夏之辨，到提倡「華夷一家」；從斤斤計較於政權統緒的正統之爭，到民族一統意識的加強。

第一節 ▶ 《徙戎論》與夷夏之辨

魏晉南北朝是中國歷史上的大分裂時期，同時也是民族矛盾比較激化的一個時期。反映在民族觀上，則是夷夏之辨思想得到了凸現，西晉末年江統的著名奏文《徙戎論》，堪稱這一時期宣揚夷夏之辨思想的代表之作。

《徙戎論》的出籠，既有其思想根源，也有其現實原因。從思想根源而言，《徙戎論》所宣揚的夷夏之辨與夷夏之防思想，顯然是對傳統儒家夷夏之辨思想的繼承；而從現實原因來講，則是東漢以來特別是魏晉時期民族矛盾不斷激化在人們民族觀念上的一種反映。

首先從思想根源來講。儒家創始人孔子便是「攘夷」的積極主張者，他堅決反對以披髮左衽之夷狄文化來取代有章服之美的中原華夏文化。《春秋》之所以褒揚齊桓公、晉文公，其中一個重要原因，便是他們建立霸業都是以「尊王攘夷」為旗號的。孟子一方面蔑視夷狄文化，認為「南蠻舌之人，非先王之道」；一方面主張以夏化夷，對那些仰慕中原文化的蠻夷之士持肯定態度，如他稱讚楚人陳良說：「陳良，楚產也，悅周公、仲尼之道，北學於中國。北方之學者，未能或之先也，彼所謂豪傑之士也。」[1]

漢武帝接受漢代公羊大師董仲舒「罷黜百家，獨尊儒術」建議，由此確定了儒家公羊學思想作為漢代大一統政權的統治思想。而公羊學的奠基之作《公羊傳》，就重視宣揚《春秋》「內其國而外諸夏，內諸夏而外夷狄」[2]的思想，同時又與孟子的「吾聞用夏變夷者，未聞變於夷者也」《孟子‧滕文公上》。的夷夏觀不盡相同，它既對夷狄遵守禮義者以「中國之」，也對中國違背禮義者以「夷狄之」，這可以被看作是《公羊傳》對先秦儒家夷夏觀的一種發展。公羊大師董仲舒一方面承繼了《公羊傳》以禮義辨別夷夏和「退於夷狄則夷狄之，進於中國則中國之」的思想，並把它上升到哲學的高度加以認識，認為這是《春秋》權變思想在夷夏之辨中的一種體現，在此基礎上，董仲舒進一步提

1　《孟子‧滕文公上》。
　2　《公羊傳‧成公十五年》。

出了「王者愛及四夷」《春秋繁露‧仁義法》。的德化四夷主張；另一方面，董仲舒又將夷夏分為三等，即中國、大夷和小夷，強調小夷避大夷、大夷避中國、中國避天子，比其《公羊傳》，董仲舒對於夷夏的分辨更為精細，而且還重視借災異之說來分辨夷夏。公羊學的夷夏之辨思想，應該說是代表漢代民族觀的官方思想，同時漢代也有與這種官方思想不完全一致的民族觀念。如史學家司馬遷的民族觀念就開放而進步，不但「不斤斤於夷夏之別」[3]，而且《史記》還明顯地蘊含著一種「華夷各族同祖於黃帝」的思想[4]。而史學家班固的民族觀則顯得非常保守，《漢書‧匈奴傳》認為「夷狄之人貪而好利，被髮左衽，人面獸心」，因而對董仲舒的「德化四夷」主張也加以否定。

先秦秦漢以來儒家的民族觀念，對於魏晉南北朝時期民族觀念的形成無疑是有重要影響的。《徙戎論》所表現出的強烈的夷夏之辨思想，則是將此前正統儒家的夷夏觀推向了極端。

其次從現實原因來講。《徙戎論》的出籠，也是以西晉末年民族矛盾激化為歷史背景的；而西晉的民族矛盾激化，則又與東漢以來特別是魏晉時期居住在塞外的匈奴、鮮卑、氐、羌、羯等少數民族的大規模內遷雜居有著密切的關係。

匈奴的內遷始於東漢初年，當時南匈奴附漢後，雜居於北

3 白壽彝：《中國通史‧導論卷》，上海人民出版社 1989 年版，第 10 頁。
4 參見《史記》的華夷各族同祖於黃帝的思想，主要分見《秦本紀》《吳太伯世家》《越王勾踐世家》《楚世家》等。

地、朔方、五原、雲中、定襄、雁門、代、上谷等北邊諸郡，此後又不斷南遷，逐漸進入並州諸郡，深入到了山西汾水流域。西晉初年，原來留居塞外的匈奴部落因鮮卑勢力所逼和自然災害等原因，出現了大舉向南遷徙的情況，前後人數不少於 20 萬人，遍居西北諸郡，尤以並州、河東諸郡居多。匈奴在西晉北部邊郡的勢力，由此更為大盛。

鮮卑是個族源非常複雜的部落集團，自東漢初年以來，它就不斷大規模地作扇形南遷西進，據有匈奴的故地；而在這種遷徙的過程中，又與匈奴、烏桓甚至漢人等混血成許多新的部族。漢魏之際，東部鮮卑勢力崛起，從「雲中、五原以東抵遼水，皆為鮮卑庭」[5]；而北部拓跋鮮卑也逐漸向西南發展，進入了雲中、五原、定襄諸郡；西部鮮卑諸支活動於甘肅河西走廊一帶，在二一九年至二五六年間由塞外陰山、河套一帶沿黃河兩岸西遷的禿髮鮮卑最強大。

氐和羌是我國古代有著悠久歷史且相互間淵源頗深的兩個民族，學術界一說氐羌同源而異支，一說是兩個有著密切關係的不同民族。氐人長期以來主要生活在西起隴西、東到略陽（今甘肅秦安縣東南）、南達岷山以北的廣大地區，東漢末年，氐人雖然利用曹操與劉備相爭之機發展自己，在甘肅武都地區形成一股勢力，然最終還是被曹操勢力所征服，部眾被強制遷徙到關中、隴右等郡。魏晉時期，氐人已經在武都、陰平、關中、隴右等一些

5　《三國志・魏書・鮮卑傳》。

郡縣形成了與漢人及其他民族雜居的局面。羌人由於長期的遷徙，在漢代分布已經非常廣泛，東漢時期的人們將生活在青海與甘肅西部等塞外地區的羌人稱為西羌，而將大量內遷的羌人稱為東羌。魏晉之際，內遷的羌人主要分布在秦州、雍州、涼州和益州所轄的許多郡縣中；而西晉時期，羌人已經遍布於關中地區了。

羯人又稱「羯胡」，究其族源，學者認為「羯胡中占有大量西域胡成分，但在長期的遷徙中也不排斥西域胡與匈奴、漢人及其他雜胡融合的可能性，故其族源是多元的」[6]。羯人入塞前，隸屬於匈奴，《魏書・羯胡石勒傳》就記載說：「其先匈奴別部，分散居於上党武鄉羯室，因號羯胡。」《晉書・石勒載記》也說其為「匈奴別部羌渠之冑」。羯人是自漢代以後被匈奴人所裹挾入塞的，主要居住在山西並州上黨郡和新興郡一帶。魏晉時期，並州上黨羯人隸屬於匈奴左部，後來石勒等人便是跟著匈奴左部帥劉淵反晉的。

綜上所述可知，自東漢以來特別是魏晉時期，在中國歷史上出現了一股各少數民族由北部和西北部向塞內遷徙的移民浪潮（其中既有主動遷徙，也有被動強制遷徙），甚至出現了「關中之人百餘萬口，率其少多，戎狄居半」《晉書・江統傳》。的局面。如何治理內遷的各族民眾？早先東漢的統治政策主要是安撫

---

[6]　白翠琴：《魏晉南北朝民族史》，四川民族出版社 1996 年版，第 187 頁。

與鎮壓並用，如對待內附的南匈奴和南遷的鮮卑等族，由於他們主動通好，便以安撫為主；而對於地廣勢眾的羌人，則主要是採取強迫遷徙與鎮壓的政策，強迫遷徙的目的是為了分散羌人的力量，以便分而治之，這種做法也最終導致了羌人長達百年之久的反抗鬥爭。由於這一時期還只是移民浪潮的前奏，流民問題尚未凸現，尚未構成社會的主要問題。漢末曹魏之際，隨著少數民族內遷的加劇，各軍閥割據勢力對待這些內遷的少數民族是既利用，又防範，如曹操對待南遷的匈奴，就是採取了鎮撫並施和分而治之的辦法，鎮撫並施是安撫為其所用者，征討不服管治者；分而治之具體是指將汾晉一帶的匈奴分為左、右、南、北、中五部，其目的是要將匈奴豪右與其統轄的部民分離。

到了西晉時期，少數民族內遷的人口數量已經十分巨大，民族成分也非常複雜，與漢民雜居後出現的各種社會問題更多。這種大規模的少數民族（當然也包括一部分漢人）移民潮的出現，給西晉統治者提出了一個嚴峻的政治課題，那就是如何妥善安置和治理這些內遷的少數民族？從總體上說，西晉統治者對待內遷各族的政策是秉承了漢魏的做法，只是在利用、防範上更加有過之而無不及。西晉統治者從思想深處是歧視這些內遷少數民族的，對內遷百姓編戶為民，徵發為兵，甚至掠奪為奴，內遷各族人民在承受著種族歧視的同時，還擔負著繁重的賦稅負擔，因而民族矛盾由此激化起來，晉泰始六年（270 年）禿髮鮮卑樹機能起義和元康四年（294 年）氐人齊萬年起義，便是這種民族矛盾不斷激化的產物。兩次起義的規模都很大，前者斷斷續續長達十年之久，後者也有五年時間，雖然最後都被鎮壓下去了，但所暴

露出來的社會問題卻是深刻的。

正是在齊萬年起義被鎮壓下去的元康九年（299 年），西晉陳留圉（河南開封市東）人太子洗馬江統上了一篇長達兩千七百餘言的奏文——《徙戎論》，向朝廷提出了根本解決內遷雜居少數民族問題的主張。

首先，《徙戎論》從戎狄的種類和秉性角度肯定了《春秋》「內諸夏而外夷狄」的必要性。《徙戎論》開篇即說：

夫夷蠻戎狄，謂之四夷，九服之制，地在要荒。《春秋》之義，內諸夏而外夷狄。以其言語不通，贄幣不同，法俗詭異，種類乖殊；或居絕域之外，山河之表，崎嶇川谷阻險之地，與中國壤斷土隔，不相侵涉，賦役不及，正朔不加，故曰「天子有道，守在四夷」。禹平九土，而西戎即敘。其性氣貪婪，凶悍不仁，四夷之中，戎狄為甚。弱則畏服，強則侵叛。雖有賢聖之世，大德之君，咸未能以通化率導，而以恩德柔懷也。當其強也，以殷之高宗而憊於鬼方，有周文王而患昆夷、獫狁，高祖困於白登，孝文軍於霸上。及其弱也，周公來九譯之貢，中宗納單于之朝，以元成之微，而猶四夷賓服。此其已然之效也。故匈奴求守邊塞，而侯應陳其不可，單于屈膝未央，望之議以不臣。是以有道之君牧夷狄也，惟以待之有備，禦之有常，雖稽顙執贄，而邊城不弛固守；為寇賊強暴，而兵甲不加遠征，期令境內獲安，疆場不侵而已。

這段話集中表達了三層意思：其一，夷狄自古地處要荒，與華夏「言語不通，贄幣不同，法俗詭異，種類乖殊」，華夏與之「不相侵涉，賦役不及，正朔不加」，華夷之間沒有也不應該有

種種的連繫。其二，夷狄的秉性是貪婪凶悍、忘恩負義、反復無常，華夏強時則賓服，華夏弱時則侵叛，因此，即使是華夏聖賢、大德之君，也無法靠恩德來感化他們。其三，由上述二因，江統得出結論：「有道之君牧夷狄也，惟以待之有備，禦之有常，雖稽顙執贄，而邊城不弛固守；為寇賊強暴，而兵甲不加遠征，期令境內獲安，疆場不侵而已。」

其次，《徙戎論》對春秋戰國特別是東漢以來夷狄進入中國深表擔憂，對華夏統治者的一些治夷政策提出批評。江統認為「戎狄乘間，得入中國」始於春秋時期，結果造成「南夷與北狄交侵中國，不絕若線」的嚴重局面；對東漢光武帝將羌族「徙其餘種於關中，居馮翊、河東空地，而與華人雜處」的做法提出批評，認為這是導致此後諸戎「族類蕃息」，「寇發心腹，害起肘腋，疢篤難療」的主要原因；認為漢末大亂之時，曹操對氐族「徙武都之種於秦川」的做法，只是「權宜之計，一時之勢，非所以為萬世之利也。今者當之，已受其弊矣」。

最後，《徙戎論》認為「戎晉不雜」，並且提出了將戎狄遷往故地的理由和具體計畫：

其一，《徙戎論》指出關中之地乃華夏帝王之都所在，絕不是戎狄所應居住的地方：「夫關中土沃物豐，厥田上上，加以涇、渭之流溉其舄鹵，鄭國、白渠灌浸相通，黍稷之饒，畝號一鐘，百姓謠詠其殷實，帝王之都每以為居，未聞戎狄宜在此土也。」

其二，《徙戎論》提出了「戎晉不雜」的理由：「非我族類，其心必異，戎狄志態，不與華同。……此必然之勢，已驗之事

也。」

其三，《徙戎論》提出了將夷狄遷往故地的具體計畫：

當今之宜，宜及兵威方盛，眾事未罷，徙馮翊、北地、新平、安定界內諸羌，著先零、罕并、析支之地；徙扶風、始平、京兆之氐，出還隴右，著陰平、武都之界。虜其道路之糧，令足自致，各附本種，反其舊土，使屬國、撫夷就安集之。戎晉不雜，並得其所，上合往古即敘之義，下為盛世永久之規。

其四，《徙戎論》認為將夷狄遷往故地的做法，是一種「德施永世，於計為長」的治夷舉措：

夫為邦者，患不在貧而在不均，憂不在寡而在不安。以四海之廣，士庶之富，豈須夷虜在內，然後取足哉！此等皆可申諭發遣，還其本域，慰彼羈旅懷土之思，釋我華夏纖介之憂。惠此中國，以綏四方，德施永世，於計為長。

《徙戎論》是在西晉少數族內遷、民族矛盾激化的背景之下寫成的，而就在江統上奏此文之後不到十年，匈奴、鮮卑、氐、羯、羌等民族就開始大舉進兵中原，以黃河流域為中心的整個北方地區，出現了中國古代史書上所謂的「五胡亂華」的局面。正是由於江統敏銳地觀察到了西晉社會的重大問題之一——尖銳的民族矛盾，他的夷夏觀也堪為中國古代傳統夷夏之辨思想的代表，因此格外受到後人的重視，《晉書·江統傳》全文收錄該篇文字，便足以說明它在當時是有相當影響的。

那麼，對於江統的《徙戎論》，我們究竟應該作何評價呢？

首先，《徙戎論》鼓吹的「戎晉不雜」論，有悖於上古三代以來歷史發展與民族關係的實際情況。華夷分居，也許在上古三

代早期存在過。按照《尚書‧禹貢》和《史記‧夏本紀》的說法，早在大禹時期，天子之國為中國九州，九州之外乃五服之地：九州外五百里甸服，百里賦納總，二百里納銍，三百里納秸服，四百里粟，五百里米；甸服外五百里侯服，百里采，二百里任國，三百里諸侯；侯服外五百里綏服，三百里揆文教，二百里奮武衛；綏服外五百里要服，三百里夷，二百里蔡；要服外五百里荒服，三百里蠻，二百里流。西周時期，由華夏與四夷所構成的華夷「五方格局」：華夏居中，夷、戎、蠻、狄分居東西南北四邊，已經成為人們一種普遍的觀念。但是，這種華夷分居的局面，在中國歷史的發展進程中，其實很早就被打破了。如果說最早建立的夏朝是華夏正統所在的話（其實大禹也是「興於西羌」[7]），那麼此後的商朝、周朝都屬於由周邊占據中原的王朝，只是他們在建立起自己的王朝後，便以華夏正統自居，而視周邊為夷狄了。到了春秋戰國，也就是江統所謂「戎狄乘間，得入中國」「南夷與北狄交侵中國，不絕若線」的時期，其實，如果這些夷狄諸侯取周而代之的話，他們也會步三代統治者後塵而以華夏正統自居的。後來統一天下的秦皇朝，它在春秋時期也只是一個「諸夏賓之，比於戎翟」[8]的偏遠小國，可當它統一天下後，自然也就不會被當作夷狄之人或夷狄之國來看了。

　　因此，所謂的華夷「五方格局」，它也許存在於上古三代早

7　《史記‧六國年表序》。
8　《史記‧六國年表序》。

期的政治實踐當中，但自春秋之後，隨著華夷雜居成為一種歷史現實，則僅僅只是作為一種觀念存在於華夏正統者們的頭腦中，成為他們宣揚夷夏之辨的一種所謂的理據。因此，《徙戎論》的「戎晉不雜」論調，有悖於歷史發展的必然之勢和民族雜居的自然狀態，是落後的民族觀念。

其次，《徙戎論》以夷狄貪婪凶悍、忘恩負義之秉性作為「徙戎」的依據，這是對少數民族的一種偏見。《徙戎論》開篇申明「內諸夏而外夷狄」的「《春秋》之義」，可見江統是受到了儒家夷夏觀念影響的。然而，歷史的真實是，即使如大倡「尊王攘夷」，強調夷夏之辨之孔子，他也只是重視從禮義文化上分辨夷夏，以此捍衛華夏先進文化，而並沒有從種族、秉性上對夷狄採取蔑視的態度。他曾經說：「言忠信，行篤敬，雖蠻貊之邦行矣。言不忠信，行不篤敬，雖州裡行乎哉？」[9]「居處恭，執事敬，與人忠，雖之夷狄，不可棄也。」[10] 這顯然是以華夏的禮義文化來要求夷狄，肯定華夷道德標準的一致性。漢代公羊學派更是提出了「退於夷狄則夷狄之，進於中國則中國之」的思想，以文化而不是以種族來分別華夷。至於像史學家司馬遷所提出的華夷各族「同祖於黃帝」的進步思想，則更是難能可貴。與這些華夷觀念相比，江統斤斤計較於以種族和秉性來分別夷夏的做法，顯然是一種落後的民族觀念。如果說江統的夷夏之辨思想承

---

9 《論語‧衛靈公》。
10 《論語‧子路》。

繼的是儒家傳統的夷夏觀，也許他更多的只是承繼了東漢以來儒學正統化、迷信化、讖緯化以後的一部分正統儒家的夷夏觀，像班固的「夷狄之人貪而好利，被髮左衽，人面獸心」之論，倒是與江統的口吻頗為相似。

從中國歷史發展的實際情況來看，我們一方面應該承認，歷史上的華夷確實存在著文明程度的高低之分，卻都是中國歷史舞臺上的主人，都對中國社會歷史的發展做出了自己的貢獻；同時，也正是由於有商周以來中原華夏先進文化對四鄰夷狄的不斷文化統合與民族融合，才最終有了秦漢大一統國家的華夷一體，先秦歷史上所謂的「四夷」，已經大量地被吸納到華夏族——漢族當中了。因此，漢民族其實就是在先秦華夏民族的基礎上，通過與夷狄的民族融合而最終於漢朝時期形成的。而且此後這種漢族與四夷民族的新的華夷融合，在歷史發展的進程中還一直在延續著。《徙戎論》蔑視夷狄民族，其實也就是無視這種歷史上存在著，並且一直進行著的華夷民族融合的客觀事實。

最後，《徙戎論》中提出的徙戎計畫，推行起來也並不具有可操作性。正如前文所說，江統上《徙戎論》的時代，「戎晉雜居」已經非常普遍，江統的遷徙辦法，顯然是一種無法施行的愚蠢的做法。正如江統自己在《徙戎論》中作的「難者」設問所說的那樣：

難者曰：方今關中之禍，暴兵二載，征戍之勞，勞師十萬，水旱之害，荐饑累荒，疫癘之災，札瘥夭昏。凶逆既戮，悔惡初附，且款且畏，咸懷危懼，百姓愁苦，異人同慮，望寧息之有期，若枯旱之思雨露，誠宜鎮之以安豫。而子方欲作役起徒，興

功造事，使疲悴之眾，徙自猜之寇，以無穀之人，遷乏食之虜，恐勢盡力屈，緒業不卒，羌戎離散，心不可一，前害未及弭，而後變復橫出矣。

對於「難者」的反駁，江統基於他的夷夏觀念作了回應，並認為「徙戎」是「舉之小勞」而一勞永逸的惠及子孫的事業。不過，我們倒是從「難者」的反駁中看到了這種舉動的不可行性。也正因此，西晉的統治者才最終沒有採納江統的「徙戎」建議。

實際上，西晉時期因「戎晉雜居」而出現的民族矛盾激化的現象，其根本原因並不是出在「雜居」上，而是西晉統治者推行了具有奴役性的民族政策。要解決這種複雜的民族矛盾，最好的辦法應該是設法安撫這些內遷的少數民族，如果強行遷徙的話，只能是加速少數民族的反叛。至於後來西晉的滅亡以及「五胡」紛紛建立起割據政權，並不是因為西晉沒有「徙戎」的結果，而是西晉統治者執行了錯誤的民族政策，由此激化了民族矛盾，導致了社會動亂和政權的傾覆（當然西晉的滅亡首先是「八王之亂」削弱了自身的實力）。

第二節 ▶ 隋唐族源與「華夷一家」的民族觀念

如前所述，在隋唐以前中國歷史上的民族觀念中，重視夷夏之辨是一種普遍的夷夏觀，但在夷夏之辨的具體內涵上則存在著較大的差異性。像孔子、孟子、漢代公羊學派等的夷夏觀念雖然都不盡相同，但在大體上都主張以禮義文化來分辨華夷和重視

「用夏變夷」的；而以班固、江統等人為代表，則重視以種族、地域和秉性來分辨華夷，這是一種保守而落後的夷夏觀念。與這種重視夷夏之辨的觀念不同，在中國歷史上的民族觀念中，也有主張「夷夏一體」「華夷一家」的，司馬遷、唐太宗等人堪稱持這種夷夏觀的代表人物。由於唐太宗的帝王身份，使得他的這種「華夷一家」的夷夏觀念，在唐朝歷史上由觀念變成為一種現實，唐朝也因此而成為中國歷史上最為開放的時代。

那麼，隋唐「華夷一家」的開放的民族觀念究竟是在一個怎樣的社會歷史、思想文化與家族淵源背景之下產生的呢？

首先，這是魏晉南北朝四百年民族融合的一種必然結果。在中國歷史上，大凡經過分裂時期的民族交往與融合，而到新的大一統時代到來之後，必然會出現一個民族觀念更加開放的時代。正是由於有了春秋戰國分裂時期中原與「四夷」的頻繁戰爭與交往，才有了秦漢大一統時代民族觀念的進步與發展，像漢代公羊家的「退於夷狄則夷狄之，進於中國則中國之」的開放的夷夏觀念之出現，特別是像司馬遷「華夷同祖於黃帝」思想的提出，都反映了這一時期夷夏觀念的發展與進步。魏晉南北朝時期，是中國歷史上又一個大分裂的時期，同時也是一個民族大融合的重要時期。如果僅僅從民生角度來看，這是最為昏暗的歷史時期之一，因為長期的政局動盪和戰爭，造成無數生靈塗炭。然從民族國家的發展角度來講，我們又不得不承認這是一個重要時期，正是由於魏晉南北朝的民族融合，才有了隋唐時期民族觀念的開放和中國多民族國家的大發展。

綜觀魏晉南北朝時期的民族融合，大體來說有兩種途徑：其

一是入主中原的少數民族統治者們，在政治體制和意識形態上推行華夏文化，主動推行漢化政策；其二是內遷的少數民族，在長期與中原漢人的雜居過程中，促進了相互間在語言、習慣、文化、倫理等諸多方面的融合。可以說前者是官方性質的，後者則主要是民間性質的；官方性質的可以見諸具體頒行的各項政策和措施，而民間性質的往往是在潛移默化的過程中發生、出現的。

魏晉南北朝時期各少數民族建立起來的政權，都在不同程度上推行過漢化政策，他們的許多制度其實是由漢人幫助制定的。像後趙石勒重用漢族士人張賓、前秦苻堅重用漢族士人王猛，都很具有代表性。據《晉書·石勒載記》記載，羯人石勒開始起兵時，由於民族偏見，對西晉漢族公卿採取殺戮政策，後來攻陷冀州後，就改變了這種做法，而將當地漢族「衣冠人物集為君子營」，加以保護和優待。他以漢族士人張賓為謀主，稱為「右侯」，對他言聽計從。他還恢復九品中正制度，以此為漢族地主參政廣開門路。氐人苻堅也非常重視拉攏漢族士大夫，如他重用漢族士人王猛改革內政，整頓吏治；下令「復魏晉士籍」，維護漢族士族地主的特權；提倡儒學，苻堅本人每月一臨太學，親自考問學生經義，選拔成績優異者做官。這些漢化措施，既緩和了民族矛盾，穩定了少數民族政權統治，又進一步促進了民族交往與融合。而最具代表性的，莫過於北魏孝文帝以漢化為主旨的改革。北魏政權的建立者是鮮卑拓跋氏，孝文帝拓跋宏在位時期，推行了一系列影響深遠的政治、經濟、文化和風俗習慣等方面的改革，其中很多內容都是以漢化為宗旨的，如定官制，一依魏晉南朝制度；禁胡服，一依漢制；斷北語，以漢語為唯一通行語

言；改姓氏，將鮮卑複姓改為音近的單音漢姓，像皇族拓跋氏就改為元氏；定族姓，確認漢族推行的門閥制度，如此等等。毫無疑問，北魏孝文帝以漢化為主旨的改革，是對西晉「五胡亂華」以來中原地區民族鬥爭與民族融合的一次大總結，它以法律的形式鞏固了數百年來民族大融合的成果，同時又促進了以鮮卑族為中心的北方各少數民族與漢族的進一步融合，對南北朝結束後「五胡」被「消滅」於無形，以及隋唐大一統時代開放的民族觀念的出現，都是有著深遠影響的。

其次，這是傳統儒家「用夏變夷」夷夏觀念的新發展。在傳統民族觀念中，像江統《徙戎論》所持的這種極端而落後的夷夏觀念者，雖然在歷史上一直有影響，但畢竟不是一種主流思想。如前所述，江統這種過激的夷夏觀，也是產生於西晉少數民族大量內遷、民族矛盾空前激化的特定歷史時期，而且後來「五胡亂華」的歷史，似乎也驗證了江統對於夷狄之患的擔憂並非無的放矢。這也正是《徙戎論》的夷夏觀雖然很過激，卻總是被人們一再提起的原因所在。不過，在隋唐以前，居夷夏觀念正統地位的，還是以孔子、孟子、董仲舒等人為代表的儒家夷夏觀。這種正統儒家夷夏觀念在強調尊王攘夷、嚴明夷夏之辨與夷夏之防的同時，也大力提倡「用夏變夷」「化胡為華」。

傳統儒家「用夏變夷」夷夏觀念的思想基礎，無疑是「天下一家」的觀念。像《詩經・小雅・北山》所說的「溥天之下，莫非王土。率土之濱，莫非王臣」之「天下」觀念，《尚書・禹貢》所說的「四海會同」之「四海」觀念和「五服」之分，《禮記・王制》所說的「九服之邦國」之「九服」之分，其所包含的顯然

都超出了華夏族人居住的地區，它是將華夷視為一個整體的，這也與《公羊傳》「王者無外」[11]的說法相一致。正是從這種「天下一家」「王者無外」的觀念出發，正統儒家自孔子以來，雖然重視尊王攘夷和夷夏之辨，但那主要是從維護華夏先進文化的立場出發的，而他們分辨夷夏的標準則是禮義文化而不是種族血緣的關係，他們的理想則是「用夏變夷」。

在唐朝以前，傳統儒家「用夏變夷」思想最具代表性的，還屬漢代的公羊學家。眾所周知，公羊學派的經典《公羊傳》宣揚「內諸夏而外夷狄」，同時它又是「大一統」思想的積極倡導者。這種看似矛盾的說法其實並不矛盾，《公羊傳》的作者就對此作了解答：「王者欲一乎天下，曷為以外內言辭言之？言自近者始也。」[12]也就是說，大一統是包括諸夏與夷狄的，只是在秩序上要「自近者始」而已。公羊大師董仲舒重視夷夏之辨，卻繼承了《公羊傳》「自近者始」的思想，《春秋繁露‧王道》在解釋《春秋》「內諸夏而外夷狄」的原因時作如是說：「親近以來遠，未有不先近而致遠者。故內其國而外諸夏，內諸夏而外夷狄，言自近者始。」在董仲舒看來，《春秋》是以「親近來遠」之義來辨別夷夏關係的，其目的是為了說明王道教化的原則是由近而遠、由親而疏、由夏而夷的。董仲舒還在此基礎上進一步提出了「王者愛及四夷」的思想。在董仲舒看來，對於那些仰慕華夏文化、

---

11 《公羊傳‧隱公元年》。
12 《公羊傳‧成公十五年》。

遵守禮義道德的夷狄民族要加以肯定，要對它們以「中國」相待。同時，對於沒有歸化的夷狄民族也應該以仁愛之心對待它們。董仲舒的理由是，既然天下是君王的天下，天下之人都是君王的臣民，夷狄當然也不例外。君王要推行仁政，以仁愛之心對待臣民，也就必須要以仁愛之心對待夷狄。所以他說：「故王者愛及四夷，霸者愛及諸侯，安者愛及封內，危者愛及旁側，亡者愛及獨身。獨身者，雖立天子諸侯之位，一夫之人耳，無臣民之用矣。」[13] 東漢公羊學的集大成者何休，對公羊先師的夷夏觀作了重要發展。何休以「衰亂世」「升平世」和「太平世」來解說《公羊傳》的「所傳聞世」「所聞世」和「所見世」的，從而賦予了傳統公羊「三世」說以進化之義。而當何休運用「三世」說來解說「異內外」時，他肯定了夷狄的不斷進步與發展，認為到「太平」之世，將是一個「夷狄進至於爵，天下遠近小大若一」[14] 的大一統之世。也就是說，當大一統之世到來之時，也就是「用夏變夷」實現之時。

與漢代公羊家一樣，史學家司馬遷也提倡大一統，其大一統也包含了華夷各族在內。所不同的是，公羊家強調通過「親近以來遠」的「異內外」的辦法，逐漸實行「用夏變夷」的大一統理想；而司馬遷則認為華夷同祖於黃帝，感慨「中國之虞與荊蠻句

13　《春秋繁露‧仁義法》。
14　《公羊傳‧隱公元年》。

吳兄弟也」[15]，他雖然承認夷夏在歷史發展過程中出現了文明程度上的差異，卻不斤斤計較於夷夏之別，認為夷夏一統是大一統當然之義。這當然是更為進步的夷夏觀念，卻同樣寄予了一種天下一家、民族一統的理想。

最後，也是最為重要的原因，則是與隋唐統治者的族源有著密切的關係。隋唐兩朝，從政權淵源來講，則是從鮮卑族建立的西魏、北周一脈相承而來的。西魏、北周統治集團是由武川軍人集團和關隴漢族地主組成的，主要包括鮮卑貴族元、長孫、宇文、於、陸、源、竇、獨孤諸族，還有漢族的京兆韋氏、弘農楊氏、武功蘇氏、隴西李氏和河東裴、柳、薛諸姓等。建立隋朝的楊氏與建立唐朝的李氏，即是其中的顯族，他們的先祖都在鮮卑族的西魏、北周政權中身居過要職。隋朝大一統政權的建立者隋文帝楊堅本人，原本就是北周鮮卑皇室的舊臣和外戚。他的父親楊忠在北周政權中位至柱國、大司空，封隋國公；他的女兒則是北周宣帝的皇后。唐高祖李淵，原系關隴貴族出身，仕於隋朝，襲封唐國公，隋末任太原留守，後來取隋而建唐。

楊隋李唐兩朝不僅在政權上與鮮卑人建立的西魏、北周一脈相承，而且在族源血統上也瓜葛頗多。隋文帝楊堅的妻子獨孤皇后，是北周柱國大將軍鮮卑人獨孤信的女兒，因而他們的兒子隋煬帝楊廣，從血統上來說應該算是半個鮮卑人。唐高祖李淵的母親則是隋文帝獨孤皇后之妹，因此，李淵與隋煬帝楊廣是表兄弟

的關係。李淵的妻子竇皇后、唐太宗的妻子長孫皇后，也都是鮮
卑人。這樣說來，盛唐時期諸位李氏皇帝，身上都流淌有鮮卑族
的血液。而關於李唐族源問題，還有一種觀點認為它本來就是出
自於鮮卑拓跋部，漢化後才開始採用漢姓的。其實，李唐皇室是
漢化的胡人還是胡化的漢人，學術界還是有爭論的，不過他們與
鮮卑族有密切的關係則是客觀事實。而隋唐兩朝皇室的少數民族
血統，決定了他們在思想觀念上鮮有對少數民族的偏見。

　　正是基於上述原因，隋唐兩朝的統治者在民族關係問題上都
具一種開放的視野和「華夷一家」的民族意識，也因此推行了一
種比較開明的民族政策，成為中國歷史上民族關係最好的一個時
期。

　　隋朝建立後，其統治集團的核心，是楊氏為首的關隴集團中
的漢族和漢化的鮮卑族貴族官僚。隋文帝在對待少數民族的問題
上，秉持一種開放的態度。他認為：「普天之下，皆為朕臣。」[16]
「朕受命於天，撫育四海，望使一切生人皆以仁義相向。」[17] 因
此他在位期間，「內修制度，外撫戎夷」，終於造就了一個「區
宇一家，煙火萬裡，百姓乂安，四夷賓服」[18] 的盛世局面。

　　隋朝短祚。繼隋而建的唐朝，其統治者開放的夷夏觀念，使
得隋朝已經開始的這種開放而開明的民族政策得到了很好的貫

16　《隋書‧東夷傳‧高麗傳》。
17　《隋書‧西域傳‧吐谷渾傳》。
18　《隋書‧高祖紀》。

徹，「華夷一家」由一種社會理想在很大程度上變成為社會現實。

唐朝初年擊敗突厥頡利可汗後，曾經發生過一場關於如何安邊的爭論，此事突出反映了唐太宗君臣的華夷觀念，唐初史家吳就在《貞觀政要·安邊》中對此作了詳細記載。貞觀四年（630年），唐朝大將李靖擊敗突厥頡利可汗，唐太宗詔議安邊之策。中書令溫彥博議論說：

請於河南處之。准漢建武時，置降匈奴於五原塞下，全其部落，得為捍蔽，又不離其土俗，因而撫之，一則實空虛之地，二則示無猜之心，是含育之道也。

唐太宗同意溫彥博的建議。而秘書監魏徵卻不贊同，認為應趁此大破突厥的機會，即使不能誅滅他們，也應該將他們「遣發河北，居其舊土。」他的理由無非是重彈當年《徙戎論》的老調，認為「非我族類，其心必異」，「今降者幾至十萬，數年之後，滋息過倍，居我肘腋，甫邇王畿，心腹之疾，將為後患，尤不可處以河南也。」針對魏徵的反對意見，溫彥博回答說：

天子之於萬物也，天覆地載，有歸我者則必養之。今突厥破除，餘落歸附，陛下不加憐愍，棄而不納，非天地之道，阻四夷之意，臣愚甚謂不可，宜處之河南。所謂死而生之，亡而存之，懷我厚德，終無叛逆。

這時魏徵以西晉不用江統「徙戎」之言而國滅的前車之鑑作比，說：「陛下必用彥博言，遣居河南，所謂養獸自遺患也。」溫彥博同樣也以歷史上的正反經驗作為自己的立論依據：「且光武居河南單于於內郡，以為漢藩翰，終於一代，不有叛逆。」相

反，「隋文帝勞兵馬，費倉庫，樹立可汗，令復其國，後孤恩失信，圍煬帝於雁門。」此時，另一大臣給事中杜楚客站出來支持魏徵的觀點，他說：「北狄人面獸心，難以德懷，易以威服。……夷不亂華，前哲明訓，存亡繼絕，列聖通規。」

從這場爭論來看，儘管我們說當年《徙戎論》的華夷觀遭到時人的批評，而且也並不代表著傳統華夷觀的主流意識，然而它對後世華夷觀念的影響依然存在，這是不爭的事實，魏徵、杜楚客等人的華夷觀，顯然是與《徙戎論》相一致的。與他們相比，溫彥博的華夷觀無疑要進步得多。這場爭論的結果是，作為帝王的唐太宗站在了溫彥博一邊，「卒用彥博策，自幽州至靈州，置順、祐、化、長四州都督府以處之，其人居長安者近且萬家」[19]。

唐太宗在突厥一事上之所以能採納溫彥博的建議，當然是由唐太宗本人所持的華夷觀念所決定的。在唐太宗的治政理念中，有一條堅定的信念，那就是：「德澤洽，則四夷可使如一家；猜忌多，則骨肉不免為仇敵。」[20] 因此，他重視堅持「中國既安，遠人自服」的民族懷柔政策，而不一味依靠武力，由此造就了盛唐「四夷賓服」的政治景象，唐太宗本人也被各族尊稱為「天可汗」。唐太宗晚年曾經對其一生治國成功的原因有一個很好的總結，而「能服戎、狄」則被視為其中重要一條：

> 上御翠微殿，問侍臣曰：「自古帝王雖平定中夏，不能服

---

19 均見吳兢：《貞觀政要‧安邊》。
20 《資治通鑑》卷一九七。

戎、狄。朕才不逮古人而成功過之，自不諭其故，諸公各率意以
實言之。」群臣皆稱：「陛下功德如天地，萬物不得而名言。」
上曰：「不然。朕所以能及此者，止由五事耳。自古帝王多疾勝
己者，朕見人之善，若己有之。人之行能，不能兼備，朕常棄其
所短，取其所長。人主往往進賢則欲置諸懷，退不肖則欲推諸
壑，朕見賢者則敬之，不肖者則憐之，賢不肖各得其所。人主多
惡正直，陰誅顯戮，無代無之，朕踐祚以來，正直之士，比肩於
朝，未嘗黜責一人。自古皆貴中華，賤夷、狄，朕獨愛之如一，
故其種落皆依朕如父母。此五者，朕所以成今日之功也。」**21**

毫無疑問，正如唐太宗自己所說的那樣，唐代貞觀盛世局面
的造就，與唐太宗對華夷「獨愛之如一」的開明而正確的華夷觀
念是密不可分的。

唐朝「華夷一家」的民族觀念，絕不僅僅反映在李唐帝王的
治政理念當中，還充分體現在唐朝社會政治、文化藝術、風俗習
慣等諸多方面。

首先，重用少數民族人士擔任唐朝官員。隋唐以前中國歷史
上各朝，受傳統夷夏之辨思想的影響，大凡漢族建立起來的政
權，很少任用少數民族人士為官。這種情況在唐朝卻不復存在。
據史書記載，有唐一朝共有宰相三百六十九人，其中屬少數民族
出身的就多達數十人 **22**。至於中央各部與地方節度使這樣的重要

---

21 《資治通鑑》卷一九八。
22 由於理解不同，學術界對於唐朝少數民族出身的宰相之具體人數統計

官員，很多也是出自少數民族，如突厥人史大奈任右武衛將軍、阿史那杜爾任左饒衛大將軍，靺鞨人李多祚任右羽林大將軍，至於如安祿山、史思明、李光弼、哥舒翰和僕固懷恩等唐代著名的節度使，他們都是少數民族人士。據史料記載，唐初打敗頡利可汗後，突厥「諸部來降者，皆拜將軍中郎將，布列朝廷，五品以上百餘人，殆與朝士相半」[23]。在中國古代華夏（或漢族）人的觀念中，是沒有周邊少數民族與外國人之分的，他們往往籠統都被看作是夷狄。唐朝奉行「華夷一家」政策，在任用少數民族人士為官員時，也吸收了一部分外國人進入官員隊伍之中。著名者有日本人阿倍仲麻呂（中國名字叫晁衡），官至安南節度使；新羅人金文蔚，官至工部員外郎；波斯人李元諒，官至尚書左僕射，等等，由此可見大唐政治的開放度。

其次，在歸順或被征服的少數民族地區設羈縻州府進行統治。設置羈縻州府，這是唐朝對少數民族採取和緩統治的具體表現之一。羈縻州府由少數民族首領世襲擔任都督、刺史、縣令，名義上受唐朝冊封，執行唐朝曆法，對唐王朝朝貢，其轄區當然也包括在唐朝的版圖之內，卻不需要向唐王朝繳納賦稅，保持本

數字不一，費孝通贊同「唐朝宰相 369 人中，胡人出身的有 36 人，占十分之一」的說法（費孝通：《中華民族的多元一體格局》，《北京大學學報》1989 年 4 期）；王建平則依據《新唐書·宰相世系表》，統計出「唐朝宰相共 369 人，凡 98 族，由少數民族出任宰相的達 15 族 24 人」（王建平：《唐代長安的對外開放及其意義》，《華南師範大學學報》2006 年 6 期），此外還有一些數字不同的統計與說法。

[23] 吳兢：《貞觀政要·安邊》。

民族的管理機構和各種風俗習慣。隨著唐王朝與周邊民族關係的發展，這樣的羈縻州府數量不斷增多，據史書記載，至唐玄宗天寶年間，羈縻州府已經多達八百餘個[24]。

又次，唐朝社會風俗與藝術文化「胡化」現象比較普遍。中國古代是一個宗法制的社會，而血緣關係是基礎。然而在唐朝皇室的婚姻上，卻表現出歷史上少有的開放，並帶有明顯的胡風胡俗。宋代理學家朱熹曾經說過這樣一句話：「唐淵源出於夷狄，故閨門失禮之事不以為異。」[25] 這確實道出了李唐皇室婚姻的一個重要現象，那就是受鮮卑族風俗的影響，像妻繼母、報寡嫂之事就屢有發生，根據新舊《唐書》記載，李建成、李元吉曾與其父唐高祖的寵妃張婕妤、尹德妃淫亂，唐太宗循鮮卑「收弟媳」風俗而納其弟李元吉妻，唐玄宗則納兒媳壽王妃楊玉環，如此等等，足可說明唐皇室婚姻中的鮮卑風俗。此外，皇室公主外嫁少數民族者眾多，據統計，唐高祖十九女中，近半數駙馬為少數民族；公主和親者多達二十餘人。而公主改嫁也是平常之事，像高祖十九女中改嫁者就有四人，太宗二十一女中改嫁者則有六人。皇家尚且如此，一般社會大眾就更不用說了。

由於唐都長安是當時國際大都市，這裡匯聚有唐朝轄境內與周邊各少數民族，還有許多異域民族，「盛眉峭鼻，亂髮卷鬚」[26]

---

24 《新唐書・地理志》。
25 《朱子語類・歷代三》。
26 《通典・邊防九》。

的西域人比比皆是，熙熙攘攘。甚至在長安貴族府邸中還能經常看到名為「昆侖奴」的黑人家僕。這些少數民族和異域民族的到來，也帶來了他們的文化和風俗習慣，漢人在與他們的交往中自然會受到影響，從而使自己的生活習慣受染於這種胡風胡俗。像少數民族與異域民族的胡餅、胡酒以及胡衫、胡帽，就在當時的長安城中頗為流行，以至於唐人陳鳴在其《東城父老傳》有了這樣的感嘆：「今北胡與京師雜處，娶妻生子，長安少年皆有胡心矣。」唐代舞樂盛行，像唐太宗時期的龜茲樂，就是來自於龜茲地區的純少數民族音樂；唐玄宗時期雖然以清樂為主，也「雜用胡夷里巷之曲」[27]；而唐朝的舞蹈，則是將中原、江南、西域乃至中亞的民族歌舞進行融合的結果。

最後，遺物遺跡也見證了唐朝的友好民族關係。最典型的例子莫過於矗立在唐昭陵、乾陵的石刻賓王像。昭陵是唐太宗的陵墓，在其陪葬墓中，就有一些少數民族出身的唐朝功臣，如突厥人阿史那杜爾、執矢思力，鐵勒部人契苾何力等；而在墓前則立有象徵各少數民族首領的十四尊石刻賓王像。乾陵是唐高宗與武則天的合葬墓，那裡則矗立有六十一尊石刻賓王像，據說包括了參加高宗葬禮的突厥、吐谷渾、龜茲、於闐、吐蕃等少數民族首領。毫無疑問，昭陵與乾陵的陪葬墓、特別是石刻賓王像，象徵著唐朝的民族大家庭盛況，也是唐太宗「獨愛之如一」華夷觀的一種折射和體現。

27 《舊唐書・音樂志》。

第三節 ▶ 正統之爭與民族認同意識的加強

魏晉南北朝隋唐時期，伴隨著從魏晉南北朝分裂時期各政權為謀求自身統治的合法性而對於政治統緒的爭論不休，到隋唐大一統皇朝正統觀念的變化，其背後隱含的政治歷史含義，便是民族一統意識的加強。

綜觀魏晉南北朝時期的正統之爭，總體來說，都是分裂時期各政權為了爭取自身統治的合法地位。然從民族關係的角度來講，它又分為兩種情況，其一是分裂時期漢族政權之間爭正統，其二是分裂時期少數民族政權與漢族政權之間爭正統。前者主要表現在關於三國時期三個鼎立政權孰為正統的爭論上，後者則主要是指東晉、十六國和南北朝時期占據中原的少數民族政權與南方漢族政權之間的正統之爭。當然，二者之間又存在著一定的關係，如東晉、南朝時期關於三國正統之爭，其實就帶有為自身政權與北方十六國和北朝政權爭正統的意蘊。

關於三國時期各政權的正統之爭，就三國歷史而言，魏、蜀、吳三個政權其實都是自命正統的，他們之間並沒有臣屬關係，這是歷史事實。然而，當史家陳壽由蜀入晉，以晉臣身份撰寫《三國志》時，採取了主魏而臣蜀、吳的做法。陳壽的意圖很明顯，就是要以此確定西晉統治的正宗地位，因為只有以曹魏為正統，從曹魏禪讓而來的西晉政權才有其合法性。出於同樣的目的，西晉皇室司馬彪著《後漢書》，也以曹魏為正統。然而，東晉史家習鑿齒卻極力反對陳壽等人以曹魏為正統的做法，而提出

「越魏繼漢」「漢終有晉」[28] 的思想，曾作《漢晉春秋》申達其論，其書今已亡佚。不過，我們從《晉書》本傳記載的習鑿齒在臨終前向晉帝上《晉承漢統論》一文，也可大體知道其正統論的基本思想。在這篇上書中，習鑿齒具體提出了否定曹魏正統、而主晉承漢統的兩大理由：其一，根據天下一統的觀念，曹魏未完成統一，而西晉則與漢一樣都完成了統一。《晉承漢統論》說：「昔漢室失馭，九州殘隔，鼎峙數世，干戈日尋，流血百載，雖有偏平，而其實亂也。」又言西晉「除三國之大害，靜漢末之交爭，開九域之晦蒙，定千載之盛功」。在習鑿齒看來，只有大一統的王朝才具有統緒的繼承性，對於「九州殘隔，鼎峙數世」的割據政權，一概否定其正統性，因此，晉承漢統之說就順理成章了。其二，根據儒家仁義道德觀念，曹魏「王道不足」。習鑿齒在《晉承漢統論》中比較了曹氏與司馬氏的自立，認為前者是「魏武超越，志在傾主，德不素積，義險冰薄」，而後者則是「宣皇祖考立功於漢，世篤爾勞，恩報亦深」。這是對歷史進行道德評判。擱置歷史事實暫且不論，習鑿齒在中原左衽、晉室偏安的形勢下，以天下一統為正閏標準，應當有激勵晉室圖強的現實意味。至於認為曹魏代漢「王道不足」而屬篡逆，則是針對當時有不臣之心的桓溫而發的。《晉書》本傳說：「溫覬覦非望，鑿齒在郡，著《漢晉春秋》以裁正之。起漢光武，終於晉愍帝。於三國之時，蜀以宗室為正，魏武雖受漢禪晉，尚為篡逆，至文帝平

28 《晉書·習鑿齒傳》。

蜀，乃為漢亡而晉始興焉。引世祖諱炎興而為禪受，明天心不可以勢力強也。」更為重要的是，習鑿齒為西晉爭正統，其實也是在為東晉爭正統，因為東晉乃西晉宗室而建，與西晉一脈相承；而為東晉政權爭正統，其物件當然是北方的少數民族所建立的十六國政權，其現實政治用意非常明顯。

　　與西晉史家陳壽和東晉史家習鑿齒通過論三國正統問題而為兩晉政權爭正統不同，西晉後期與東晉時期北方十六國政權的建立者們更重視從歷史文化甚至民族血緣角度來為自己政權的合法性尋找依據。如西晉末年北方漢政權的建立者劉淵，是「五胡」之一的匈奴人，可他卻自稱是「漢氏之甥，約為兄弟；兄亡弟紹，不亦可乎？」[29] 在劉淵看來，作為「漢氏之甥，約為兄弟」，他才是漢王朝當然的繼任者。這是對西晉政權的公開挑戰，是要從血統上否定西晉政權的正統地位，而為自己所建立的政權的合法性提供依據。當然，如果從漢匈和親的歷史來說，劉淵這一說法也是有歷史和民族血緣依據的。同時，劉淵確實也是一個漢文化修養很高的匈奴人。據史載，劉淵為匈奴左部帥劉豹之子，幼年時曾隨上黨崔游學習經史百家和孫武兵法等中原漢族文獻，後又以「任子」身份留居洛陽，廣交漢族官僚、學者。劉淵在西晉末年起兵反晉的目的，也是為了做中原帝王，而不只是一個匈奴單于。他從一開始起兵，就打出「尊漢」的旗號，建國號漢，自稱漢王，明確將推翻西晉的統治作為目標，用他的話來

29　《資治通鑑》卷八十五。

說，就是「吾所欲除者司馬氏耳」[30]。這既是一種戰略策略，也是其自覺認同於漢文化傳統的表現，其結果則是劉漢政權因此而贏得了「胡」、漢各族人的歸附。此外，從劉淵的人生價值取向，我們也能清楚地看到他的這種對漢文化的認同。作為匈奴族傑出的政治家，劉淵所崇拜的歷史上的政治人物卻是漢族政治家劉邦和曹操，他曾說：「大丈夫當為漢高、魏武，呼韓邪何足效哉！」[31] 在漢代民族關係史上，匈奴單于呼韓邪是一個受到人們敬仰的少數民族歷史人物，有功於中華民族。然而，在劉淵的眼裡，他對這個自己本民族的祖先竟然有一種蔑視，認為不值得效法，而他最為推崇的歷史人物則是漢族帝王劉邦與曹操。我們姑且不對他的這種政治志向作評價，但有一點是明顯的，那就是作為少數民族的政治家，劉淵所追尋的卻是中原漢文化的傳統價值觀和對漢族政權統緒的認同，而卻沒有為自己匈奴族出身所囿。當然，劉淵認同中原文化的正統地位，是以其為劉邦所建立的漢王朝的當然繼承者為前提的，因而其本質也是為自己政權的正統地位張本。

後趙的建立者、奴隸出身的羯族人石勒，原先沒有文化，但他卻勤於學習，尤其好史，據《晉書·石勒載記》記載，石勒最喜歡閱讀班固的《漢書》，還設立了「史學」，與經學、律學並列，這是中國史學史上史學學科出現的開始。當然石勒也重視學

---

30 《資治通鑑》卷八十七。
31 《資治通鑑》卷八十五。

習儒家經典，他還親自到太學考試學生的經義，從中選拔成績優異者做官。同時他還重視宣揚佛教，將其作為思想統治工具。正是由於對傳統漢文化的重視與學習，使得羯族出身的石勒具有一種很強的漢文化認同感。《晉書‧石勒載記》記載了石勒與其大臣徐光這樣一段對話：

（石勒）謂徐光曰：「朕方自古開基何等主也？」對曰：「陛下神武籌略邁於高皇，雄藝卓犖超絕魏祖，自三王已來無可比也，其軒轅之亞乎！」勒笑曰：「人豈不自知，卿言亦已太過。朕若逢高皇，當北面而事之，與韓、彭競鞭而爭先耳。朕與光武，當並驅於中原，未知鹿死誰手。大丈夫行事當磊磊落落，如日月皎然，終不能如曹孟德、司馬仲達父子，欺他孤兒寡婦，狐媚以取天下也。朕當在二劉之間耳，軒轅其所擬乎！」

這段石勒君臣之間的對話，談的是石勒與歷史上諸帝王誰與可比之事。當徐光稱其為軒轅之亞時，石勒斷然加以否定，認為軒轅黃帝的崇高、偉大，是自己所根本無法比擬的，表達了對軒轅黃帝的無限崇敬之情。並認為他當位在高祖劉邦和光武帝劉秀之間，但從道德層面上鄙視曹操和司馬懿。從歷史文化心理而言，軒轅黃帝作為華夏族始祖，這在司馬遷《史記‧五帝本紀》中已得到了具體反映，石勒崇軒轅黃帝，將自己與漢高祖、光武帝等歷代漢族帝王相比擬，其實就是對華夏文化以及由黃帝開始的歷代政治統緒的認同。同時他鄙視曹操和司馬懿，也正是依據於儒家傳統道德觀的。一言以蔽之，石勒是將自己當成中原的皇帝，而不是羯族的皇帝。

十六國少數民族政權，還以混一天下為己任，具有天下一統

的民族文化統合意識。如前秦苻堅在統一北方後，就立即將兵鋒指向東進，希望能混一天下。他說：「吾每思天下不一，未嘗不臨食輟餔，今欲起天下兵以討之（指東晉）。」[32] 又如漢政權劉聰在位時大興土木，大臣陳元達進諫劉聰，也是以混一天下相勸勉，他說：「陛下踐祚以來，已作殿觀四十餘所，加之軍旅數興，饋運不息，饑饉、疾疫，死亡相繼，而益思營繕，豈為民父母之意乎！今有晉遺類，西據關中，南擅江表；李雄奄有巴、蜀；王浚、劉琨窺窬肘腋；石勒、曹嶷貢稟漸疏；陛下釋此不憂，乃更為中宮作殿，豈目前之所急乎！」[33] 苻堅急切興兵東晉的軍事舉動，以及陳元達對劉聰的勸諫，都體現了他們的一種民族文化統合意識，而這種民族統合意識又與傳統儒家大一統觀念的影響分不開。同時，這種混一天下的民族統合意識，其背後仍然還是正統觀念的一種反映。要統一天下，就得先確定自己的正統地位，而否定對方政權的合法性，否則，自己的出兵就失去了正義性，沒有道義作基礎，又何談統一呢？也就是說，實現國家統一的首要條件，應該是自己政權的合法性與正統性。同時，如果說各民族政權爭奪天下的正統地位還只是停留在理論層面的話，那麼混一天下，將天下歸屬於本政權的統治之下，就是要將這種理論層面的東西變為一種現實。

南北朝時期，由於南北政權的對立、對峙，相互間的正統之

---

32 《晉書‧苻堅載記》。
33 《資治通鑑》卷八十八。

爭變得更為激烈。南方稱北方為「索虜」，北方稱南方為「島夷」，各自以自己為正統，而斥對方為僭偽。這種正統之爭在當時南北朝的統治者與士人思想中，特別在正史撰述中，表現得非常明顯。

南朝宋、齊、梁、陳諸政權，雖然偏居江左，卻皆為漢族建立的政權，因此，它們往往以華夏正統自居，而貶斥北方少數民族政權，否定其政權的合法性與正統性。

南朝劉宋政權的建立者劉裕，雖自稱為漢宗室，但因為受禪於東晉漢族政權，所以「並不以遙繼漢統自任，也不宣稱漢運中興，而是從必須與北方胡人政權爭奪正統這一歷史背景出發，堅持正統在晉的觀念」[34]。其後的齊、梁、陳政權，也都以華夏正統自居，以與北方少數民族政權爭正統。關於南朝的正統之爭，在南朝史家的正史撰述中有明確反映。如劉宋時期的史家范曄作《後漢書》，就貫徹了「內諸夏而外夷狄」的思想，歷數夷狄向來為中國之害，「其陵跨中國，結患生人者，靡世而寧焉」[35]。梁朝史家沈約作《宋書》，不但否認《魏書》關於鮮卑是黃帝後裔的說法，稱「戎夷猾夏，自擅荒服」[36]，而且《宋書》還創立《索虜傳》來記載北魏及其與南朝之關係的事實，這與北魏史家魏收作《魏書》設《島夷傳》，其目的是一樣的，旨在否定對方

34 龐天佑：《中國史學思想通史‧魏晉南北朝卷》，黃山書社 2003 年版，第 57 頁。
35 《後漢書‧烏桓鮮卑列傳》。
36 《宋書‧氐胡列傳》。

政權的正統性。不過《索虜傳》的後論頗有價值，它從歷史、政治、軍事、地理等諸多方面分析了南北對峙局面形成的原因，表達了史家對於政治分裂的關注與擔憂。稍晚於沈約的梁朝史家蕭子顯作《齊書》，也仿效沈約《索虜傳》的做法，設立《魏虜傳》記載北魏史事。他特別重視從種族角度來辨別正統與否，明確認為「魏虜，匈奴種也」，「被髮左衽，故呼為索頭」[37]。既然是匈奴後裔，也就自然不能成為華夏的正統。

　　與南朝諸政權的統治者、史家爭正統相對應，北朝少數民族政權也不甘示弱，積極為自己政權的正統地位進行辯護。北魏孝文帝是中國歷史上以改革著稱的開明皇帝，作為鮮卑族人，他有一種促使鮮卑漢化的強烈願望，孝文帝的各項改革措施，與其說是加速了鮮卑族的封建化，還不如直接說是加速了鮮卑族的漢化，隋唐之後鮮卑族的不復存在，與他的漢化舉措是有密切關係的。孝文帝作為鮮卑族帝王，卻對華夏治統與華夏文化有著強烈的認同感。孝文帝開始實行改革時，曾遭到鮮卑貴族的強烈反對，孝文帝便問其拓跋氏宗室：「卿等欲令魏朝齊美於殷周，為令漢晉獨擅於上代？」[38] 這很清楚地表明了孝文帝的政治志向，同時也表明他對商周、漢、晉等漢族治統的認同，和與漢、晉這些漢族政權爭美名的願望，自然也是以自己為華夏正統自居的。而北魏史家魏收的《魏書》，也表現出了一種強烈的正統意識。

---

37 《南齊書・魏虜列傳》。
38 《魏書・獻文六王列傳》。

《魏書》仿效《史記》以來漢族政權史書重視宣揚天命論的做法，如《魏書・序紀》說拓跋氏先人詰汾與「天女」相媾而得子，是為「神元皇帝」。《太祖紀》則載獻明賀皇后「夢日出室內，寤而見光自牖屬天，欻然有感」，因孕而生太祖道武皇帝。同時天命歸有德之人，其《序紀》認為，北魏興起便是以德而致天命：「帝王之興也，必有積德累功博利，道協幽顯，方契神祇之心。有魏奄跡幽方，世居君長，淳化育民，與時無競。神元生自天女，桓、穆勤於晉室。靈心人事，夫豈徒然？昭成以雄傑之姿，包君子之量，征伐四克，威被荒遐，乃立號改都，恢隆大業。終於百六十載，光宅區中。其原固有由矣。」由於北魏為鮮卑族所建，故而《魏書》還重視從血緣角度來論證北魏建立的合理性和政權的正統性。《序紀》開篇即言鮮卑族是黃帝後裔：「昔黃帝有子二十五人，或內列諸華，或外分荒服，昌意少子，受封北土，國有大鮮卑山，因以為號。其後，世為君長，統幽都之北，廣漠之野，畜牧遷徙，射獵為業，淳樸為俗，簡易為化，不為文字，刻木紀契而已，世事遠近，人相傳授，如史官之紀錄焉。」這就從血統上與華夏始祖連接上了。當然，在論證自己正統性的同時，還需斥責對方的非正統性。故而《魏書》又將東晉政權說成是僭偽，並創立《島夷傳》以「島夷」指稱南朝宋、齊、梁諸王朝。

　　隨著魏晉南北朝的結束，人們關於分裂時期政權正統與否的聚訟紛爭自然也告一段落，而隋唐大一統時代的到來，使得人們的正統觀念發生了新的變化，表現出明顯的民族一統意識。

　　由於隋唐是大一統的皇朝，人們已經不再斤斤計較於過往分

裂時期那種對於正統地位的爭論，而代之以更為開闊的眼界來看待歷史上分裂時期各政權的正統性問題；同時，如前所述，楊隋李唐兩朝不僅在政權上與鮮卑人建立的西魏、北周一脈相承，而且在族源血統上相互間也瓜葛頗多，故而在看待十六國北朝少數民族建立起來的政權時，往往不會從夷夏之辨的角度來評判其正統與否。這從唐初的正史撰述活動中便可以清楚地看到。唐高祖武德四年（621 年），起居舍人令狐德棻向唐高祖提出修撰北魏、北齊、北周、梁、陳、隋六朝歷史，在這份上疏中，令狐德棻就提到「陛下既受禪於隋，復承周氏曆數，國家二祖功業，並在周時」[39]。這實際上是承認了鮮卑族建立的北周政權的正統地位，而唐高祖非常贊同這種說法，並於次年下達《命蕭瑀等修六代史詔》，對南北朝時期割據政權的歷史功績予以肯定，絲毫沒有以夷夏來分辨正統與否的思想。

　　唐太宗對於南北朝政權正統問題的認識是開明而進步的。其具體表現，一是反映在魏史是否重修的問題上。修撰「六代史」的詔書由唐高祖下達，而正式修史活動則開始於唐太宗時期。當時史臣們圍繞著北魏歷史撰修問題提出了不同看法，認為魏收與魏澹兩家《魏書》已經詳備，沒有必要重修，唐太宗接受了這個建議，魏史「遂不復修」[40]。不需重修魏史，這是對少數民族政權下撰寫的兩家《魏書》的認可。而這種認可，當然不僅僅只是

---

39 《舊唐書·令狐德棻傳》。
40 《唐會要》卷六十三。

表現在對於二家《魏書》關於北魏史實的記述上的「詳備」，同時也表現在對於二書所反映出的正統觀念的寬容。像魏收的《魏書》視東晉為僭偽，創《島夷傳》記南朝史實；而魏澹的《魏書》將割據政權「同之關、楚」，這在唐太宗君臣看來，似乎只是分裂時期相互爭正統所表現出的不同正統觀念罷了。二是反映在對於《晉書》為何要重修之原因的認識上。關於晉朝的歷史記載，魏晉南北朝時期總共留給後人有十八家《晉書》，然而唐太宗卻提出要對晉史進行重修，並專門下達了《修晉書詔》。唐太宗之所以要重修的理由主要有兩個：其一是從史家修養角度說的，認為以往諸家《晉書》「才非良史，事虧實錄」，不利於人們從中總結歷史的經驗教訓；其二則是從對少數民族政權歷史的記載不當角度來說的，認為諸家《晉書》對「江左嗣興，並宅寰區，各重徽號」的歷史沒有能夠作出全面的反映 [41]。而唐朝後來重修的《晉書》，便以「載記」的形式系統記述了各少數民族政權的歷史，這體現了大一統時代人們正統觀念的變化。

在初唐史家撰成的正史中，我們也能明顯看出這一時期人們正統觀念的變化。像魏收的《魏書》重視從血緣角度為北魏拓跋氏的政權找尋合法依據一樣，唐修「五代史」（北齊、北周、梁、陳、隋五朝歷史）和《晉書》在反映少數民族政權的歷史時，都普遍重視從族源上體現「華夷一家」的思想。如《周書》認為北

---

41 《唐大詔令集》卷八十一。

周皇帝宇文氏「其先出自炎帝神農氏」[42]；又認為稽胡是「匈奴別種」，庫莫奚是「鮮卑之別種」[43]。而《隋書》則認為「鐵勒之先，匈奴之苗裔也，種類最多」，「室韋，契丹之類也」，「契丹之先，與庫莫奚異種而同類」[44]。《晉書》則說建立前燕的慕容氏是「有熊氏之苗裔，世居北夷」[45]，建立後秦的姚氏則是「有虞氏之苗裔」[46]，如此等等。在唐代史家看來，慎終追遠，這些少數民族從族源上都可以上溯到黃帝、炎帝。毫無疑問，「五代史」和《晉書》的這一思想，當然也是對《史記》所宣揚的聖王同祖、民族同祖思想的重要繼承。

《南史》《北史》則為初唐史家李延壽在政府支持下修撰而成的，其最大價值則是表現在正統觀上，李延壽以南北史對立代替南北朝時期史書中的華夷對立（「五代史」的分立顯然也具有這樣的思想，只是沒有像《南史》《北史》那樣統括南北而論）。《南史》《北史》分撰，實際上是對南朝與北朝政權的合法性和正統性都予以承認了。在《北史》的《僭偽附庸列傳》中，李延壽提出了判斷一個政權是否為「僭偽」的標準是有無割據建鼎之實，而與統治者的民族出身無涉，明確反對南北朝時期的史書將正統與否與民族混為一談的做法。

---

42 《周書・文帝紀上》。
43 參見《周書・異域上》的《稽胡傳》和《庫莫奚傳》。
44 參見《隋書》卷八十四之《鐵勒傳》《室韋傳》和《契丹傳》。
45 《晉書・慕容廆載記》。
46 《晉書・姚弋仲載記》。

綜上所述可知，隋唐大一統時代的正統觀念已經發生了很大的變化，人們已經不再以民族來分辨政權的正統與否，從而對於東晉與十六國、南朝與北朝的政權統緒皆予以承認，具有明顯的民族一統意識。而這種正統觀念的變化和所體現的民族一統意識，表明這一時代的人們不僅認同於漢族政權與傳統漢文化，也認同各少數民族政權與少數民族文化，比起魏晉南北朝時期漢族政權以華夏文化正統自居，而少數民族政權為爭正統力求從血緣上與華夏先王取得連繫的做法和反映出的思想，無疑是一個具有歷史意義的重大進步。

── 第六章 ──
民族憂患意識與重史情結

　　魏晉南北朝隋唐時期，從魏晉南北朝四百年的國家長期分裂，中經大一統隋朝的短祚，再到唐朝安史之亂後形成的藩鎮割據局面，使得從「廟堂」到「士林」，人們普遍具有一種強烈的民族憂患意識。而這種民族憂患意識又促使著人們關注於史學，希望從歷史的總結當中汲取治國安邦的經驗教訓。於是乎，注重經世致用，便成為這一時期歷史撰述的重要旨趣。

第一節 ▶ 重史精神與民族憂患意識

　　在中國歷史上，重史精神往往與民族憂患意識相連繫。因此，史學不僅只是一門學術，它還凝聚著一種深沉的民族感情，體現著一種民族精神。

　　早在西周初年，周人以「小邦周」力克「大邑商」之後，對於周族的前途就有著一種憂患意識，它集中反映在《尚書》的「殷鑑」思想之中。《尚書‧召誥》說：「我不可不監於有夏，亦不可不監於有殷。」周人在經歷了由小到大、以弱勝強和建立政權的過程後，對以往的歷史經驗進行了正反兩方面的借鑑。像《無佚》《君奭》《多士》等篇，就總結了殷商在為政用人方面的

成功經驗，並將其歸結為「自成湯至於帝乙，罔不明德恤祀」[1]和「爰知小人之依，能保惠於庶民」[2]的「敬德保民」思想；而《召誥》《酒誥》等篇，則歷數了殷商「惟不敬德，乃早墜其命」的為政之失，以為後世之鑑。毫無疑問，《尚書》對歷史經驗教訓的重視，是根源於其深刻的民族憂患意識。正如《召誥》篇所說的：「上下勤恤，其曰，我受天命，丕若有夏歷年，式勿替有殷年。欲王以小民，受天永命」。即是要告誡君臣上下常懷憂慮，敬德保民，以保持天命，獲得夏朝那樣長久的國運，而不至像商朝那樣短祚。在這裡，民族憂患意識被置諸對前代歷史的參照中，對後世影響深遠。

到了春秋戰國時期，一方面，華夏內部，天子失尊，諸侯國內外紛爭頻仍；另一方面，華夷雜處，「南夷與北狄交，中國不絕若線」[3]，諸夏受到威脅。面對這樣的時局，諸夏產生了強烈的民族憂患意識。這一時期的諸子，「皆憂世之亂而思有以拯救之，故其學皆應時而生」[4]。而史學也成為這一時期先賢拯救時弊的一種途徑，孔子便是其中的傑出代表，他借助於作《春秋》，將其憂患意識和教化垂訓的宗旨表達得淋漓盡致。孔子作《春秋》，「其事則齊桓、晉文，其文則史」，「其義則丘竊取之

1　《尚書・多士》。
2　《尚書・無佚》。
3　《公羊傳・僖公四年》。
4　《胡適文存》卷二，《諸子不出於王官論》。

矣」[5]。即是要通過史文、史事和褒貶書法，來表達「復禮」的政治理想。而這種政治理想當然又是針對當時華夏的內憂外患而發。一方面，《春秋》予奪褒貶，貫穿禮教思想，維護等級制度，因此孟子說：「孔子成《春秋》而亂臣賊子懼。」[6]另一方面，《春秋》的史義、史法也蘊含著「尊王攘夷」的思想，在「南夷與北狄交，中國不絕若線」的形勢下，孔子主張「裔不謀夏，夷不亂華」[7]。這裡所謂「裔指夏以外的地，夷指華以外的人」[8]。孔子反對邊遠地區的落後民族侵擾中原諸夏，因此高度讚揚管仲尊王攘夷的功績，稱：「管仲相桓公，霸諸侯，一匡天下，民到於今受其賜。微管仲，吾其被髮左衽矣。」[9]春秋戰國時期是中華文明的文化軸心時代，其時代精神與思想資源澤被後世，成為中華文化精神的源流。先哲以貫穿民族憂患意識的重史精神立言教化的做法也成為中國文化的一種傳統，在千百年的史學發展過程中彰顯出民族自尊、自強的精神。

在中國歷史經歷秦漢數百年大一統，華夏文明得到空前繁榮之後，又進入了魏晉南北朝四百年的大分裂時期。這一時期的時代特點是國家長期分裂，民族關係錯綜複雜，社會矛盾與危機重重。一方面北方匈奴、鮮卑、氐、羯、羌等民族大規模進入中原

5　《孟子・離婁下》。
6　《孟子・滕文公下》。
7　《左傳・定公十年》。
8　范文瀾：《中國通史》第 1 冊，人民出版社 1978 年版，第 134 頁。
9　《論語・憲問》。

並陸續建立政權，另一方面漢族先進文化的向心力並沒有因為北方少數民族在政治上取得優勢而有所減弱。內遷各族統治者往往對自身在中原的地位與前途懷有憂患意識，因此自覺接受了中原先進文化，同時也接受了中原文化治史以致用的重史傳統；而受到少數民族空前衝擊的漢民族，其民族憂患意識更是甚於前代。在大混亂與急劇的政治變動中，各民族政權的憂患意識已經成為一種強烈的現實危機感，從歷史中汲取資治鑑戒經驗的需求日益強烈，傳統的重史精神因此得以空前彰顯。

首先，這一時期北方少數民族政權普遍重視史學，而這種重史精神與其民族憂患意識緊密相連。

魏晉南北朝時期，當少數民族入主中原，並紛紛建立起自己的政權之後，他們其實一直都具有一種民族憂患意識。一方面，北方少數民族統治者推行的漢化與封建化改革，說明少數民族統治者對自身民族文化的落後懷有憂慮；另一方面，中原傳統的正統觀念重「華夷之辨」，少數民族受到歧視和排擠，北方少數民族政權始終因自己的民族出身而對在中原地區的統治不免有憂患之思。正是在這種情況下，北方少數民族政權的重史之風甚至在某些方面超過了南方漢族政權。服務於北方少數民族政權的史家，既要推動少數民族學習、吸收中原先進文化，又要提出立足於少數民族的民族觀念以緩解中原傳統文化給予的壓力，而史學也就在這種民族憂患意識的驅使下得到了發展。

這一時期的北方史學，比較重視史官建置與史學教育。據《史通・史官建置・正史》所載，十六國時期的前趙、後趙、前燕、後燕、南燕、北燕、後涼、南涼、北涼、前秦、後秦、西

秦、夏、成漢等各少數民族政權都設有修史機構，如前趙設有左國史，南涼置有國紀祭酒等，來修撰本朝史書。北魏在秘書省下設著作局，後又設修史局，還開創了專寫起居注的史官之制，此制為北齊、後周所繼承與發展。據《通典・職官三》記載：「後魏始置其起居令史，每行幸宴會，則在御左右，記錄帝言及宴賓客訓答。後又別置修起居注二人，以他官領之。北齊有起居省。後周有外史，掌書王言及動作之事，以國為志，即起居之職；又有著作二人，掌綴國錄，則起居注、著作之任，自此而分也。」[10] 起居注專門史官的出現與發展，說明北方統治者對史學資治作用的高度重視。北齊時，國史修撰制度有了進一步的發展，開始設置史館，以宰相兼領，稱監修國史。這一制度為周、隋所繼承，至唐代進一步規範化。值得注意的是，魏晉南北朝各政權不僅重視史官建置，也重視「史學」的建立，紛紛設學官主持學館。後趙石勒始以「任播、崔濬為史學祭酒」[11]，設立「史學」，與經學、律學並列。後來南朝劉宋在此基礎上，以史學與儒學、玄學、文學並舉，史學因此成為一種官學。

　　這一時期北方少數民族政權的歷史撰述特別是關於民族史的撰述也取得了相當的成就，像崔鴻的《十六國春秋》、魏收的《魏書》，便是其中的代表之作。《十六國春秋》已散佚，而魏收所著的《魏書》，作為中國歷史上第一部以少數民族為主體的正

第二編・魏晉南北朝隋唐：多民族交融與民族精神的整合

---

10 《通典・職官三》。
11 《晉書・石勒載記》。

史，不但記述了鮮卑民族各部的歷史，以及當時地處東北、西北、西域及北方等眾多民族的歷史，是這一時期關於民族史撰述具有總結性的著作，而且《魏書》所反映的民族觀念，堪稱是這一時期北方史家進步民族觀的傑出代表。

綜觀《魏書》所體現的民族觀，主要有以下兩個特點：一是帶有明顯的民族憂患意識，這集中表現在《魏書》所宣揚的「祖黃帝」思想上。前已述及，《魏書・序紀》開篇即言鮮卑族是黃帝後裔。如此強調皇族族源不難看出，作者是想借助於史學的形式對少數民族政權從統治者的族源上尋求其統治的合法依據。因此，儘管這裡《魏書》是秉承了《史記》的「祖黃帝」的思想，但比其後者則明顯多了一層當時少數民族政權所具有的民族憂患意識。二是在民族文化上持一種開明的態度。一方面，在北魏統治者大力推行漢化和封建化的背景下，「對於魏的興衰，魏收始終把北魏吸收中原的文化作為社會繁榮的重要因素」[12]。這種肯定漢族先進文化在少數民族社會發展過程中作用的思想，反映了北方少數民族政權在文化與政治上的憂患意識，同時也是客觀和公允的。另一方面，《魏書》也高度重視魏境內其他各族以及南方一些少數民族的文化，認為「聖人因時設教，所以達其志而通其俗也」[13]。因此，魏收作《魏書》的「十志」，注意「從統一規模變動來論說疆域、文化、制度的變遷，以務實的態度，看待

---

12 吳懷祺：《中國史學思想史》，安徽人民出版社 1996 年版，第 157 頁。
13 《魏書・食貨志》，第 2250 頁。

各個民族的文化」[14]。

其次，這一時期南方漢族政權的歷史撰述，也普遍具有一種強烈的民族憂患意識。相比較於北方，當時南方漢族政權由於受到北方少數民族的衝擊和威脅，在民族觀念上相對比較保守，從一定意義上來說，也是其民族憂患意識在史學上的一種表現。

早在西晉時期，隨著「五胡」的內遷與雜居，中原漢族士大夫就普遍具有一種民族憂患意識。江統作《徙戎論》，申述儒家歷史上「內諸夏而外夷狄」的觀點，認為少數民族「非我族類，其心必異」，主張將關中地區的少數民族全部遷回故地。這種對少數民族的極端排斥態度，雖然違背了當時民族大融合的歷史潮流，卻也滲透著漢族士大夫的民族憂患意識。

到了東晉南朝時期，中原已淪喪，漢族政權偏居江左一隅，與北方少數民族政權形成對立。這種政局與民族關係狀況，突出反映在南方漢族政權的正史撰述上，表現出一種與北方史家不盡相同的民族憂患意識。

《後漢書》的作者范曄，生活在東晉、南朝劉宋與鮮卑族北魏政權對抗的時代，由於親身經歷過南北政權之間的戰爭，因此其作《後漢書》，始終不忘「強調少數民族對中原皇朝的威脅」[15]，對北方少數民族威脅漢族政權的現實懷有憂患意識。范曄在《烏桓鮮卑傳》中稱：「四夷之暴，其勢互強矣。匈奴熾於

14 吳懷祺：《中國史學思想史》，第 157 頁。
15 白壽彝主編：《中國通史》第 1 卷，第 14 頁。

隆漢，西羌猛於中興。而靈、獻之間，二虜迭盛。石槐驍猛，盡有單于之地；蹋頓凶桀，公據遼西之土。其陵跨中國，結患生人者，靡世而寧焉。然制禦上略，歷世無聞；周、漢之策，僅得中下。將天之冥數，以至於是乎？」對少數民族的憤恨之情，溢於言表。在《西羌傳》中，范曄對少數民族侵擾中原予以抨擊：

羌戎之患，自三代尚矣。漢世方之匈奴，頗為衰寡，而中興以後，邊難漸大。朝規失綏御之和，戎師騫然諾之信。其內屬者，或倥傯之豪右之手，或屈折於奴僕之勤。塞候時清，則憤怒而思禍；桴革暫動，則屬鞬以鳥驚。故永初之間，群種蜂起。遂解仇嫌，結盟詛，招引山豪，轉相嘯聚，揭木為兵，負柴為械。轂馬揚埃，陸梁於三輔；建號稱制，恣睢於北地。東犯趙、魏之郊，南入漢、蜀之鄙，塞湟中，斷隴道，燒陵園，剽城市，傷敗踵系，羽書日聞。並、涼之士，特沖殘斃，壯悍則委身於兵場，女婦則徽纆而為虜，發塚露胔，死生塗炭。自西戎作逆，未有陵斥上國若斯其熾也。

范曄認為少數民族的侵擾，「雖外患，實深內疾，若攻之不根，是養疾痼於心腹也」，因此反對給予少數民族寬容。故而當漢將張奐認為「戎狄一氣所生，不宜誅盡，流血污野，傷和致妖」時，范曄竟指責說：「是何言之迂乎！」[16] 范曄將少數民族視為心腹大患的保守態度與當時南方政權受到北魏鮮卑政權威脅的形勢密切相關，也是漢族受到異族威脅時民族憂患意識的一種

---

16 《後漢書・西羌傳》。

表現。在《西羌傳》中，范曄還對東漢與少數民族戰爭的艱辛作了渲染，稱：

> 諸將鄧騭、任尚、馬賢、皇甫規、張奐之徒，爭設雄規，更奉征討之命，徵兵會眾，以圖其隙。馳騁東西，奔救首尾，搖動數州之境，日耗千金之資。至於假人增賦，借奉侯王，引金錢縑彩之珍，征糧粟鹽鐵之積。所以賂遺購賞，轉輸勞來之費，前後數十巨萬。或梟克酋健，摧破附落，降俘載路，牛羊滿山。軍書未奏其利害，而離叛之狀已言矣。故得不酬失，功不半勞。暴露師徒，連年而無所勝。官人屈竭，烈士憤喪。

基於少數民族對漢族政權的現實威脅，范曄肯定東漢末年對少數民族進行堅決鬥爭的策略而否定安撫政策，認為：「昔先王疆理九土，判別畿荒，知夷貊殊性，難以道御，故斥遠詠華，薄其貢職，唯與辭要而已。若二漢御戎之方，失其本矣。何則？先零侵境，趙充國遷之內地；煎當作寇，馬文淵徙之三輔。貪其暫安之勢，信其馴服之情，計日用之權宜，忘經世之遠略，豈夫識微者之為乎？」[17] 范曄對少數民族的態度，反映了當時漢族士大夫在南北民族對立形勢下總結歷史經驗教訓，希望避免重蹈漢、晉覆轍的思想，雖然有失偏頗，卻體現了史家的民族憂患意識。

南朝史家沈約，曆仕宋、齊、梁三朝，對北方少數民族的威脅深有體會。所撰《宋書》對漢、晉、南朝在與少數民族戰爭中的被動局面有著較為深入的分析，表現出了較強的民族憂患意

---

17 《後漢書・西羌傳》。

識。其一，沈約在漢族政權應對少數民族威脅方面提出了思路清晰的觀點。沈約總結前代歷史經驗，針對遊牧民族來去迅捷的特點，認為漢族政權必須謹修邊防，抑制邊境少數民族的侵擾，如果疏忽邊防，則會導致被動失利。他在《鄭鮮之裴松之何承天傳》中說：

治邊之術，前世言之詳矣。夫戎夷狡黠，飄迅難虞，必宜完其障塞，謹其烽柝，使來徑可防，去塗易梗，然後乃能禁暴止奸，養威攘寇。漢世案秦舊跡，嚴塞以限外夷，吳、魏交戰，亦以江、淮為疆場，莫不先憑地險，卻保民和，且守且耕，伺隙乘釁。高祖受命，王略未遠，雖綿河作守，而兵孤援闊，盛衰既兆，用啟戎心。蓋由王業始基，經創多闕，先內後外，以至於此乎。自茲以降，分青置境，無圍守之宜，闕耕戰之略，恃寇不來，遂無其備。周、漢二策，在宋頓亡，遂致胡馬橫行，曾無藩落之固，使士民蹈蒼天，踖厚地，系虜俘囚，而無所控告矣哉！

在這裡，沈約通過回顧漢族與少數民族鬥爭的歷史，提出了化解少數民族威脅的見解。

其二，沈約探討了漢族在與少數民族戰爭中處於被動局面的原因。在沈約看來，西晉以來漢族政權在與北方少數民族的戰爭中的被動局面與漢族政權的政治統治失當有關。《索虜傳》說：「高祖劬勞日昃，思一區宇，旆旗卷舒，僅而後克。後主守文，刑德不樹，一舉而棄司、兗，再舉而喪徐方，華服蕭條，鞠為茂草，豈直天時，抑由人事。」這就從人事也就是政治統治上指明了漢族在對少數民族戰爭中屢次落敗的原因。同時，沈約也從南北雙方「用兵」的角度探討了漢族的劣勢，他說：「夫地勢有便

習，用兵有短長。胡負駿足，而平原悉車騎之地；南習水鬥，江湖固舟楫之鄉。代馬胡駒，出自冀北；梗楠豫章，植乎中土，蓋天地所以分區域也。若謂氈裘之民，可以決勝於荊、越，必不可矣；而曰樓船之夫，可以爭鋒於燕、冀，豈或可乎！虞詡所謂『走不逐飛』，蓋以我徒而彼騎也。因此而推勝負，殆可以一言蔽之。」**[18]** 沈約明確指出，由於北方少數民族擅長騎兵作戰，南方漢族政權的步兵難以抗衡，勝負之勢「殆可以一言蔽之」。沈約探討漢族在與少數民族戰爭中處於被動局面的原因，其間滲透著史家的民族憂患意識。

歷史經歷魏晉南北朝四百年分裂之後，終於在隋朝又重新實現了國家大一統。然而，隋朝這個富庶而強大的大一統帝國，卻在它統治僅僅三十餘年後，就被隋末農民大起義給推翻了。這種歷史巨變，促使繼之而起的唐朝統治者和思想家、史學家們不得不去進行深思：結束了四百年分裂的隋朝這個國力強盛的大一統帝國，為何只經歷了二世就迅速滅亡了？新興的唐朝怎樣進行統治才能鞏固政權、避免重蹈隋朝迅速敗亡的歷史覆轍？初唐史學便主要是在這種歷史的沉思當中發展起來的，因而也是與時代的憂患意識緊緊相連的。

綜觀初唐史學撰述成就，主要表現為北周、北齊、梁、陳、隋「五代史」和《晉書》《南史》《北史》等八部正史的撰述上，還有對過往史學進行系統評論而成就的中國史學史上第一部史學

---

18 《宋書・索虜傳》。

評論著作——劉知幾的《史通》。其中《史通》的出現，主要是對初唐以前中國史學發展史的一次總結，是史學本身長期發展的一種必然結果；《晉書》的重修，是因為在唐太宗看來，魏晉南北朝所修的十八家《晉書》「材非良史，事虧實錄」[19]，不利於後人從中總結經驗和汲取教訓，因而具有明顯的經世致用色彩。而《南史》《北史》則為初唐史家李延壽在唐朝政府支持下修撰成的，其基本精神主要是通過用通史的寫作方法來系統反映南朝與北朝的歷史，以便從歷史的貫通當中更好地看到南北朝政權的盛衰興亡之變，以為唐朝統治從中有所借鑑。

唐初史學撰述與民族憂患意識結合最為緊密的當屬「五代史」的撰述。北周、北齊、梁、陳、隋五代，是唐朝的近現代史，李唐皇室的父祖先輩，都在北周和隋朝官居顯位，對於這些皇朝的興亡，初唐帝王的感受自然很深，因而希望從中總結興亡之理也更為迫切。其中特別是隋朝的速興速亡，這是唐初君臣談論最多的問題。據史書記載，唐太宗常痛「煬帝驕暴而亡」，而謂侍臣「常宜為朕思煬帝之亡」[20]。魏徵也曾上奏太宗，希望對隋唐易鼎的歷史進行研究，以「能鑑彼所以亡，念我所以得」[21]。唐高祖、唐太宗兩代君臣都重視「五代史」特別是隋史的撰修，唐太宗讓諫官魏徵主修《隋書》，充分反映了初唐統治

---

19 《唐大詔令集》卷八十一。
20 《資治通鑑》卷一九四。

21 《新唐書‧魏徵傳》。

者的憂患意識，他們希望通過「以史為鑑」「以隋為鑑」來求得統治的長治久安。正是這種憂患意識，使史學得到了初唐統治者的高度重視，也由此促進了初唐史學的發展。

唐玄宗天寶年間發生安史之亂，隨後形成藩鎮割據、尾大不掉的政治局面，唐朝歷史從此由盛轉衰。安史之亂既是政治危機，在一定程度上也反映了民族危機，因為叛亂的發動者安祿山、史思明都是胡人，叛軍以同羅、奚、契丹等部士卒為骨幹，故而杜佑在《通典·邊防》中把安史之亂稱為「幽寇內侮」。安史之亂動搖了唐朝的統治根基，由此激發了這一時期士大夫的民族憂患意識，這在中唐以後的唐朝史學中得到了反映，而杜佑的《通典》最具代表性。

杜佑是唐代中後期著名的政治家與史學家。面對安史之亂後形成的藩鎮割據局面，杜佑通過撰述《通典》，將鞏固邊防與攘夷問題相結合，並對如何防止邊境少數民族對中央漢族政權的威脅提出了自己的見解，表現出了較強的民族憂患意識。其一，《通典》重視夷夏之辨。《通典·邊防》開篇即說：

覆載之內，日月所臨，華夏居土中，生物受氣正。其人性和而才惠，其地產厚而類繁，所以誕生聖賢，繼施法教，隨時拯弊，因物利用。三五以降，代有其人。君臣長幼之序立，五常十倫之教備，孝慈生焉，恩愛篤焉。主威張而下安，權不分而法一。生人大賚，實在於斯。……（夷狄）其地偏，其氣梗，不生聖哲，莫革舊風，詰訓之所不可，禮義之所不及，外而不內，疏

而不戒……[22]

很顯然，杜佑的夷夏之辨只是重彈了傳統夷夏之辨的老調，並沒有什麼新意。然而，如果考慮到中唐以後政治統治出現危機的歷史背景，便不難發現盛唐「華夷一家」的民族友好關係已經不復存在，代之而來的是夷夏之辨意識的再起。

其二，《通典》將邊防與攘夷問題相結合，提出了具體攘夷防邊之策。《通典》開篇即說：「列州郡俾分領焉，置邊防遏戎敵焉」，指出應當重視設置邊防以抵禦少數民族對中央漢族政權的威脅。那麼，如何處置邊防、防禦少數民族的威脅？《通典》主張採取「來則禦之，去則備之」的方針，反對窮兵黷武、發動對少數民族的戰爭，並結合歷史經驗教訓說明瞭自己的主張。他說：

歷代觀兵黷武，討伐戎夷，爰自嬴秦，禍患代有。始皇恃百勝之兵威，既平六國，終以事胡為弊。漢武資文景之積蓄，務恢封略，天下危若綴旒。王莽獲元始之全實，志滅匈奴，海內遂至潰叛。隋煬帝承開皇之殷盛，三駕遼左，萬姓怨苦而亡。……我國家開元、天寶之際，宇內謐如，邊將邀寵，競圖勳伐。西陲青海之戍，東北天門之師，磧西怛邏之戰，雲南渡瀘之役，沒於異域數十萬人。……向無幽寇內侮，天下四征未息，離潰之勢豈可量耶！前事之元龜，足為殷鑑者矣。[23]

---

22 《通典·邊防》。
23 《通典·邊防》。

在杜佑看來，中央政權窮兵黷武、征伐少數民族，只會給國家與百姓帶來沉重的負擔，甚至會導致亡國，這是自秦代以來至安史之亂的歷史教訓。認為採取「來則禦之，去則備之」的邊防策略，才是「治國之要道」。[24]

其三，《通典》提出要杜絕安史之亂的再度發生，就必須實行內重外輕的政策。對於安史之亂的發生，杜佑認為主要是由內輕外重的軍事格局所致，《通典·兵》說：

開元二十年以後，邀功之將，務恢封略，以甘上心，將欲蕩滅奚、契丹，翦除蠻、吐蕃，喪師者失萬而言一，勝敵者獲一而言萬，寵錫雲極，驕矜遂增。哥舒翰統西方二師，安祿山統東北三師，踐更之卒，俱授官名；郡縣之積，罄為祿秩。於是驍將銳士、善馬精金，空於京師，萃於二統。邊陲勢強既如此，朝庭勢弱又如彼，奸人乘便，樂禍覬欲，脅之以害，誘之以利。祿山稱兵內侮，未必素蓄凶謀，是故地逼則勢疑，力侔則亂起，事理不得不然也。

這個分析是很有理性的，符合當時的客觀實際。有鑑於此，杜佑認為要改變這種內輕外重的政治軍事局面，就應該反其道而行之，實行內重外輕的政策。在杜佑看來，漢朝制度便可作為借鑑。《通典·兵》說：

緬尋制度可采，唯有漢氏足征：重兵悉在京師，四邊但設亭障；又移天下豪族，輳居三輔陵邑，以為強幹弱枝之勢也。或有

第二編·魏晉南北朝隋唐：多民族交融與民族精神的整合

四夷侵軼，則從中命將，發五營騎士，六郡良家。貳師、樓船、伏波、下瀨，咸因事立稱，畢事則省。雖衛、霍之勳高績重，身奉朝請，兵皆散歸。斯誠得其宜也。

毫無疑問，《通典》的夷夏之辨思想以及鞏固邊防與加強中央集權的思想，既是史學家兼政治家杜佑的思想，也反映了中唐以後史學與社會的一種普遍的民族憂患意識。

到了晚唐時期，隨著政局的衰敗與邊防的虛弱，民族關係更為複雜，民族矛盾也更為凸現，由此士人們的民族觀念有了變化，民族憂患意識更為強烈。反映在這一時期的史學上，則是重視民族史的撰述則成為時代的重要特點。

說到唐朝民族矛盾與民族觀念的變化，我們需要追溯到盛唐、中唐時期。如前所述，唐朝開國以來，長期奉行的是民族友好政策，也正因此，才形成了歷史上少有的民族友好的「華夷一家」局面。但是這並不等於說在盛唐時期就沒有民族問題，其實當時的唐朝中央政權與其北方與西北方的少數民族之間的關係也是既嚴峻又錯綜複雜的。

從時人的一些奏疏中，我們能明顯地感受到這種民族危機感。如初唐的陳子昂，曾經兩度隨軍出征西北，對邊境少數民族威脅中原漢族政權就有著一種強烈的憂患意識。他曾經上《為喬補闕論突厥表》，通過陳述自秦始皇以來中原漢族政權長期為匈奴所擾，結果導致疲於應付，以致造成軍事、財政負擔沉重，人力、物力的耗竭的局面，嚴重影響了中原漢族政權的穩定與王朝的興衰這樣的歷史事實，而據此得出了「匈奴不滅，中國未可安

臥亦明矣」,「匈奴復興,則萬代為患,雖後悔之,亦不及矣」[25]
的結論。陳子昂說歷史上的匈奴,其實是指向唐初的突厥之患,
他希望唐朝中央政府能夠把握住時機,討滅西北地方的突厥民
族,不要出現歷史上的匈奴之患,以此鞏固唐朝的統治。陳子昂
對於歷史上的民族關係的認識及其對唐朝民族關係的主張,也許
並不一定是正確的,但卻明顯蘊含了強烈的民族憂患意識。又如
歷仕武后、中宗、睿宗、玄宗四朝的薛登,雖然身處唐代勃興時
期,卻在其歷史總結中明顯表現出一種民族憂患意識。薛登曾上
《請止四夷入侍疏》,認為向邊境少數民族傳播中原漢族先進文
化,會引起少數民族侵擾中原的野心。他以歷史為依據,認為漢
魏西晉北方少數民族的內侮,都是由於漢族統治者「務飾虛名,
徵求侍子,喻其(夷狄)解辮,使襲衣冠,築室京師,不令歸
國」,由此激發起少數民族對中原的嚮往所致,因此主張對少數
民族「願充侍子者,一皆禁絕」[26]。薛登的看法雖然有褊狹之
嫌,但也反映出漢族士大夫希望通過歷史總結,以避免重蹈歷史
覆轍的民族憂患意識。前已述及,在史家吳兢《貞觀政要》中記
載的當年唐朝擊敗突厥後,唐太宗、溫彥博和魏徵等貞觀君臣就
唐朝如何安邊問題所進行的那場爭論,已經表明即使如魏徵那樣
著名的諫官,在他的思想意識中,也還是有著濃厚的夷夏之辨與
夷夏之防觀念的。只是我們不應將此問題絕對化,我們一方面要

---

25 《全唐文》卷二〇九。
26 《全唐文》卷二八一。

肯定唐太宗、溫彥博等人民族觀念的進步性，另一方面也應看到魏徵等人不正確的民族觀中其實是蘊涵了民族憂患意識的，他們的民族觀不同，但從維護漢族中央政權的統治這一旨趣來說則是一致的，因而是相反相成的關係。而從這一時期民族觀念的主流來講，無疑還是和撫夷戎、華夷一家的思想。

至於中唐時期的民族關係，隨著安史之亂的發生和藩鎮割據局面的出現，盛唐時期「華夷一家」的局面已不復存在，民族危機意識普遍加強，杜佑《通典》所表現出來的夷夏之辨與攘夷防邊思想，便是對這一時期民族危機、邊防危機現實狀況的一種反映。

與盛唐、中唐時期相比，晚唐時期的民族問題更加凸現。人們因此更加重視對民族問題的探討，通過研究民族史以闡發民族觀，表達民族危機意識，已成為這一時期史學的一大特點。從這一時期民族史撰述的內容來看，主要分為兩個方面，一是關於中原與「四夷」關係的，一是關於少數民族地區歷史的。前一類著述，主要代表作有李德裕的《異域歸忠傳》二卷和高少逸的《四夷朝貢錄》十卷，其中《異域歸忠傳》記載了秦漢至唐朝「去絕域歸中國，以名節自著，功業保忠者三十人」[27]，實際上就是一部自秦漢至唐朝中原皇朝與周邊少數民族的關係史。後一類主要是關於雲南地區少數民族史的撰述，這與晚唐時期民族矛盾的重心由北方、西北方轉向西南有密切的關係。這類著述主要有韋齊

---

27 《全唐文》卷七〇七。

休的《雲南行紀》、竇滂的《雲南別錄》和《雲南行紀》、樊綽的《蠻書》（一作《雲南記》）、徐雲虔的《南詔錄》、李德裕的《西南備邊錄》、盧攜的《雲南事狀》和達奚洪的《雲南風俗錄》等。其中尤以樊綽的《蠻書》最具代表，該書共有十卷，其內容包括：「雲南界內途程」「山川江源」「六詔」的由來及其與唐朝的關係、境內其他各族概況、境內各州概況、「雲南城鎮」「雲南管內物產」、蠻夷風俗、蠻夷條教以及與南詔比鄰地區概況等，該書既是一部系統記述雲南地區的歷史與現狀、自然與社會的全史，也是一部唐朝與南詔的民族關係史。

這一時期眾多民族史撰述，其內容有兩個鮮明的特點，其一，這些民族史的撰述者，有些曾在雲南為官，有些則出使過雲南，他們都對該地區的自然與社會以及與唐朝之間的關係比較清楚。像《雲南行紀》的作者韋齊休，曾經在唐穆宗長慶三年（823年）隨韋審規出使雲南，該書即是他「紀其往來道裡及其見聞」[28] 而撰成的；《蠻書》的作者樊綽在唐懿宗咸通年間作為安南經略使蔡襲的幕僚擔任安南從事，咸通四年（863年）南詔攻陷交趾，蔡襲全家及隨從七十多人戰死，樊綽長子及家屬十四人一併死難，樊綽本人則倖免逃出，次年被授以夔州都督府長史。其二，正是由於這些民族史撰述多為作者親歷所見所聞，故而史料價值頗高。像正史《新唐書‧南蠻傳》的內容、《資治通鑑》所載南詔之事，大多依據《蠻書》而成；而韋齊休的《雲南行

---

28 《郡齋讀書志》卷七《偽史類》。

紀》，也被《太平御覽》多次徵引。而從民族觀來講，則顯然是晚唐現實民族危機在史家思想觀念中得到了及時而強烈的反映，表現了這一時期史家關注皇朝政治安危與民族危機的一種民族憂患意識。

第二節 ▶ 「征諸人事，將施有政」的經世情結

重視經世致用，這是中國古代史學的優良傳統。魏晉南北朝時期，由於國家分裂與社會動盪，時代對史學提出了現實而迫切的要求。這一時期的史家紛紛著書立說，發表自己對歷史與現實的政治見解與主張，他們或倡言風教，或致力於正一代得失，史學普遍重視於經世致用。

陳壽著《三國志》，沒有序例，因而缺乏對其撰述宗旨的說明，但綜觀全書，仍可看出作者經世致用的思想取向。陳壽由蜀入晉，目睹了三國歷史的興衰，因此《三國志》自然注意總結這一段歷史的經驗教訓。《三國志》成書後，時人稱其「辭多勸誡，明乎得失，有益風化」[29]，因此得到朝廷採錄。而所謂「明乎得失」，便是指《三國志》闡明歷史得失成敗之理的經世致用價值。具體言之，《三國志》的經世致用思想主要表現在兩個方面：一是注重從人事角度闡發歷史興衰的原因。《三國志》雖然宣揚天命王權思想，但同時更加重視人為因素在社會歷史發展中

29 《晉書・陳壽傳》。

的作用。封建史學二重性要求史家在宣揚天命的同時還要以史為鑑，從人事角度總結歷史經驗教訓，陳壽的《三國志》正體現了這一特點。如對於曹操的崛起，陳壽一方面將其歸於天意，另一方面又能從人事出發。《魏書・武帝紀》說：「漢末，天下大亂，雄豪並起，而袁紹虎視四州，強盛莫敵。太祖運籌演謀，鞭撻宇內，攬申、商之法術，該韓、白之奇策，官方授材，各因其器，矯情任算，不念舊惡，終能總御皇機，克成洪業者，惟其明略最優也。抑可謂非常之人，超世之傑矣。」這就是從歷史人物才略、道德方面考察歷史發展的原因。二是能夠全面地評價歷史人物，並注意結合歷史大勢來看待人物的歷史作用。如對諸葛亮的評價，陳壽一方面高度稱讚諸葛亮的才幹：「諸葛亮之為相國也，撫百姓，示儀軌，約官職，從權制，開誠心，布公道；盡忠益時者雖讎必賞，犯法怠慢者雖親必罰，服罪輸情者雖重必釋，游辭巧飾者雖輕必戮；善無微而不賞，惡無纖而不貶；庶事精練，物理其本，循名責實，虛偽不齒；終於邦域之內，咸畏而愛之，刑政雖峻而無怨者，以其用心平而勸戒明也。可謂識治之良才，管、蕭之亞匹矣。」**30** 另一方面又指出諸葛亮的缺陷以及在歷史大勢下的局限，他說：「亮之素志，進欲龍驤虎視，包括四海，退欲跨陵邊疆，震蕩宇內。又自以為無身之日，則未有能蹈涉中原、抗衡上國者，是以用兵不戢，屢耀其武。然亮才，於治戎為長，奇謀為短，理民之幹，優於將略。而所與對敵，或值人

30 《三國志・蜀書・諸葛亮傳》。

傑，加眾寡不侔，攻守異體，故雖連年動眾，未能有克。」同時也指出了當時的歷史發展大勢是蜀漢日益趨於沒落，曹魏則占據優勢，「勝負之勢，亦已決矣」。這就揭示了歷史人物囿於自身能力限制和發展大趨勢，個人努力不可能改變歷史走向的道理。

稍晚於陳壽的西晉另一位史家司馬彪，則通過作《續漢書》，「載善惡以為沮勸，撮教世之要」[31]。司馬彪作《續漢書》，正值西晉八王之亂，政亂朝危，封建禮教破壞殆盡。《續漢書》的撰述，即是以拯救時弊為其志。《續漢書》大部分已亡佚，但從其傳世的「八志」，仍然可以窺見作者「崇禮以教世」的思想旨趣。司馬彪陳述其作《禮儀志》的旨趣時說：「夫威儀，所以與君臣，序六親也。若君亡君之威，臣亡臣之儀，上替下陵，此謂大亂。大亂作，則群生受其殃，可不慎哉！故記施行威儀，以為《禮儀志》。」[32]司馬彪對君威臣儀的強調，在當時上下失序、君臣不協的政治現實形勢下，無疑體現了撥亂反正以救時弊的思想傾向。在司馬彪看來，「禮尊尊貴貴，不得相逾，所以為禮也，非其人不得服其服，所以順禮也。順則上下有序，德薄者退，德盛者縟。」[33]他希望通過歷史撰述，來樹立以「君威」「臣儀」和「上下有序」為核心的「順禮」的等級秩序。司馬彪認為，當時西晉統治集團內部的紛爭與禮法等級秩序的破壞密切相

31　《晉書・司馬彪傳》。
32　《後漢書・禮儀志》。
33　《後漢書・輿服志》。

關，故而他大力提倡禮法秩序，認為：「大禮雖簡，鴻儀則容。天尊地卑，君莊臣恭。質文通變，哀敬交從。元序斯立，家邦乃隆。」**34** 司馬彪的順禮要求，實際上是對現實政治的一種匡救主張。

東晉史家干寶，經歷了晉室淪喪中原、偏安江左的歷史變動，其作《晉紀》，「上敷祖宗之烈，下紀佐命之勳，務以實錄，為後代之准」**35**。他不僅重視記述西晉統治者的功業，還自覺對西晉的興亡作出總結，以為當時與北方少數民族政權對峙的東晉政權的統治提供歷史借鑑。《晉紀》的「總論」部分，集中論述了西晉的興衰。干寶指出，從司馬懿到晉武帝時期是西晉興起的階段，晉武帝「重言慎法，仁以厚下，儉以足用，和而不弛，寬而能斷」，因此政績斐然，「民樂其生，百代之一時也」。認為西晉統治集團的傾覆則是由其為政失當造成的，干寶總結其教訓主要有兩點：其一，最高統治者違反先王之道，政治苟且：「樹立失權，託付非才，四維不張，而苟且之政多也。」其二，玄學清談，社會風氣敗壞：「朝寡醇德之士，鄉乏不二之老，風俗淫僻，趣向失所，學者以莊老為宗而黜六經，談者以虛薄為辯而賤名檢，行身者以放濁為通而狹節信，進仕者以苟得為貴而鄙居正，當官者以望空為高而笑勤恪。……禮法刑政，於此大壞。」**36**

34 《後漢書・禮儀志》。
35 《晉書・干寶傳》。
36 《藝文類聚》卷十一。

其實晉室南渡後，玄學風尚不減反增，《晉紀·總論》所作的抨擊，無疑是具有強烈的矯正時弊意蘊的。

東晉史家袁宏著《後漢紀》，明確以「通古今而篤名教」為撰述旨趣，體現了經世致用的現實意義。袁宏生活的東晉時期，正如干寶所指出的那樣，玄學風氣對傳統的儒家名教造成了極大衝擊，對現實政治風氣產生了負面影響。如何處理好老莊「自然」觀與儒家「名教」觀的關係，始終是魏晉玄學家們關注的問題。史學家與玄學家一身二任的袁宏，援玄入史，力圖在歷史撰述中調和名教與自然的關係，表現出了立足現實問題、匡救時弊的經世致用傾向。其一，袁宏認為名教是決定歷史興衰的關鍵因素。在《後漢紀·自序》中，袁宏認為古之聖人「知治亂盛衰」，「故大建名教以統群生」。而名教「所重在德」，因此要「因時觀民，理盡而動」，推行德政。「有德之興」，「百姓與能，人鬼同謀」；如果不行德政，「刑罰淫濫，民不堪命」，就會使得「天下囂然新主之望」，正是基於對名教政治功能的充分肯定，袁宏極力宣導「大建名教」。「《後漢紀》的每一條史論，幾乎都貫穿著維護名教這一主題，有關名教的論述可謂隨處可見。」[37]而這，也正是《後漢紀》的撰述旨趣所在：「夫史傳之興，所以通古今而篤名教也。……今因前代遺事，略舉義教所歸，庶以弘敷王道，前史之闕。」[38]這就清楚地告訴人們，他撰述歷史，就

---

37 龐天佑：《中國史學思想通史·魏晉南北朝卷》，第 219 頁。
38 《後漢紀·自序》。

是為了宣揚名教，以有益於風教。在崇尚虛無、鄙薄實務、禮教破壞的東晉時期，袁宏的這種主張可以說是切中時弊的。其二，袁宏重視調和名教與自然的關係。作為玄學家，袁宏也與同時代的玄學家一樣，「以解決名教與自然的關係問題為其哲學目的」[39]，重視調和名教與自然的關係。在袁宏看來，名教不僅是君主為政的準則，更是一種自然之理，他說：「夫君臣父子，名教之本也。然則名教之作，何為者也？蓋准天地之性，求自然之理，擬議以制其名，因循以弘其教，辯物成器，以通天下之務者也。」[40] 因此，袁宏不但認為名教與自然並行不悖，而且還從自然之理的角度對名教的地位與功用作了論證。很顯然，袁宏調和名教與自然的關係，是服務於「大建名教」的需要，因而他的玄學思想與當時那些清談誤國的玄學風氣是有著本質區別的。

南朝劉宋時期史家范曄作《後漢書》，強調「就卷內發論，以正一代得失」[41] 為撰述旨趣。《後漢書》的「就卷內發問」，是指紀傳中的序、論、贊；「正一代得失」，則是范曄通過這些序、論、贊來總結東漢政治的得失。范曄的撰史旨趣，具有較強的經世致用傾向。綜觀《後漢書》的「正一代得失」思想，主要表現在三個方面：其一，重視通過對東漢歷史發展大勢的總結，以期對東漢歷史的興衰之變作出整體考察。《後漢書》的九篇帝

39 任繼愈、張岱年編：《中國哲學史通覽》，東方出版中心 1996 年版，第 163 頁。
40 《後漢紀》卷二十六。
41 《宋書·范曄傳》。

紀，分開看是對東漢各朝政治得失的評述；合起來看，則是一篇完整的東漢興亡論，揭示了東漢興亡的原因。在歷史變動劇烈的魏晉南北朝時期，這種關注王朝興亡得失的歷史撰述，具有強烈的現實借鑑意義。其二，重視通過具體史實來探尋政治得失。像《宦者列傳序》，對宦官專權問題不僅進行了記述，而且進行了總結，指出宦官專權「其所漸有由矣」「亦豈一朝一夕哉」，對其防範之道在於防微杜漸。其三，通過論一代得失以正一代得失。范曄不僅論述前代政治得失，還通過論述總結經驗教訓，使歷史評論更具有資治鑑戒價值。像《光武帝紀》總結了光武帝在長期戰爭後偃武修文、與民休息的積極政策；《西羌傳》總結了東漢內遷羌人又不給予安撫，導致羌人反叛、禍亂中原的安邊教訓 [42]。《後漢書》對歷史上政治得失的總結，無疑都在一定程度上具有為現實統治提供借鑑的意義。

隋唐是中國歷史上的大一統時期，然而隋朝的短祚與唐朝的中衰，激發了這一時期史家的經世情結，促進了這一時期史學經世致用思想的發展。

初唐史學的經世情結，主要表現為「以史為鑑」。隋朝的速興速亡，促使唐初統治者重視以史為鑑。武德四年（621 年），起居舍人令狐德棻向唐高祖建議撰修前代史，他說：「竊見近代以來，多無正史，梁、陳及齊，猶有文籍。至周、隋遭大業離

---

42 參見何根海、汪高鑫：《中國古代史學思想史》，合肥工業大學出版社 2004 年版，第 119-121 頁。

亂，多有遺闕。當今耳目猶接，尚有可憑，如更十數年後，恐事蹟湮沒。陛上既受禪於隋，復承周氏歷數，國家二祖功業，並在周時。如文史不存，何以貽鑑今古？」唐高祖接受了這一建議，並於次年下達了《命蕭瑀等修六代史詔》。就在這封詔書中，唐高祖明確提出了撰述「六代史」（北魏、北齊、北周、梁、陳、隋六朝）的宗旨：「司典序言，史官記事，考論得失，究盡變通。所以裁成義類，懲惡勸善，多識前古，貽鑑將來。」[43] 後來「五代史」（唐太宗時實際撰修的是北齊、北周、梁、陳、隋五朝史）修成後，唐太宗高興地勉勵史臣說：「朕睹前代史書，彰善癉惡，足為將來之戒。」《冊府元龜・國史部・恩獎》。那麼，唐太宗所謂的「五代史」的「足為將來之戒」，這種鑑戒思想究竟有何具體體現？

首先，注重亡國之論。「五代史」重視史論，以《隋書》最為突出。魏徵主修的《隋書》，篇篇紀傳都有史論，少則近百字，多則數百字，最長者多達一千餘字。如此重視史論，是要借此發表作者對於前朝歷史興衰的看法，尤其要借此論議亡國之鑑，給當朝統治者以歷史警示。從這些涉及亡國之論的史論內涵來看，集中表達了兩個思想：一是歷史興亡在人不在天。如《北齊書》就認為北齊的滅亡，是北齊的統治者「亂政淫刑」的必然結果，並由此得出結論：「齊氏之敗亡，蓋亦由人，匪唯天道

---

43 《舊唐書・令狐德棻傳》。

也」[44]。《周書》認為北周敗亡是由於周高祖「識嗣子之非才」，傳位於周宣帝，「卒使昏虐君臨，奸回肆毒，善無小而必棄，惡無大而弗為。窮南山之簡，未足書其過；盡東觀之筆，不能記其罪」[45]。最終導致靜帝時亡國。《梁書》在考察梁亡的原因時，注意從梁元帝的自身缺陷來說明：「稟性猜忌，不隔疏近，御下無術，履冰弗懼，故鳳闕伺晨之功，火無內照之美。」[46]《陳書》雖然將陳的滅亡主要歸於天意，但也注重從政治風氣的角度來總結陳亡教訓：「自魏正始、晉中朝以來，貴臣雖有識治者，皆以文學相處，罕關庶務，朝章大典，方參議焉。文案簿領，咸委小吏，浸以成俗，迄至於陳。後主因循，未遑改革，故施文慶、沈客卿之徒，專掌軍國要務，奸黠左道，以衰刻為功，自取身榮，不存國計。是以朝經墮廢，禍生鄰國。」[47]《隋書》則用大量歷史事實論證了隋朝敗亡是隋煬帝暴政所致，並引《左傳》「吉凶由人，襖不妄作」說：「觀隋室之存亡，斯言信而有征矣！」[48]

二是亡國之君亡在失民。如《北齊書》認為北齊後主之亡，是因為他「視人如草芥，從惡如順流」[49]。齊後主鄙視人民的結果，最終是被人民所唾棄。《梁書》認為南齊的敗亡，是末代統治者

---

44 《北齊書·後主幼主紀》。
45 《周書·宣帝紀》。
46 《梁書·元帝紀》。
47 《陳書·後主紀》。
48 《隋書·煬帝紀》。
49 《北齊書·後主幼主紀》。

「掊克聚斂，侵愁細民」[50] 所致。《隋書》則指出隋煬帝推行暴政的一個重要表現，就是輕視民眾、虐待民眾。它說：隋煬帝「肆其淫放，虐用其民，視億兆如草芥」，其結果是「自絕民神之望，故其亡也忽焉」[51]。這種從「民」的角度來探討亡國之因，無疑是一種進步的歷史觀。

其次，強調水能覆舟。《荀子・王制》說「水能載舟，亦能覆舟」。這句話曾經被魏徵多次引用來勸誡唐太宗，而唐太宗又用這句話來誨諭太子 [52]。由此可見，貞觀君臣對於「水能覆舟」的道理是有深刻認識的。唐初正史的撰述，也充分體現了這一重要思想。其具體表現，則是通過大量篇幅記載農民起義的情況，以此揭示農民推翻封建王朝的力量。其中尤以《隋書》最為突出，據統計，在《隋書》五十五卷當中，竟有二十卷內容述及農民起義情況，可見其分量之重。從唐初正史的記述特點來看，普遍都涉及對於農民起義的記載，而《隋書》記載農民起義，更重視揭示農民起義爆發的原因，如書翟讓起義，就特意記載了李密以「直掩興洛倉，發粟以賑窮乏，遠近孰不歸附」[53] 之策獻於翟讓之事，其實這就將農民因饑荒而起義的原因點出來了。又如《煬帝紀》認為隋末「盜賊蜂起」的原因在於隋煬帝推行暴政，並對暴政的具體表現一一作了揭示。毫無疑問，重視記載農民起

50 《梁書・良吏傳序》。
51 《隋書》卷七十「史臣曰」。
52 分見《貞觀政要・君臣鑑戒》和《貞觀政要・教戒太子諸王》。
53 《隋書・李密傳》。

義的目的，是要借此揭示「水能覆舟」的道理，以為唐初統治者提供歷史借鑑。

最後，突出「以隋為鑑」。唐初統治者重視以史為鑑，尤其重視「以隋為鑑」，唐太宗常痛「煬帝驕暴而亡」，而謂侍臣「常宜為朕思煬帝之亡」[54]。魏徵也曾上奏太宗，希望對隋唐易鼎的歷史進行研究，以「能鑑彼所以亡，念我所以得」[55]。唐初君臣「以隋為鑑」的思想，集中反映在魏徵主修的《隋書》裡。其具體表現：一是通過對歷史的比較研究，得出「隋之得失存亡，大較與秦相類」的結論。《隋書》認為秦始皇與隋文帝都建立了大一統的皇朝，而秦二世與隋煬帝都以嚴刑峻法治國，結果都成為被人民起義推翻的短命皇帝：「隋之得失存亡，大較與秦相類。始皇併吞六國，高祖統一九州，二世虐用威刑，煬帝肆行猜毒，皆禍起於群盜，而身殞於匹夫。」[56] 二是提出「所居而化，所去見思」的吏治理想。《隋書‧循吏傳》在序文和後論中分別說道：「古之善牧人者，養之以仁，使之以義，教之以禮，隨其所便而處之，因其所欲而與之，從其所好而勸之。」「古語云，善為水者，引之使平，善化人者，撫之使靜。水準則無損於堤防，人靜則不犯於憲章。」這是《隋書》作者所提出的「牧人者」「化人」的方法，具體說來，就是要求為官者一方面要給予民眾以人

---

54 《資治通鑑》卷一九四。
55 《新唐書‧魏徵傳》。
　56 《隋書》卷七十「史臣曰」。

倫教化，同時以清靜治民。「《隋書》的這種『化民』主張的提出，顯然是吸取了隋朝以暴治天下而亡國的歷史教訓，同時也是鞏固唐初政治統治的一種需要。」[57] 三是主張不拘一格用人。《隋書》卷六十六「後論」稱：「大廈雲構，非一木之枝；帝王之功，非一士之略。長短殊用，大小異宜，榱桷棟樑，莫可棄也……參之有隋多士，取其開物成務，皆廊廟之楩柟，亦北辰之眾星也。」主張對人才應該兼收並蓄。

如果說初唐史學的經世致用是以鑑戒為主要特色，那麼中晚唐史學則主要是以資政為其特色。安史之亂後，唐朝由盛轉衰。反映在史學上，就表現為其經世致用旨趣更趨於資政致用，也就是柳宗元在《與呂道州論〈非國語〉書》中所說的「近世之言理道者眾矣」。而在這股重視資政的史學思潮中，杜佑無疑是其中的傑出代表。

杜佑「是通曉史學的政治家，又是精於政治的史學家」[58]。其《通典》撰於安史之亂後唐朝由強盛走向衰亡的時代背景下，故而重視探究治道。《通典·自序》開宗明義，標明了作者的這種撰述旨趣：「佑少常讀書，而性且蒙固，不達術數之藝，不好章句之學。所纂《通典》，實采群言，征諸人事，將施有政。」可以說，在以往的史家中，像杜佑這樣由史家本人明確表示要將

57 何根海、汪高鑫：《中國古代史學思想史》，第 130 頁。
58 白壽彝主編：《中國史學史教本》，北京師範大學出版社 2000 年版，第 155 頁。

歷史撰述與政治統治相結合，還是不曾有過的。在杜佑看來，治國之方多存於典制當中。在《獻通典表》中，杜佑曾批評儒家經典「多記言，罕存法制」，「歷代眾賢著論，多陳紊失之弊，或闕匡拯之方」[59]。因此，他著《通典》，就是要從匡救政弊的角度對「法制」也就是典章制度進行梳理，以求得「理道要訣」。而正是從這樣一種現實政治的需要出發，杜佑撰成了《通典》這樣一部典章制度通史。為了使《通典》闡述的治國理道的道理更加簡單明瞭，杜佑還將《通典》的要點輯錄成《理道要訣》一書，足見其經世致用的良苦用心。通觀《通典》一書的經世致用旨趣，主要體現在三個方面：

其一，《通典》根據現實政治的需要設立門類。《通典》開篇即申明「篇第之旨」，稱：

夫理道之先在乎行教化，教化之本在乎足衣食。《易》稱聚人曰財。《洪範》八政，一曰食，二曰貨。《管子》曰：「倉廩實知禮節，衣食足知榮辱。」夫子曰：「既富而教。」斯之謂矣。夫行教化在乎設職官，設職官在乎審官才，審官才在乎精選舉，制禮以端其俗，立樂以和其心，此先哲王致治之大方也。故職官設然後興禮樂焉，教化隳然後用刑罰焉，列州郡俾分領焉，置邊防遏戎狄焉。是以食貨為之首，選舉次之，職官又次之，禮又次之，樂又次之，刑又次之，州郡又次之，邊防末之。

可以看出，《通典》所設門類，都與現實政治有著密切連

59 《舊唐書・杜佑傳》。

繫。當時，藩鎮割據造成中央集權和禮法等級秩序的破壞，均田制、府兵制均告瓦解，邊疆形勢危急，因此《通典》完全是按照當時政治制度的需要來設立門類的。《通典》取法於歷代史志，卻在門類設立上與歷代正史的「志」有著明顯的不同，這種不同當然不是門類的多少問題，而是除去了一些與政治治理沒有直接關係的傳統史志，如律曆、天文、五行、祥瑞、輿服等，而增加了與政治統治密切相關的選舉、兵和邊防等，並且「以食貨為首」，而《食貨典》又以「田制」為首，從而更加突出了「將施有政」和經邦致用的撰述特點與旨趣。如設《選舉典》，旨在考察歷史上選舉制度的變化，革除唐代科舉制出現的一些弊端，也就是杜佑所指出的「以言取士，既已失之；考言唯華，失之愈遠」[60]，從而選拔出具有政治才幹而不是文詞突出的人才；設立《邊防典》，是有鑑於安史之亂後唐朝邊境多事，外有異族覬覦，內有邊將不臣的政治憂患，旨在考察歷代安邊政策得失，以求解決當時藩鎮割據與異族侵擾的現實問題；而《通典》「以食貨為首」，食貨中首重田制，則反映了杜佑對當時均田制被破壞和土地兼併嚴重這一現實政治問題的關注。

其二，《通典》提倡禮教為本的思想。杜佑從邏輯角度提出「食貨為首」的篇第之旨，同時也提倡以禮為本的思想，而這與中唐以後天子權威喪失、禮法等級秩序破壞的社會狀況有很大關係。《通典》非常重視禮，用了大量篇幅敘述禮制，《通典》共

二百卷，《禮典》則占去了一百卷。杜佑強調禮的重要性，《通典》開篇即稱：「制禮以端其俗，立樂以和其心，此先哲王致治之大方也。」《邊防典》也說：「君臣長幼之序立，五常十倫之教備，孝慈生焉，恩愛篤焉。主威張而下安，權不分而法一。生人大竇，實在於斯。」毫無疑問，杜佑重禮，強調「主威張而下安，權不分而法一」的禮法秩序，正是基於對現實政治的憂慮和不滿，希望恢復天子權威、實現政治統一。

其三，因時革弊，力主變革。《通典》貫穿的重要經世致用思想之一，是「酌古之要，適今之宜，既弊而思變，乃澤流無竭」[61]。杜佑認為歷史是向前發展的，並且歷史的發展是通過制度變革來實現的，因此不能墨守成規，他說：「詳觀三代制度，或沿或革不同，皆貴適時，並無虛事。豈今百王之末，畢循往古之儀？」[62] 從這種非古是今的歷史認識出發，杜佑明確指出要「隨時拯弊，因物利用」[63]。安史之亂後，唐代前期的種種政治、經濟制度均遭破壞，在制度廢弛、政治混亂的形勢下，杜佑提出因時變革的思想，明顯體現了矯正時弊、經世致用的政治傾向。

綜上所述可知，隨著魏晉南北朝隋唐時期歷史的發展與社會關係、民族關係的變化，以及史學本身的發展與史學自覺意識的

---

61 《通典·選舉一》。
62 《通典·禮十八·沿革十八》。
63 《通典·邊防一》。

不斷提高，這一時期史學的經世致用功能表現出愈來愈明顯、愈來愈強烈的趨向，而史學的這種經世情結，無疑是中國傳統文化經世濟民精神的具體表現，在中華民族精神的形成發展過程中有著重要的地位。

第二編・魏晉南北朝隋唐：多民族交融與民族精神的整合

─ 第七章 ─
開放的胸襟與多民族文化的交融

第一節 ▶ 南北互通與中外交流

　　經過秦漢對於江南的開發，南方經濟有所發展。魏晉南北朝隋唐時期是南方經濟迅速發展、南北方之間互通和中外文化交流頻繁的時期。即使是在三國、東晉十六國、南北朝等分裂時期，南北方之間的政治、經濟和文化交流也從未中斷。

　　三國時期，魏、蜀、吳雖處於對峙狀態，但常有使節往來。如黃初二年，魏文帝曾「遣使求雀頭香、大貝、明珠、象牙、犀角、玳瑁、孔雀、翡翠、鬥鴨、長鳴雞」[1]於吳。

　　永嘉之亂後，中國經歷了二百多年的分裂和戰亂。在這期間，南北文化呈現出顯著差異。「南北所治章句，好尚互有不同。江左《周易》則王輔嗣，《尚書》則孔安國，《左傳》則杜元凱。河洛《左傳》則服子慎，《尚書》《周易》則鄭康成。《詩》則並主於毛公，《禮》則同遵於鄭氏。大抵南人約簡，得其英華；北學深蕪，窮其枝葉。」[2]大體說來，南方偏重《老子》《莊

1　《三國志・吳志・孫權傳》。
2　《隋書・儒林列傳序》。

子》《周易》，援道釋儒，注重抽象名理的論辯，尚簡約；北方流行漢儒經學，注重章句之學。南方佛教重義理，北方佛教重修行。南方文風綺靡，北方文風質樸。《隋書‧文學傳序》說：「江左宮商發越，貴於清綺；河朔詞義貞剛，重乎氣質。氣質則理勝其詞，清綺則文過其意；理深者便於時用，文華者宜於詠歌，此其南北詞人之大較也。」南方書法多見於帖，以行草為代表，飄逸婉媚；北方書法多見於碑，凝重端正。

南北朝之間除正常使節之外，分裂對峙時期有不少流亡人士，他們成為南北文化交流的紐帶之一。北魏時期存在著一個南朝流亡人士群體，主要由四部分人組成：東晉、南朝宗室亡命人物；南朝世族流亡人物；叛逃入魏的南朝軍將及其僚屬；南北戰爭中被俘的南朝人士。北魏對南朝流亡人士雖多加提攜和利用，卻暗中提防。從其客觀作用看，南朝流亡人士在轉輸江左文化、典制諸方面貢獻頗大，促進了北魏的漢化[3]。

北魏每次漢化熱潮都與漢族大姓名士的流動有關。拓跋珪、拓跋燾、孝文帝時期均是如此。宋明帝泰始五年，北魏取青、齊二州，「悉徙其望族於代」[4]，孝文帝遷都洛陽之際，他們大多步入仕途，直接參與孝文帝改革及其後來的拓跋氏漢化進程。他們在禮樂制度、朝儀、官制、刑律、服制與建築、都城建設等方面

---

3 本節內容多參考王永平：《中古士人遷移與文化交流》，社會科學文獻出版社 2005 年版。

4 《資治通鑑‧齊武帝永明五年》卷一三六。

都較多取法於漢文化。「北魏漢化過程中比較注意取法南朝，而青齊人士則是轉輸江左文物制度的重要仲介。」[5]

不僅如此，南朝流亡北方人物傳播了南朝的學風、佛學、文風和士風。如經學方面，青、齊一帶素習王弼《周易注》和杜預《左傳注》，隨著這一帶被北魏兼併，青、齊士人北遷，南學北傳。至隋朝，王弼、杜預注盛行，鄭玄、服虔注及《公羊》《谷梁》學衰微，則南學已具有絕對影響。

再如佛學。宇文泰平梁、荊後，「益州大德五十餘人各懷經部，送象至京。以真諦妙宗，條以問實。繼而慧心潛運，南北疏通，即為披抉，洞出情外，並神而服之」[6]。可見宇文泰取得江陵後，五十多位益州佛教徒帶著一批佛教經典到長安，使僧實得以了解南朝佛教經義。陳亡之際，經籍流散，高僧吉藏大收經卷，後攜至長安。楊廣以揚州總管鎮守江都，命令軍隊收聚佛經，這些佛經後來都流入北方。南方佛學隨之傳入北方。

永嘉亂後，北方為十六國北朝統治，「夷狄交馳，文章殄滅」[7]，北魏孝文帝欽慕南朝文化，始重文學，於是「衣冠仰止，咸慕新風，律調頗殊，曲度遂改」[8]。孝文帝遷都洛陽後，不少鮮卑貴族招攬文士，吟詩作賦。如清河王元懌「愛賓客，重文

5　王永平：《中古士人遷移與文化交流》，第 223 頁。
6　《續高僧傳》卷一六《僧實傳》。
7　《魏書・文苑列傳序》。
8　《北史・文苑列傳序》。

藻，海內士子，莫不輻輳」[9]，由南入北的袁躍「言辭甚美」，擔任清河王文學，「雅為懌所愛賞，懌之文表多出於躍」[10]。臨淮王元彧「重賓客」，其宴飲雅集時常常「詩賦並陳，清言乍起」[11]。荆州秀才張裴裳所做五言詩有清拔之句，元彧賞賜以蛟龍錦。這些南來士人的創作被欣賞和傳播，必然將南方的文風在北方傳播開來。

流亡北方的南方士人將士人習氣、風尚也帶到北方。夏侯道遷「專供酒饌，不營家產。每誦孔融詩曰：『坐上客恒滿，樽中酒不空。』餘非吾事也。」[12] 其子夏侯夬與北來南人辛諶等終日遊聚，酣飲之際，互相感嘆：「人生局促，何殊朝露？坐上相看，先後之間耳。脫有先亡者，當於良辰美景，靈前飲宴。倘或有知，庶共歆饗。」[13] 他去世後，三月上巳，諸人相率至其墓前飲酒。北方帝王、貴族士大夫欣賞南方士子的優雅風神，如王肅之姪子王誦在念皇帝即位赦書時「音制抑揚，風神疏秀，百僚傾屬，莫不歎美」[14]。柳諧「頗有文學，善鼓琴，以新聲手勢，京師士子翕然從學」[15]，不排除京師士子在學琴之際模仿柳諧之行為方式等等。

9　《洛陽伽藍記》卷四「沖覺寺」條。
10　《魏書‧袁躍傳》。
11　《洛陽伽藍記》卷四「法雲寺」條。
12　《魏書‧夏侯道遷傳》。
13　《魏書‧夏侯道遷傳附夏侯夬傳》。
14　《魏書‧王肅傳附王誦傳》。
15　《魏書‧裴叔業傳附柳諧傳》。

我國音韻學上的切韻，也是南朝士大夫帶到北方的。陸法言在《切韻》「序」自述成書過程，說是以開皇初劉臻、顏之推、盧思道、李若、蕭該、辛德源、薛道衡、魏彥淵八人關於音韻的論難的記錄為準則，以抉擇諸家音韻、古今字書的是非而寫成。決定《切韻》原則的八位是關東、江左的儒學文藝之士，其中，來自江左的顏之推、蕭該二人「多所決定」。《切韻》取材的五部韻書的作者是關東、江左名流。《切韻》音辭實為南朝士族所保持的洛陽舊音 [16]。

隋朝統一全國，加上開通大運河，促進了南北文化的交融。唐朝這一過程大大地加速了。南朝的「文」與北朝的「質」相結合，「各去所短，合其兩長，則文質彬彬，盡善盡美矣」[17]。融合南北之長的新文化為盛唐氣象的形成奠定了基礎。

魏晉南北朝時期，中國的對外交流並未終止。黃龍二年，孫權派將軍衛溫、諸葛直率領士兵萬人，「浮海求夷州及亶州」[18]，雖然最後沒有找到亶州，但到達了夷州，從而建立起大陸與臺灣的連繫。孫吳時，航行在南海上的有來自波斯和天竺的船隻。吳國與南洋各國的國際交通相當發達，經濟交流相當繁榮 [19]。

高句麗和我國東晉、後趙、前燕、前秦、後燕、北燕、北

---

16 參見萬繩楠整理：《陳寅恪魏晉南北朝史講演錄》，黃山書社 1987 年版，第 335-340 頁。
17 《隋書·文學傳序》。
18 《三國志·吳志·孫權傳》。
19 參見王仲犖：《魏晉南北朝史》（上），上海人民出版社 1979 年版，第 105-106 頁。

朝、南朝都有頻繁的使節來往。它派遣使節到北魏、東魏、北齊、北周所在都城訪問，並饋贈方物，前後九十多次。它派遣使節到東晉、南朝所在的建康訪問，並贈送方物，前後也將近三十次。高句麗可說是當時東北亞實力最雄厚、文化最發達的國家。北魏末年，戰亂不斷，不少中原人民流亡到高句麗。北齊天寶三年，崔柳奉命出使高句麗，「求魏末流人」[20]，一次就遣返五千戶，足見流亡到高句麗的人數之多。高句麗吸收儒家思想、佛教，設置太學，並將文化傳播到百濟、新羅和日本[21]。

曹魏時，朝鮮以東馬韓、辰韓之屬，世代與中國通使。百濟是從馬韓部落發展起來的國家。西晉武帝時，馬韓部落酋長派使節到洛陽並贈送方物達七八次。此後，百濟派遣使節到東晉、南朝都城建康共十一次。北魏孝文帝延興元年、北齊後主天統三年、武平三年、北周武帝建德六年，百濟先後四次派遣使節來訪。百濟欽慕漢文化：宋文帝元嘉二十七年，應百濟王請求，贈《易林》《式占》諸書和何承天的《元嘉曆》；梁武帝大同七年，百濟上表請求《毛詩》博士、《涅槃》經義，並求取畫師、工匠。

新羅是從辰韓和弁韓發展起來的國家。兩晉南朝期間，新羅先後七次派使節來訪。北齊武成帝、後主在位期間，新羅兩次派使節訪問。

---

20 《北史·高麗傳》。
21 本節內容多參見王仲犖：《魏晉南北朝史》（下），上海人民出版社1979年版，第695-735頁。

西元三世紀前半葉，日本島上出現邪馬台國。它在曹魏、西晉時期數次派遣使節來訪。三世紀以後，大和一帶出現了大和國。東晉、南朝時期，大和國共派遣使節十次。

魏晉南北朝與西域各國如大宛、者舌、粟特、大月氏等國有頻繁的經濟、文化交流。安息部落曾於北周武帝天和二年曾遣使到長安訪問。波斯薩珊王朝處於絲綢之路上，多次派使節到中國來發展絲綢貿易。北魏、西魏期間，波斯薩珊王朝共派使節十一次。北魏獻文帝在位時曾派遣韓羊皮出使波斯，他回國時，波斯派遣使節回訪。考古發現表明：西元五至六世紀，中國和波斯之間的經濟、文化交流極其頻繁。南朝梁武帝在位期間，波斯兩次派使節經由海道到建康訪問。

羅馬帝國（大秦）與中國的直接商業連繫較晚。吳黃武五年，有大秦商人秦論來到交趾，交趾太守吳邈遣送他去見孫權。孫權問及風土、人情、物產，後派會稽劉咸送他回國。因劉咸死於路上，秦論直接返回本國。晉武帝太康五年，大秦國遣使來訪。大秦國商人常到交趾、日南經商。考古發現表明：魏晉南北朝時期，中國先和西羅馬帝國，後又與東羅馬帝國，都有頻繁的經濟、文化交流。

東晉安帝元興二年，僧法顯取經到達中天竺摩揭陀王國笈多王朝都城華氏城，在這裡居留三年。他在《佛國記》中對中天竺的社會風俗有較詳細地介紹。前秦苻堅建元十七年、宋文帝元嘉五年、明帝泰始二年、梁武帝天監二年、陳宣帝太建三年，中天竺曾派遣使節通好。笈多王朝和北魏也有友好往來，在宣武帝在位期間，曾五次派遣使節到洛陽訪問。中天竺的拘薩羅國在北魏

孝文帝太和元年曾派使節訪問。南北朝時期，北天竺的犍陀羅國
在北魏宣武帝在位期間曾五次遣使訪問。北天竺的烏萇國在宣武
帝和孝明帝在位期間曾先後六次派遣使節來訪。北魏神龜二年，
北魏取經使者宋雲曾到達烏萇國，受到國王的盛情款待。今天的
喀什米爾在當時建立起罽賓國，在北魏太武帝、文成帝、宣武
帝、孝明帝在位期間，先後六次遣使到都城訪問。北天竺的尼婆
羅國相傳是釋迦牟尼出生的地方，中國的取經僧都會赴此地巡
禮。東晉法顯和唐朝玄奘均曾到過那裡。北魏宣武帝在位期間，
該國先後四次遣使訪問。東天竺的槃是國因與益州相近，很可能
常有蜀地商人前往經商。北魏宣武帝永平二年，該國派使節到洛
陽訪問。西天竺的有個國家（名不可考）在北魏孝文帝太和元年
曾遣使訪問魏都平城。斯里蘭卡因國人善馴獅子，在中國史書中
被稱為獅子國。東晉義熙初，獅子國遣使通好，並獻玉像。宋元
嘉七年、十二年和梁武帝大通元年，獅子國王先後三次遣使奉表
通好。這些國家的使節歷盡艱險，遠渡重洋，來到中國，為促進
本國和中國之間的經濟、文化往來做出了不可磨滅的貢獻。

　　林邑國（今越南中南部）和東吳、兩晉、南朝各政權接壤，
連繫較多。其間，該國派遣使節到都城訪問並饋贈方物達二十多
次，加強了彼此之間的交流。

　　孫吳時期，為加強對交州的管理，開始和扶南（今柬埔寨）
等國建立友好關係。此後，交州刺史曾派康泰、朱應出使南海諸

國，「所經及傳聞，則有百數十國」[22]。兩人回來後著書記下見聞，惜今多已亡佚。孫權赤烏六年，扶南國王遣使訪問並帶來樂人和方物。兩晉南朝時期，扶南國先後二十多次遣使來訪。

今泰國境內，三世紀至六世紀期間有金鄰、頓遜、狼牙修等國。梁武帝天監十四年、普通四年、中大通三年，狼牙修國王先後三次派遣使節來訪。

婆皇國（今馬來半島彭亨）在宋文帝、孝武帝、宋明帝在位期間，先後七次遣使來訪。丹丹國（今馬來半島南部吉蘭丹）在梁武帝、陳宣帝、陳後主在位期間，先後六次遣使訪問。婆婆國（今馬來西亞加里曼丹北部沙撈越或沙巴和汶萊境內）在南朝宋文帝、孝武帝、梁武帝、陳宣帝、陳後主在位期間，先後近十次遣使來訪。

建立在今爪哇島上的訶羅單國在宋文帝元嘉年間先後五次遣使來訪。闍婆婆達國王於宋文帝元嘉十二年遣使來訪。

建立在今印尼蘇門答臘島上的干陀利國在南朝宋孝武帝、梁武帝、陳文帝在位期間曾五次遣使來訪。建立在今峇里島上的婆利國在南朝宋後廢帝、梁武帝在位期間，先後三次遣使來訪。

總體看來，魏晉南北朝時期，中國與南洋、西域以及歐洲不少國家有經濟、文化來往。梁代蕭繹《職貢圖》真實再現了當時波斯、倭國、百濟、狼牙修等國使臣來建康訪問的情況。來訪諸國遣使並饋贈方物，中國各政權也相應地回贈禮物，加強了中外

22《梁書・諸夷・海南諸國傳》。

連繫。此外，僧人和商人作為彼此間的經濟、文化交流的紐帶也發揮著不可小視的作用。以儒家典籍為主體的漢文化傳播至異域，佛教傳入中國之後又從中國傳至東亞諸國。

隋朝建立後，加強了與東亞、南洋諸國的交流。日本多次派出遣隋使。北方的東突厥與隋改善關係。在隋用兵吐谷渾、打通絲綢之路後，西域諸國紛紛遣使通好。隋煬帝曾巡視河西，並遣使出訪中亞各國。隋朝的中外交流為唐代盛大的對外交流局面奠定了基礎。

唐代國力強大，聲威遠被四方。貞觀四年，東突厥最終平定，唐太宗李世民被四夷君長推戴為「天可汗」[23]。後西擊吐谷渾，與吐蕃建立舅甥關係，再次打開隋末一度受阻的絲路。高宗時，拓疆至鹹海之濱，在中亞腹地設置都督府和羈縻州；並終克平壤，置安東都督府。唐朝成為當時的政治、經濟、文化中心。邊疆各族與內地密切來往，不少人入居中原；遠近諸國紛紛遣使來訪，絡繹不絕。貞觀年間，因外來使節眾多，中書侍郎顏師古請讓畫師作《王會圖》來紀念盛況，昭示後世。

唐朝對接受外來文化積極、主動。唐太宗表示：「我今為天下主，無問中國及四夷，皆養活之。不安者我必令安，不樂者我必令樂。」[24]唐玄宗即位後下詔：「我國家統一寰宇，歷年滋多，九夷同文，四隩來暨。夫其襲冠帶，奉正朔，顯顯然向風而慕

---

23 《舊唐書・太宗紀》。
24 《冊府元龜》卷一七〇「帝王部・來遠」。

化，列於天朝，編於屬國者蓋亦眾矣。我則潤之以時雨，煦之以春陽，淳德以柔之，中孚以信之，玄風既同，祥物茲遂，莫不自天壤窮海域，蹶角以請吏，執贄而來庭。」[25] 隨著盛唐時代的到來，陸地與海上絲綢之路的暢通，許多國家的商人、使節、僧侶與留學生，大量湧入唐朝境內，在絲綢之路沿線，在長安、洛陽、廣州、揚州等地都有大量的外國人、外族人居住。唐都長安儼然是國際大都會，在八世紀前半葉人口已達百萬，居住著許多外國的王侯、供職於唐朝的外國人、留學生、求法僧、外國的藝人和畫家，以及大量外來的商賈；僅接待外國使者、賓客的機構鴻臚寺就常有外國人四千多。

唐朝與世界上七十多個國家建立起連繫。章懷太子墓墓道東西壁《客使圖》，反映了唐代中外交流的盛況。其中，除了法蘭克王國、拜占庭帝國、大食帝國的使節外，還有印度人、孟加拉人、巴基斯坦（五天竺）人、阿富汗（吐火羅）人、日本（倭國）人、越南（交趾）人、柬埔寨（扶南）人、斯里蘭卡（獅子國）人的祖先。

異域來華的主要有四類人：政府派遣的使臣，包括王族入唐為人質者及留學生；宗教徒；商人和藝人；戰爭俘虜、流亡者、被販賣的奴婢等。中國人也有到外國出使、求法或經商等等的[26]。

---

25 《放諸蕃質子各還本國敕》，《唐大詔令集》卷一二八。
26 參見孫昌武：《隋唐五代文化史》，東方出版中心 2007 年版，第 31 頁。

日本、新羅等國多次派遣使者來訪。貞觀盛世時,「高麗、百濟、新羅、高昌、吐蕃諸國酋長,亦遣子弟請入國學」[27]。他們學成回國後,或把唐朝的先進制度如均田制、法律、科舉制等在本國推廣,實施社會變革;或借助漢字創制本國文字;或學習醫學、天文、曆法,在本國加以傳播;他們還仿照長安的布局來建置城市。飲茶之道和禪宗也傳入日本。還有一些留學生長年居住中國,讀書做官,著書立說。如新羅國崔致遠十八歲考中進士,任過縣尉、侍御使、內供奉等官,寫下了《桂苑筆耕錄》。日本的阿倍仲麻呂,即晁衡,與李白、王維等交情深厚,在唐朝做過御史中丞、秘書監等官,至七十三歲客死中國。吐蕃貴族子弟來長安學習唐朝的典制禮俗等,大大加強了與漢地的連繫。

魏晉南北朝隋唐時期頻繁的中外文化交流使得異域文化源源不斷地輸入,為中國文化的發展輸入了新鮮的血液,提供了有利的外部條件。恢宏壯觀的盛唐文化的形成正得益於中外文化交流。這一時期,中華文化圈形成,中華文化更澤被遠西,有力地推動了世界文化的進程。「唐人」「唐家」等以「唐」字命名與中國有關的事物的詞彙至今在海外流行,顯示了唐文化在世界文明史上不可磨滅的蹤跡。

---

27 《唐會要》卷三十五《學校》。

第二節 ▶ 多民族文化的碰撞與交融

　　魏晉南北朝隋唐時期是中國歷史上第二個民族大融合時期。少數民族的內遷以及與漢族的共居雜處，異域民族進入中國本土，中外文化交流伴隨著使節來往、居民流徙而展開，這些都促使了這一時期多民族文化碰撞與交融盛況的形成。而這種多民族文化碰撞與融合的主流是胡化與漢化。

　　三國時期，孫吳境內漢族外主要是山越、百越後裔俚人、荊州蠻族與漢族，蜀漢境內是氐、漢和西南少數民族與漢族，曹魏境內有匈奴、鮮卑、羯、氐、羌、烏桓、盧水胡、丁零等少數民族。這些民族一般以族聚居，也有的深入漢族聚居區，與漢人雜居。三國各政權或戰爭或安撫，都不同程度地促進了民族融合。

　　西晉時，「關中之人百餘萬口，率其少多，戎狄居半」[28]，匈奴則「五部之眾，戶至數萬」[29]，勢力強大。由於五胡對西晉的民族壓迫和歧視政策不滿，紛紛起兵建立政權。西晉由短暫統一走向分裂，造成南北對峙和各少數民族政權爭奪北方統治權的局面。各民族逐漸由征戰走向融合，當時進入中原的各個少數民族，或深或淺地受到漢族文化的影響。

　　五胡十六國的上層大都仰慕漢族文化，如：匈奴首領劉淵「幼好學，師事上黨崔游，習《毛詩》《京氏易》《馬氏尚書》，尤好《春秋左氏傳》《孫吳兵法》，略皆誦之，《史》漢諸子，無

---

28 《晉書・江統傳》。
29 《晉書・江統傳》。

不綜覽」[30]。劉聰善書法、詩文。劉曜則「善屬文，工草隸」；又立太學及小學，「選朝賢、宿儒明經篤學以教之」[31]。羯族石勒令僚屬「司典胡人出內，重其禁法，不得侮易衣冠華族」[32]。石季龍「頗慕經學，遣國子博士詣洛陽寫石經，校中經於秘書」[33]。鮮卑首領慕容寶「敦崇儒學，工談論，善屬文」[34]。氐族漢化程度最高，苻堅「博學多才藝」[35]；苻朗「耽玩經籍，手不釋卷，每談虛語玄，不覺日之將夕，登涉山水，不知老之將至」[36]。羌族姚襄「好學博通，雅善談論」[37]。盧水胡沮渠蒙遜「博涉群史，頗曉天文」[38]。其中鮮卑、氐、羌漢化程度較深。他們推行漢化政策，促進了少數民族的漢化。

胡族的漢化包括幾個層面：在社會組織上，從原來的部落制社會進展到編戶組織；在典章制度方面，主要包括籍田、官制、朝儀、律令、崇儒、征隱逸、建學校、養老敬老等；在學術方面，主要包括經學、史學、諸子、文學、律學、兵法、武術、科學技術等；在風俗習慣方面，主要包括婚禮、喪禮、姓氏、語言、一般禮俗、服飾、建築等。到十六國末期，中原少數民族基

---

30 《晉書・劉元海載記》。
31 《晉書・劉曜載記》。
32 《晉書・石勒載記下》。
33 《晉書・石季龍載記上》。
34 《晉書・慕容寶載記》。
35 《晉書・苻堅載記上》。
36 《晉書・苻堅載記下附苻朗傳》。
37 《晉書・姚襄載記》。
38 《晉書・沮渠蒙遜載記》。

本上完成了漢化過程，為後來統一北方的拓跋鮮卑的漢化奠定了基礎。

　　拓跋鮮卑建立起北魏王朝，在漢族士人的影響下，逐步改變其部落形態，向中原專制政權體制轉變。西元四九四年魏孝文帝遷都洛陽，漢化步伐果決且加快，從政治制度、土地制度、語言、服飾等方面學習漢文化。漢化加速了少數民族政權的封建化過程，最終導致北朝末年北方民族大融合的實現和南北大統一的完成。儘管北齊統治期間北齊貴族鮮卑化和西胡化風氣很盛，鮮卑化貴族反對漢人和漢化的胡人，沉溺於西域文化之中，但是主導方向還是漢化。

　　魏晉南北朝時期，胡族漢化的同時，漢族在宗教、飲食、器具、樂舞、遊藝、繪畫等方面也受到少數民族文化和外來文化的影響。東漢靈帝「好胡服、胡帳、胡床、胡坐、胡飯、胡箜篌、胡笛、胡舞，京都貴戚皆競為之」[39]。這種風氣愈演愈盛，從上層貴族流衍到下層民眾。西晉「泰始之後，中國相尚用胡床、貊槃，及為羌煮、貊炙。貴人富室，必畜其器，吉享嘉會，皆以為先。太康中，又以氈為帊頭及絡帶　口。」[40] 可見，隨著少數民族進入中原數量的增多和民族融合的推進，漢族吸納胡文化日益增多。如：「胡床」在六朝及其後文獻中頻繁出現。作為文化載體之一的胡商和胡僧在中土活動日益頻繁。北朝時期，北方遊牧

39　《後漢書・五行志一》。
40　《晉書・五行志上》。

民族入主中原。受其影響，北朝婚禮習俗異彩紛呈，青廬交拜、催婦上車、新婦乘馬鞍、戲新婿等胡化色彩的婚禮習俗空前盛行，並在唐朝進一步推廣。

胡化與漢化並行的態勢在隋唐進一步發展。有著鮮卑血統的李唐王室採取極其開放的民族政策，促進了民族融合。唐太宗曾表示：「自古皆貴中華，賤夷、狄，朕獨愛之如一，故其種落依朕如父母。」[41] 他通過和親與吐蕃、吐谷渾等民族發展關係，加強團結；並任用少數民族首領在朝廷做官，在軍隊帶兵，以表示信任與重用。太宗以後的繼位者沿襲這些做法。這對民族融合起到了極大的推動作用。在中外文化交流頻繁的情形下，唐代各民族文化的碰撞與交融顯得蔚為壯觀。

唐代長安有大量來自異域的居民。在長安西市有來自中亞、西亞的胡商擺攤設點，酒店裡有美貌如花的胡姬招徠生意，詩人李白常來此光顧，詠歎「胡姬貌如花，當壚笑春風」[42]。此外，還有移居長安的周邊少數民族，如突厥人進入長安的就有上萬家。大量外國人、外族人長期在唐朝生活，與漢族雜居，或娶妻生子，或入籍唐朝，帶來了異域文化；從衣食娛樂到宗教信仰各方面都對唐朝社會產生了深遠影響。

到唐朝經商的外國人首推中亞粟特地區的粟特人。粟特人尤善歌舞，如曹姓的曹保、曹善才、曹綱是琵琶世家，安姓的安萬

41　《資治通鑑》卷一九八「唐太宗貞觀二十一年」條。
42　《前有樽酒行》其二，《李太白集注》卷三。

善是篳篥高手，米姓的米禾稼、米萬磓是婆羅門舞行家裡手。康國的胡旋舞、石國的胡騰舞、柘枝舞傳進唐朝，深受唐人喜愛，以致「洛陽家家學胡樂」[43]。唐朝大膽引進外來音樂，如將康國樂、安國樂、龜茲樂、疏勒樂、高昌樂、天竺樂、高麗樂列入國家大典演奏的十部樂之中。宋務光在上書中指出：「比見坊邑相率為渾脫隊，駿馬胡服，名曰《蘇莫遮》。」[44] 足見胡樂在唐朝的盛行。神龍元年十一月，唐中宗登上洛陽南門樓觀看潑寒胡戲[45]。後因漢族士大夫認為潑寒胡戲衣著不潔、露體不雅，不符合中國傳統而被禁斷。這表明唐代對外來文化在極其開放的同時仍主動選擇和引導。

波斯與阿拉伯商人也在這一時期或從陸路，或從海上進入唐朝，他們以經營珠寶著稱。通過他們，菠菜、蜜棗、三勒漿等蔬菜和食品及器物、動物，還有吞刀吐火之類的雜技、樂舞都進入唐朝社會；而造紙、織錦等手工業技術也輾轉傳至西方世界，為西方教育、政治、商業等活動的發展提供了便利的傳播物質材料。中國煉丹術經由阿拉伯人西傳，推動了阿拉伯煉丹術和歐洲煉丹術的發展，對近代化學的產生有著不可忽視的影響。中國的十進位計數法傳入印度，推動了印度數學產生位值制數碼（今阿拉伯數碼的前身），為推進世界文明統一化進程做出了貢獻。

---

43 王建：《涼州行》，《全唐詩》卷二九八。
44 《新唐書》卷一一八《宋務光傳》。
45 《舊唐書》卷七《中宗本紀》。

　　隨著西域胡人的到來，伊斯蘭教以及祆教、景教、摩尼教等也在唐朝內地傳播。初唐時，朝廷信心堅強，也能對各宗教一體扶植，不加阻撓。這些宗教在長安設有寺院，其教長老則由政府授以官位品職。它們滲透到唐朝社會的方方面面，對哲學、文學、語言學、建築、藝術等均產生了巨大影響。

　　大量外國人及周邊少數民族充斥長安，長期與漢人雜居，相互習染，唐代社會風氣一度出現了「胡化」苗頭。唐初社會風氣還比較保守，婦女出行時頭戴冪籬，長可過膝，遮蔽全身。其後學胡人，戴胡帽，穿翻領開襟胡服，至盛唐或衣半袖裙襦，袒胸露面，無複遮蔽。仕女化裝追求時興，如髮型仿效少數民族，有烏蠻髻、椎髻；面飾則有吐蕃妝、回鶻妝等。開元以後，「太常樂尚胡曲，貴人御饌盡供胡食，士女皆盡衣胡服」[46]。外來的物質充斥上層貴族生活中，如香料等。

　　這樣的情形唐人小說中東城老父感歎：「今北胡與京師雜處，娶妻生子，長安中少年有胡心矣。」[47]足見中唐以後異族文化盛行引起世人的擔憂。但唐王朝不但沒有禁止，反而積極吸納外來文化的精華，不斷豐富自身營養，將胡風夷俗，融聚為中華文明，創造出更加絢麗多彩的盛唐文化。

46《舊唐書·輿服志》。

47《太平廣記》卷四八五引《東城老父傳》。

第三節 ▶ 海納百川的盛唐氣象

經歷魏晉南北朝數百年多元文化的交融與整合，至盛唐，形成了集大成的燦爛輝煌的文化繁盛景象。盛唐氣象的出現是由大一統的局面下經濟繁榮、政治開明、社會安定所決定的。杜甫《憶昔》詩云：「憶昔開元全盛日，小邑猶藏萬家室。稻米流脂粟米白，公私倉廩俱豐實。九州道路無豺虎，遠行不勞吉日出。齊紈魯縞車班班，男耕女桑不相失。」[48] 正反映了盛世的安定富足。這些都為文化的發展創造了廣闊的空間。

由於唐朝以科舉取士，打破了門閥士族壟斷政治的局面，使大批中下層庶族文人登上政治舞臺。這批起自民間的士人重視民生，關注現實，比較了解社會的實際、政治的利弊和民生的疾苦。士人們面對當時國勢強大、經濟文化繁榮的局面，他們大都胸襟開闊，意氣昂揚，滿懷豪情壯志，有投身社會和參與政治的熱情，有高度的自信和自尊，希冀建功立業。此外，中外文化藝術的交流和融合，對外來文化精華的廣泛吸收，各種藝術門類的互相滲透，促進了文化各領域的普遍繁榮和交融，文化向更廣大的社會層面發展。濃厚的文化氛圍，加上思想領域的自由，使得唐代文人培養起較高的文藝修養，可以自由選擇思想文化資源。在這種自由開放的氛圍下，恢宏壯大、多姿多彩的盛唐文化得以形成。這種文化表現出包羅萬千、雄豪闊大的氣勢，即是盛唐氣象。

---

48 《杜詩詳注》卷十三。

盛唐氣象源於六朝文化的發展。魏晉時期是一個文的自覺的時期，是一個為藝術而藝術的時代。文藝從禮教的束縛下脫離出來，具有獨立的意義，成為文人表達意興情趣的手段和方式。在此基礎上，六朝文藝發展迅猛，至隋唐而成就卓越。正如蘇軾所說：「故詩至於杜子美，文至於韓退之，書至於顏魯公，畫至於吳道子，而古今之變、天下之能事畢矣。」[49] 盛唐氣象通過詩、文、書、畫等表現和傳遞出來。

漢魏六朝詩歌承前啟後，建安詩歌或通脫或華麗，高揚個性，風骨凜凜；正始詩歌清峻遙深；梁陳詩歌「緣情而綺靡」[50]。人的情感、欲望、意志成為詩歌的核心。詩歌的題材、體裁、形式、技巧逐步確立。詩歌發展到唐代，猶如百川歸海，形成前所未有的壯闊波瀾景象。唐代以詩取士，寫詩不再是文人士大夫和上層權貴的專利，而成為上自帝王後妃、下至村夫牧童走卒各階層民眾積極參與的事業；詩歌的題材也從狹隘的宮廷、臺閣中解放出來，走向江山、塞漠和市井，走向廣闊的社會與人生。生活中的一切人和事物，無不可以入詩，人們的喜怒哀樂種種情感，無不可以化為新鮮活潑的詩歌語言；名家輩出，佳作如林，各種風格流派如百花齊放，爭奇鬥勝。不論是在內容的開拓上還是在藝術的創造方面，唐詩都以輝煌的成就超過歷史上任何一個時代。

---

49 蘇軾：《書吳道子畫後》，《東坡全集》卷九十三。
50 陸機：《文賦》，《文選》卷十七。

唐人以一種經天緯地的博大氣魄來接受和改造漢魏六朝詩歌。唐人推崇建安風骨，也常以風骨評詩。李白詩：「蓬萊文章建安骨，中間小謝又清發。俱懷逸興壯思飛，欲上青天攬明月。」[51] 對六朝風骨推崇備至。陶翰詩「既多興義，複備風骨」[52]；崔顥「少年為詩，意浮豔，多陷輕薄；晚節忽變常體，風骨凜然」[53]。但建安詩歌激越高昂，悲涼悽愴，色調灰暗，而唐詩濃烈壯大、色調明朗豔麗。唐人推尊漢魏古詩的質樸，但不排斥風格綺靡流麗的兩晉南朝詩作。陸機、江淹、沈約的才藻華贍、謝朓的疏淡風流、鮑照的俊逸、庾信的清新、陶潛的淡遠，無不受到唐人的推崇和仿效、取資。但唐人拋棄了六朝詩的浮靡、柔弱之風和脂粉氣，代之以聲律風骨兼備、文質彬彬的唐詩，將明朗剛健、雄豪壯大的氣勢貫注其中，從而將詩歌推向成熟與壯美的新境界。

唐詩是唐代社會的直接反映，與唐代的國勢息息相關。宋代嚴羽《滄浪詩話》提出：「論詩如論禪。漢、魏、晉與盛唐之詩則第一義也；大曆以還之詩則小乘禪也，已落第二義矣；晚唐之詩則聲聞、辟支果也。學漢、魏、晉與盛唐詩者，臨濟下也；學大曆以還之詩者，曹洞下也。」[54]「盛唐諸公之詩，如顏魯公

---

51 《宣州謝朓樓餞別校書叔雲》，《李太白集注》卷十八。
52 《唐才子傳》卷二。
53 《唐才子傳》卷一。
54 《滄浪詩話‧詩辯》。

書，既筆力雄壯，又氣象渾厚。」[55] 其說為後世接受。明代胡應麟提出唐詩三階段風格不同：「初唐體質濃厚，格調整齊，時有近拙近板處；盛唐氣象渾成，神韻軒舉，時有太實太繁處；中唐淘洗清空，寫送瀏亮，七言律至是殆於無指摘，而體格漸卑，氣韻日薄，衰態未免畢露。」[56] 要之，開元詩風昂揚、振奮、樂觀，天寶時轉為雄渾、悲壯、深沉，安史之亂後又增悲涼之情。但雄渾闊大、元氣充沛始終是盛唐氣象的底蘊，筆力雄壯、氣象渾厚可謂盛唐詩歌的總體風貌特徵。

盛唐湧現出以李白、杜甫、王維為代表的一大批詩人，他們共同開闢出氣象恢宏、輝煌燦爛的詩唐。所謂「盛唐氣象」，即著眼於盛唐詩歌的總體風貌及其所體現的時代精神和時代風格：博大、雄渾、深遠、超逸、宏闊；意象的運用、意境的呈現、性情和聲色的結合，這些因素整合在一起展現出盛唐詩歌雄壯渾厚的特色。無論是內容、風格、形式、技巧，唐詩均達到爐火純青的地步，「無體不備，亦無派不有」[57]。其中，尤以杜甫成就卓著。其詩歌創作與唐代國勢、詩壇變化緊密結合，其詩風也與時變化，但始終是盛唐氣象的典型體現者。杜甫詩「渾涵汪茫，千匯萬狀，兼古今而有之」[58]，「在山林則山林，在廊廟則廊廟，遇巧則巧，遇拙則拙，遇奇則奇，遇俗則俗，或放或收，或新或

---

55 《答出繼叔臨安吳景仙書》。
56 《唐音癸籤》卷十引《詩藪》。
57 《欽定四庫全書總目・御選唐詩》。
58 《新唐書・杜甫傳》。

舊。一切物，一切事，一切意，無非詩者」[59]。其詩為後世確立了難以企及的典範。

　　魏晉盛行名理學，影響到文，講究清通簡要，論辯犀利。「嵇康師心以遣論」，代表了魏晉文章的一種風格。崇尚雍容華貴的六朝士大夫以典雅、平衡、優美為審美標準，以至於講求對仗、聲律之美的駢文在南朝風行一時。唐代散文的領袖人物韓愈、柳宗元反對駢文，發起古文運動，「非三代兩漢之書不敢觀」[60]，以激盪奔騰的氣勢代替駢文的四平八穩。韓愈的文章氣勢充沛，文氣縱橫，「渾渾灝灝，不可窺校。及其酣放，豪曲快字，凌紙怪發，鯨鏗春麗，驚耀天下」[61]。宋代蘇洵說：「韓子之文，如長江大河，渾浩流轉。魚黿蛟龍，萬怪惶惑，而抑遏蔽掩，不使自露。而人自見其淵然之光，蒼然之色，亦自畏避，不敢迫視。」[62] 這種文氣固然與韓愈個人的剛性正氣有關，但更源於唐代包容萬象的盛大氣勢。清代劉熙載指出：「韓文起八代之衰，實集八代之成」，「以無所不包，故能無所不掃也」[63] 韓愈吸納前代各家文章之長，加以融匯創新，故能成就全新的散文風貌，確立新的典範，從而將古代散文推向氣象更新的境地。

　　唐傳奇在六朝筆記小說的基礎上進一步充實，故事情節更為

59 張戒：《歲寒堂詩話》卷上。
60 《答李翊書》，《昌黎文集》卷十六。
61 《唐詩紀事》卷三十四。
62 《上歐陽內翰第一書》，《嘉祐集》卷十二。
63 《藝概・文概》。

曲折，人物性格鮮明，從而奠定了此後中國小說發展的基礎。

　　作為盛唐時代精神的反映，盛唐氣象也體現在書法、繪畫、音樂等其他藝術門類中。書法在六朝走向自覺，不再被視為「雕蟲小技」，而成為士人抒發情志的一種方式。鍾繇、王羲之父子等名家輩出、各有千秋。在整合南帖流麗婉媚和北碑雄奇嚴整的風格基礎上，隋代書法形成清通簡要的風格，奠定了唐代書法興盛的基礎。至唐代，書法成為最為普及的藝術。唐代選士要求「楷法遒美」[64] 並在最高學府設立書學，隸屬蘭臺。唐太宗熱衷於收集王羲之、王獻之父子墨蹟，每有所得，輒令諸王子臨摹，並曾令趙模等書法家摹寫《蘭亭集序》，分賜群臣，從而確立了王羲之的書法宗師地位，士大夫競相師法王羲之。初唐書法華麗多姿，盛唐書法情致奔騰。在孫過庭和張懷瓘提倡書法旨在抒情達性的呼喊下，張旭、懷素以激情奔放的線條顯示了盛唐的豪邁奔放之氣概。張旭以狂草著稱，「喜怒窘窮，憂悲愉佚，怨恨思慕，酣醉無聊，不平有動於心，必於草書發之。……天地事物之變，可喜可愕，一寓於書」[65] 其《古詩四帖》，縱橫揮斫，一氣到底，猶如兔起鶻落。懷素《自敘帖》線條如風趨電疾，自有一種狂放之氣。「顛張狂素」草書的成就，反映了盛唐文化奔放激昂、如日中天的旺盛生命力。唐代書法全面成熟，草書之外，篆書、行書也成就突出，歐、虞、顏、柳四大楷書名家確立了後世楷書的典

---

64 《新唐書・選舉志》。
65 韓愈：《送高閑上人序》，《昌黎文集》卷二十一。

範。其中，尤以顏真卿、柳公權為書法宗師。蘇軾云：「至唐顏、柳，始集古今筆法而盡發之，極書之變，天下翕然以為宗師。」[66]

繪畫在六朝脫離了為政教服務的從屬地位，不再以聖賢為中心，以宣揚忠孝節義等道德觀念為目的，轉而成為士人「澄懷觀道」[67]的媒介。山水、人物畫逐漸成為繪畫的主題，繪畫理論也逐漸成熟，南齊謝赫提出「繪畫六法」。至唐代，繪畫題材進一步擴大，風格多樣。唐代張彥遠云：「近代之畫，煥爛而求備」[68]。畫聖吳道子下筆磊落，有如風馳雨驟，意氣風發，「力健有餘」[69]。蘇軾詩云：「道子實雄放，浩如海波翻。當其下手風雨快，筆所未到氣已吞」[70]，反映了吳道子畫作的豪邁雄壯。吳道子獨創筆力剛勁有力的蓴菜條型線條，妙用色彩暈染法，以「吳帶當風」為特徵，表現出力感和美感。他的這種畫風得益於盛唐文化，也表現了盛唐奔騰飛逸的氣象。敦煌石窟中盛唐的壁畫和雕塑，以雄渾的氣魄、卓絕的造型、豐富的色彩震撼人心，藝術成就遠遠高出其他時期。

經過魏晉南北朝民族文化的融合，至隋，百戲雜糅，各民族樂舞興盛。薛道衡詩「歡笑無窮已，歌詠還相續。羌笛隴頭吟，胡舞龜茲曲。假面飾金銀，盛服搖珠玉」[71]描述了大型集會樂舞

66 蘇軾：《書黃子思詩集後》，《東坡全集》卷九十三。
67 《宋書·隱逸·宗炳傳》。
68 《歷代名畫記》卷一。
69 《歷代名畫記》卷二。
70 《王維吳道子畫》，《東坡全集》卷一。
71 《和許給事善心戲場轉韻》，《文苑英華》卷二一三。

歡騰的盛況。唐代樂舞更為盛大。唐初宮廷演奏的《秦王破陣樂》，舞者一百二十人，擂大鼓，雜以龜茲樂，「聲振百里，動盪山谷」[72]。此後如《大定樂》《上元聖壽樂》等均舞者眾多，舞衣豔麗，隊形頻繁變換，規模宏闊，氣勢浩大。唐玄宗創作的《霓裳羽衣曲》意境朦朧，舞者「飄然轉旋回雪輕，嫣然縱送遊龍驚」[73]，丰姿綽約，輕盈柔美，令觀者恍然如遊仙境。樂舞不僅在上層社會流行，「臣妾人人學團轉」[74]，在下層，民眾對歌舞熱情極高。唐代文人在詩文中有大量反映唐代樂舞盛行的相關記載，如：「夜宿桃花村，踏歌接天曉」[75]；「農婦白紵裙，農夫綠蓑衣。齊唱田中歌，嚶嚀如《竹枝》。」[76]公孫大娘舞劍時，「觀者如山色沮喪，天地為之久低昂。㸌如羿射九日落，矯如群帝驂龍翔。來如雷霆收震怒，罷如江海凝清光」[77]，其昂揚、勁健的舞姿與唐代盛行的外來的活潑剛勁的胡旋舞基調一致，體現了盛唐文化的剛健氣勢。

　　嚴格說來，盛唐是指唐玄宗在位期間的開元、天寶年間。雖不過短短的五十年，但其時經濟雄厚，國勢強盛，文化璀璨，氣象恢宏，正是「充實而有光輝」[78]的文化鼎盛時代。但這種氣象

---

72 《舊唐書・音樂志二》。
73 白居易：《霓裳羽衣歌和微之》，《白氏長慶集》卷二十一。
74 白居易：《胡旋女戒近習也》，《白氏長慶集》卷三。
75 顧況：《聽山鷓鴣》，《全唐詩》卷二六七。
76 劉禹錫：《插田歌》，《劉賓客文集》卷二十七。
77 杜甫：《觀公孫大娘弟子舞劍器行》，《全唐詩》卷二二二。
78 《孟子・盡心下》。

的形成正源於此前魏晉南北朝隋唐初數百年多元文化的融會。另
一方面，唐代的開明與開放是盛唐氣象的根基。「海納百川，有
容乃大」。盛唐文化集數百年文化之大成，它一直為世人欣羨，
綻放著耀眼的光彩。

第二編・魏晉南北朝隋唐：多民族交融與民族精神的整合

昌明文庫·悅讀中國 A0607029

歷史視野下的中華民族精神（上冊）

主　　編　鄭師渠、史革新

責任編輯　陳胤慧

版權策畫　李煥芹

發 行 人　陳滿銘

總 經 理　梁錦興

總 編 輯　陳滿銘

副總編輯　張晏瑞

編 輯 所　萬卷樓圖書股份有限公司

排　　版　菩薩蠻數位文化有限公司

印　　刷　維中科技有限公司

封面設計　菩薩蠻數位文化有限公司

出　　版　昌明文化有限公司

桃園市龜山區中原街 32 號

電話 (02)23216565

發　　行　萬卷樓圖書股份有限公司

臺北市羅斯福路二段 41 號 6 樓之 3

電話 (02)23216565

傳真 (02)23218698

電郵 SERVICE@WANJUAN.COM.TW

大陸經銷　廈門外圖臺灣書店有限公司

電郵 JKB188@188.COM

ISBN 978-986-496-403-1

2019 年 3 月初版

定價：新臺幣 500 元

如何購買本書：

1. 轉帳購書，請透過以下帳戶

合作金庫銀行　古亭分行

戶名：萬卷樓圖書股份有限公司

帳號：0877717092596

2. 網路購書，請透過萬卷樓網站

網址 WWW.WANJUAN.COM.TW

大量購書，請直接聯繫我們，將有專人為您

服務。客服：(02)23216565 分機 610

如有缺頁、破損或裝訂錯誤，請寄回更換

版權所有·翻印必究

Copyright©2019 by WanJuanLou Books CO., Ltd.

All Right Reserved　　　　　**Printed in Taiwan**

國家圖書館出版品預行編目資料

歷史視野下的中華民族精神 / 鄭師渠, 史革
新主編.-- 初版.-- 桃園市：昌明文化出版；
臺北市：萬卷樓發行, 2019.03
　冊；　公分
ISBN 978-986-496-403-1(上冊：平裝).--

1.民族精神 2.中華民族

535.72　　　　　　　　　108002852